Peter H. Dehnen (Hg.)

Der professionelle Aufsichtsrat

Peter H. Dehnen (Hg.)

Der professionelle Aufsichtsrat

Prüfen Sie Ihr Wissen!
Das betriebswirtschaftliche Know-how
für Ihre Überwachungskompetenz

Frankfurter Allgemeine Buch

Bibliografische Information der Deutschen Nationalbibliothek
Die Deutsche Nationalbibliothek verzeichnet diese Publikation
in der Deutschen Nationalbibliografie; detaillierte bibliografische
Daten sind im Internet über http://dnb.d-nb.de abrufbar.

Peter H. Dehnen (Hg.)
Der professionelle Aufsichtsrat
Prüfen Sie Ihr Wissen!
Das betriebswirtschaftliche Know-how für Ihre
Überwachungskompetenz

Frankfurter Societäts-Medien GmbH
Frankenallee 71 – 81
60327 Frankfurt am Main
Geschäftsführung: Oliver Rohloff

1. Auflage
Frankfurt am Main 2015

ISBN 978-3-95601-093-4

Frankfurter Allgemeine Buch

Copyright	Frankfurter Societäts-Medien GmbH
	Frankenallee 71 – 81
	60327 Frankfurt am Main
Umschlag	Anja Desch, Frankfurt Business Media GmbH –
	Der F.A.Z.-Fachverlag, 60327 Frankfurt am Main
Satz	Wolfgang Barus, Frankfurt am Main
Titelbild	© Dmitriy Shironosov/Thinkstock/Getty Images
Druck	fgb-Proost Industries, Freiburg im Breisgau

Alle Rechte, auch die des auszugsweisen Nachdrucks, vorbehalten.

Printed in Germany

Inhalt

Einführung Peter H. Dehnen	7
Strategie Hans H. Hinterhuber	13
Finanzierung und Corporate Governance Karsten Paetzmann	43
Rechnungswesen Carl-Christian Freidank	69
Rechnungslegung Patrick Velte	97
Risikomanagement Carl-Christian Freidank	122
Compliance Inga Hardeck, Remmer Sassen	141
Unternehmenssteuern Andreas Mammen	158
Controlling Inge Wulf	192
Deutscher Corporate Governance Kodex	216
VARD – Berufsgrundsätze für den Aufsichtsrat in Deutschland	233
Die Autoren	236

Einführung

Wir schreiben das Jahr 2015. Deutschland ist (endlich) mal wieder Fußballweltmeister und immer noch Export(vize)weltmeister. Es steht — zumindest für den Moment — fest, dass die Banken-, Finanz- und Wirtschaftskrise der deutschen Volkswirtschaft nicht geschadet hat — ganz im Gegenteil. Wir verzeichnen Quartal für Quartal Rekordsteuereinnahmen und leisten uns nach 20 Jahren mal wieder einen sogenannten „ausgeglichenen Bundeshaushalt". Der Dax knabbert an der 12.000er-Marke, und die Zahl der Insolvenzen ist auf einem Tiefststand. Lohnt es sich da, über das Thema Aufsichtsrat nachzudenken?

Als im Jahr 2011 der erste Band „Der professionelle Aufsichtsrat — Basiswissen für die Praxis. Ein 360°-Überblick" erschien, befand sich die deutsche Corporate Governance Community im Aufbruch. Die sogenannte Regierungskommission machte sich Gedanken darüber, was noch alles im sogenannten Deutschen Corporate Governance Kodex stehen sollte. Die Seminarbetreiber und ihnen gleich die Wirtschaftsprüfer, Rechtsanwälte, Personalberater und Unternehmensberater wurden nicht müde, auf Risiken und Gefahren der Aufsichtsratstätigkeit und deren (vermeintliche) Absicherung durch D&O-Versicherungen hinzuweisen. Es verwundert nicht, dass mit der Zeit die Dynamik der Corporate Governance in Deutschland erlahmte. Denn welcher Aufsichtsrat — und davon haben wir Tausende in Deutschland — will sich das Jahr für Jahr anhören?

Eine Wende zeichnete sich ab, als die Diskussion um die Frauenquote sowohl in Brüssel als auch in Berlin die Gemüter erhitzte. Betrachtet man Corporate Governance aus einer globalen Perspektive, so gibt es bei dem Thema eigentlich nicht viel zu diskutieren — man könnte sich höchstens wünschen, dass die Argumente unter dem Stichwort „Diversity" breiter und differenzierter ausgetauscht würden.

Die Sache der Politik — Chancengleichheit versus Gleichberechtigung — ist die eine Seite. Die andere — zunächst unbeachtete — Seite des Themas ist jedoch, dass es bei Corporate Governance im Kern um die Frage geht, welche Kompetenz eine Person besitzen muss (und wie sie diese erlangen kann), um das Amt eines Aufsichtsrates auszuüben.

Die Beantwortung dieser Frage wird die Zukunft und den Erfolg deutscher Aufsichtsgremien bestimmen. Die Aktionäre — oder besser: die internationalen institutionellen Anleger und deren Proxy Agents — haben dies schon längst erkannt und hinterfragen immer häufiger: „Kann der zur Wahl gestellte Kandidat auch ‚Aufsichtsrat'?" An einem deutlichen Ja kommen Aufsichtsratsvorsitzende und Nominierungsausschüsse nicht mehr vorbei, wenn sie sich nicht selbst der Kritik aussetzen wollen. Dies ist also ohne Zweifel eine Entwicklung, die auch deutsche Aufsichtsräte nachhaltig verändern wird.

Es gibt in Deutschland ein Hindernis, das einer nachhaltigen Veränderung im Weg steht. Professionelle Aufsichtsräte wachsen nicht auf den Bäumen. Und Radfahren lernt man nur durch Radfahren und nicht durch das Bücherlesen über Radfahren. Was nutzen Managementerfahrung und die beste theoretische Ausbildung als Aufsichtsrat, wenn Unternehmen ihre (neuen) Aufsichtsräte nicht konsequent einarbeiten. Ein „Lesen Sie das mal und setzen Sie sich mal dorthin, dann bekommen Sie schon schnell mit, wo es hier langgeht" ersetzt nicht die systematische Einarbeitung in die unternehmensspezifischen und strategie- und überwachungsrelevanten Themenbereiche. Ein Aufsichtsrat braucht „unternehmerische Erfahrung", aber nicht um zu managen, sondern um ein Gespür dafür zu bekommen, wo in dem von ihm zu überwachenden (komplexen) Unternehmen die überwachungsrelevanten Informationen zu finden sind. Ein solches „Onboarding" für Aufsichtsräte ist international schon lange üblich und hat auch bei fortschrittlichen deutschen Unternehmen längst einen festen Platz auf der Agenda.

Auch wenn man es „draußen" nicht immer sieht, „drinnen" tut sich eine Menge im Bereich Corporate Governance in Deutschland. Es lohnt sich also im Jahr 2015 mehr denn je, über das Thema Aufsichtsrat nachzudenken.

Der Aufsichtsrat ist ein nur in Ansätzen durch das Aktiengesetz staatlich regulierter Beruf, der — gleich dem freiberuflich tätigen Wirtschaftsprüfer, Steuerberater, Rechtsanwalt, Ingenieur oder Architekt — in unternehmerischer Eigenverantwortung ausgeübt wird. Die Zulassung zum Beruf erfolgt nicht durch staatliche Zulassungsbehörden, sondern durch die Eigentümer eines Unternehmens. Das bedeutet, jedes Unternehmen bekommt den Aufsichtsrat, den es verdient, weil seine Aktionäre sich diesen gewählt haben.

Eine Berufsgruppe zeichnet sich dadurch aus, dass sie sich bei ihrer Arbeit an bestimmten Grundsätzen und Selbstverständlichkeiten ausrichtet. Diese Grundsätze zu diskutieren und aufzuschreiben, hat sich der im Frühjahr 2012 gegründete deutsche Berufsverband der Aufsichtsräte, die Vereinigung der Aufsichtsräte in Deutschland e.V. (VARD), zur Aufgabe gemacht. Die VARD-Berufsgrundsätze sind ein in Europa viel beachtetes und bislang einmaliges Projekt, dem Profil des Aufsichtsrates und dessen Arbeit einen Rahmen in Form von Leitlinien zu geben – von Aufsichtsräten für Aufsichtsräte.

„Wo Aufsichtsrat drauf steht, muss Aufsichtsrat drin sein." Dieser Satz gilt für alle Unternehmen mit einem Aufsichtsgremium – große, kleine, private, staatliche und kommunale; denn das Aktiengesetz kennt nur einen Typus Aufsichtsrat. Nur wann ist man Aufsichtsrat, wenn es kein entsprechendes Examen gibt? Als Antwort hört man – insbesondere in Deutschland – immer noch den Satz: „Ich bin als Aufsichtsrat gewählt, also werde ich das auch können; denn sonst hätte man mich sicher nicht gewählt. Warum soll ich mich also in Frage stellen? Aufgrund meiner Erfahrung weiß ich, worauf es ankommt." Wen wundert es da, dass deutsche Aufsichtsräte so gut wie ohne Fort- und Weiterbildung auskommen?

Hand aufs Herz: „Können Sie Aufsichtsrat?" Verfügen Sie über das theoretische Wissen und das praktische Können, um die Geschäftsleitung eines (komplexen) Unternehmens systematisch und mit Methode zu überwachen? Diese Fragen kann nur beantworten, wer seinem Ist-Profil ein abstraktes Soll-Profil gegenüberstellt. Um dieses Soll-Profil soll es nachstehend gehen.

Corporate Governance – als die Summe der geschriebenen und ungeschriebenen Regeln, die die Führung und Überwachung eines Unternehmens bestimmen – ist kein deutsches, sondern ein internationales Thema. In der Theorie eine immer wieder Fragen aufwerfende Schnittmenge von Recht und Betriebswirtschaft. In der Praxis die stete Suche nach der Antwort auf die Frage, ob und wie diejenigen, die ein Unternehmen führen, effizient und effektiv überwacht werden können.

Das durch das deutsche Aktiengesetz vorgegebene zweigliedrige („duale" oder „two tier") System setzt Geschäftsleitung und Aufsichtsrat in – bildlich gesprochen – unterschiedliche Räume und lässt sie hin und wieder zusammenkommen. Dem steht das eingliedrige („monistische" oder „one tier") System gegenüber, bei dem in einem Gremium beide Seiten – mit unterschiedlichen Aufgabenstellungen – stetig zusammensitzen und -wirken; ein intensives – bisweilen sehr unternehmerisches – Zusammenwirken.

Dass der Aufsichtsrat nicht dem Manager gleichzusetzen ist, ist in beiden Systemen unbestritten. Doch ist in Bezug auf den Aufsichtsrat in zweierlei Hinsicht eine Konkretisierung nötig.

1. In §111 AktG steht der Kern dessen, was einen Aufsichtsrat ausmacht. Der Aufsichtsrat muss „überwachen" können. Was bedeutet „überwachen", und wie funktioniert es? Die Gesetze und der Kodex schweigen sich hier aus – und lassen Recht und Betriebswirtschaft im Wettstreit aufeinander treffen.

2. „Überwachen" ist das Gegenstück zu „die Geschäfte führen" und richtet sich an der Strategie sowie den Zielen und Werten des Unternehmens aus. Dabei beschreibt Überwachen nicht einen Punkt, sondern einen Prozess, der immer in einem Zusammenhang mit einer Unternehmensentscheidung (oder deren Unterlassung) steht. Stehen am Ende eines Überwachungsprozesses eine oder mehrere Überwachungsentscheidungen, so steht am Anfang eines jeden (Teil-)Überwachungsprozesses das Sammeln, Sortieren und Analysieren von (relevanten) Informationen, die sodann in eine gemeinsame Analyse und Diskussion im Rahmen des Aufsichtsgremiums einfließen. Wer überwachen will, muss also über relevante Informationen verfügen, sich eine eigene Meinung bilden und diese im Gremium vertreten können.

Bisweilen wird – insbesondere von denen, die dem monistischen System nahestehen – behauptet, dass der deutsche Aufsichtsrat auch eine Beratungsfunktion gegenüber der Geschäftsführung habe. Vorsicht! Hier ist das Aktiengesetz eindeutig: Es gibt eine „rote Linie", die der Aufsichtsrat nicht überschreiten sollte, wenn er nicht in (Haftungs-)Gefahr geraten will. Wenn die Beratung im Sinne einer (gesprächsweisen) Abstimmung in Fragen der Unternehmensstrategie Ausfluss der Überwachungstätigkeit ist, wird der Aufsichtsrat im Rahmen seines pflichtgemäßen Ermessens tätig. Gewährt er – gebeten oder ungebeten – Rat oder Beratung in operativen Angelegenheiten, dann überschreitet er die rote Linie. Schließlich kann ein Aufsichtsrat nicht heute in einer Angelegenheit beraten, die er morgen überwachen muss.

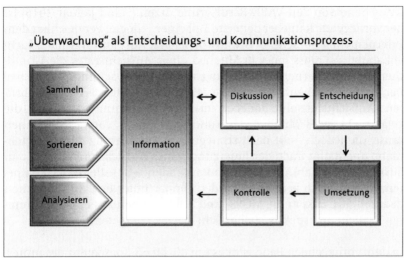

Abbildung 1

Nachstehendes Schaubild fasst zusammen, was wir als Soll-Profil für den professionellen Aufsichtsrat zugrunde legen: Grundkompetenz, Fachkompetenz und Gremienkompetenz.

Das Soll-Profil des professionellen Aufsichtsrats	
Basiskompetenz	• Persönlichkeit • (Finanzielle) Unabhängigkeit • Unternehmerische Erfahrung • Corporate Governance Grundkenntnisse
Fachkompetenz	• Kontrollkompetenz (Strategie, Unternehmensfinanzierung, Rechnungswesen, Rechnungslegung, Risikomanagement, Compliance, Unternehmenssteuern, Controlling) • Teamkompetenz
Kompetenz im Gremium	• Spezialkenntnisse • Branchenerfahrung

© Peter Dehnen 2015

Abbildung 2

Ausgehend von den VARD-Berufsgrundsätzen (Stand Januar 2015) ist der vorliegende Ratgeber der erste Teil einer Trilogie. Vergleichbar dem Erlernen einer Sprache — Grundwortschatz, Aufbauwortschatz, Fachvokabular — muss jedes (!) Mitglied eines Aufsichtsrates die Grundthemen der Unternehmensführung aus der Überwachungsperspektive heraus beherrschen. Das ist eine MUSS-Kompetenz. Der fortgeschrittene Aufsichtsrat sollte daneben über Spezialkenntnisse verfügen, die zwar nicht jedes Mitglied des Kontrollgremiums vorweisen können muss, die jedoch — je nach strategischer Ausrichtung des Unternehmens und damit auch der Besetzung seines Aufsichtsgremiums — in ausreichender Zahl im Gremium vorhanden sein sollte (SOLL-Kompetenz). Schließlich zeichnet sich der Könner unter den Aufsichtsräten dadurch aus, dass er die MUSS- und SOLL-Themen aus einer bestimmten Branchenperspektive beherrscht (KANN-Kompetenz).

In dem vorliegenden Band geht es um die MUSS-Kompetenz des professionellen Aufsichtsrates. In der Corporate Governance erfahrene Professoren übernehmen die Aufgabe des „Vokabeltrainers". Der geneigte Leser möge anhand der jedem Kapitel vorangestellten Fragen selber beurteilen, ob und inwieweit er mit dem Thema vertraut ist und wo es sich gegebenenfalls lohnen könnte, das Fachwissen aufzufrischen oder zu vertiefen. Hierzu dienen zunächst die jedem Kapitel nachgestellten Lesehinweise. Die einzelnen Themen können aber auch in einem Workshop vertieft werden, den beispielsweise die Deutsche AufsichtsratsAkademie (DARA) ab Sommer 2015 anbieten wird.

Ich danke den Autoren dieses Buches für ihre kompetente Unterstützung und ganz besonders Herrn Professor Carl-Christian Freidank für seine Hilfe bei der Zusammenstellung des Autorenteams.

Düsseldorf, im Frühjahr 2015

Peter H. Dehnen

Strategie

Hans H. Hinterhuber

Abstract

Die Ausführungen behandeln die Fragen, die der Aufsichtsrat an den Vorstand in Bezug auf die Gesamtstrategie des Unternehmens und auf die Geschäftsstrategien stellen kann. Sie gliedern sich in fünf Abschnitte.

Der erste Abschnitt erklärt, dass in der Strategie das Ganze wichtiger ist als der Teil und nicht umgekehrt. Ein Gesamtmodell zur nachhaltigen Wertsteigerung des Unternehmens zeigt dieses ganzheitliche Denken und Handeln.

Der zweite Abschnitt behandelt die Unternehmensstrategie (Corporate Strategy). Die Allokation der Ressourcen ist die wichtigste unternehmerische Entscheidung des Vorstands. Der Aufsichtsrat spielt eine wichtige kritisch-beratende Rolle. Ein Führungskompetenzprofil für die Auswahl der Führungskräfte wird vorgestellt. Da sich der Aufsichtsrat immer auch über den „Worst Case" berichten lässt, werden Regeln für das „Risk Assessment" genannt.

Der dritte Abschnitt ist den Geschäftsstrategien (Business Strategies) gewidmet. Die empirische Evidenz ist, dass nur etwa jede vierte Geschäftseinheit eine Strategie verfolgt, die diesen Namen verdient. Es wird gezeigt, welche Fragen Mitglieder des Aufsichtsrats stellen können, um die Qualität der Geschäftsstrategien zu prüfen und um gute von schlechten Strategien zu trennen.

Der vierte Abschnitt zeigt, wie die Strategie zur gemeinsamen Logik des Handelns der Führungskräfte gemacht werden kann. In einer unsicheren, globalen und schwer interpretierbaren Welt lässt sich kein Unternehmen mit dem Top-down-Ansatz, mit Anordnungen von oben und ausführenden Befehlsempfängern unten, erfolgreich führen. Der Aufsichtsrat kann kritische Fragen in Bezug auf Selbstständigkeit und geistige Mitarbeit der Führungskräfte bei der Weiterentwicklung und Umsetzung der Strategien stellen, vor allem aber kann er feststellen, ob der Vorstand das Tempo des Wandels bestimmt oder ob er das Unternehmen an veränderte Rahmenbedingungen anpassen muss.

Abschließend werden die Hauptergebnisse der Arbeit zusammengefasst.

10 Fragen

1. Können Sie die Führungsentscheidungen in ein Gesamtmodell einordnen, das deren Auswirkungen auf die einzelnen Komponenten der Führung und Unternehmensteile sowie auf die strategischen Stakeholder in ihren Wechselwirkungen zeigt?
2. Wie beurteilen Sie die Unternehmensstrategie (Corporate Strategy) im Hinblick auf die nachhaltige Wertsteigerung des Unternehmens?
3. Wie ist das Geschäftsmodell des Unternehmens kritisch zu hinterfragen?
4. Wie stellen Sie kritische Fragen zu Strategic Issues, strategischen Initiativen der Zentrale (Corporate Initiatives), Diversifikationsmöglichkeiten auf Basis der Kernkompetenzen des Unternehmens und Risikomanagements?
5. Wie prüfen Sie die Qualität der Geschäftsstrategien?
6. Können Sie die organisatorische Trennung von bestehenden und neuen Geschäften kritisch analysieren?
7. Wie erstellen Sie Leadershipkompetenz-Profile der Mitglieder des Vorstands und der wichtigsten Entscheidungsträger im Unternehmen?
8. Wie analysieren Sie bei der Bestellung von Vorstandsmitgliedern die Motive der Eigenkapitalgeber und der Kandidaten 1. aus dem Unternehmen und 2. bei Rekrutierung auf dem externen Managermarkt?
9. Können Sie beurteilen, ob der Vorstand das Tempo des Wandels bestimmt („Driving Change"), die Führungskräfte entwickelt („Developing People"), die Mitarbeiter „Eigentümer" ihres Unternehmens und insbesondere ihres Verantwortungsbereichs sind und die Strategie die gemeinsame Logik des Handelns der Führungskräfte ist?
10. Wie beurteilen Sie die Argumente, die Sachkenntnis und den methodischen Ansatz, mit denen der Vorstand Strategien entwickelt und mit welchem Commitment er diese in Führungsentscheidungen umsetzt?

1. Einleitung

Die Führung eines Unternehmens nimmt immer mehr einen kollegialen Charakter an. Die Grenze zwischen der Rolle des Vorstands oder der Geschäftsführung und der Rolle des Aufsichtsrats ist fließend. Der Aufsichtsrat hat die Geschäftsführung durch den Vorstand zu überwachen; dazu stellt er kritische Fragen zur Strategie des Unternehmens (Corporate Strategy) und zu den Strategien der Geschäftseinheiten (Business-Level Strategy). Die Mitglieder des Aufsichtsrats spielen eine „beratende und beobachtende Rolle. Sie können beobachten, mit welchen Argumenten, mit welcher Sachkenntnis und mit welchem methodischen Ansatz der Vorstand Strategische Planungen entwickelt und mit welchem Commitment er die Strategische Planung in Führungsentscheidungen umsetzt ... Der Vorstand hat stets einen Informationsvorsprung vor den Mitgliedern des Aufsichtsrats". (Albach, 2001, S. 295)

Die Ausführungen sollen den Mitgliedern des Aufsichtsrats helfen, kritische Fragen an den Vorstand in Bezug auf die Gesamtstrategie und auf die Strategien der Geschäftseinheiten zu stellen. Sie gliedern sich in fünf Abschnitte.

2. Das Ganze ist wichtiger als der Teil

Ohne Strategie ist langfristig überdurchschnittlicher Erfolg nicht wahrscheinlich. Selbst die beste Strategie ist keine Erfolgsgarantie. Ein Unternehmen strategisch führen heißt, die Einrichtung ganzheitlich in seinen Beziehungen zu den strategischen Stakeholdern zu sehen und zu erkennen, wie die Teile zusammenhängen und wie sich die Entscheidungen in vielen Bereichen und auf verschiedenen Verantwortungsebenen gegenseitig beeinflussen. Diese ganzheitliche Sicht ist umso wichtiger, je größer die Wechselwirkungen zwischen Märkten, Technologien, Gesellschaft, Politik und Unternehmen sind.

Abbildung 1 (S. 17) veranschaulicht das Gesamtmodell der strategischen Führung eines Unternehmens (Hinterhuber, 2015). Das Modell integriert alle Komponenten, die dem direkten Einfluss des Vorstands und Aufsichtsrats unterliegen (der innere Teil der Abbildung), zu einem kohärenten Ganzen, mit dem Werte für die Stakeholder (der äußere Teil der Abbildung) geschaffen werden. Jeder Bereich beeinflusst die anderen Bereiche. Die Strategie z.B. bestimmt die Aktionspläne und die Organisation, sie wird aber ihrerseits durch organisatorische Gegebenheiten beeinflusst. Die bestehenden Geschäftsprozesse, das strategische Controllingsystem, die Unternehmenskultur usw. tragen zu den gegenwärtigen Stärken und Schwächen der Organisationsstruktur bei, von denen die Strategie wesentliche Impulse erhält. Strategisches Denken ist ganzheitliches, systemisches Denken.

Die Strategie ist Handeln unter großen Gesichtspunkten: Der Vorstand muss nicht nur Veränderungen in der Gesellschaft, in den Märkten, in den Technologien und in der Politik vorwegnehmen, sondern auch die Antwortgeschwindigkeit des Unternehmens diesen Veränderungen anpassen. Am kürzesten und wohl auch für die meisten Fälle ausreichend ist die Wiedergabe der Definition von Strategie nach Helmuth von Moltke (1800–1891): „Fortbildung des ursprünglich leitenden Gedankens entsprechend den stets sich ändernden Verhältnissen". Der leitende Gedanke für Unternehmen ist, ein führender Wettbewerber zu sein und den Wert des Unternehmens oder der Geschäftseinheit nachhaltig zu steigern und/oder ein wettbewerbsfähiges Unternehmen der nächsten Generation zu übergeben. Die Strategie ist somit die Kunst, Ziele zu erreichen zu versuchen, angesichts von Konkurrenten, die ebenfalls denken und handeln. Die Konkurrenten versuchen ebenfalls, nicht nur ihre Ziele zu erreichen, sondern Wettbewerbsvorteile und Barrieren aufzubauen, die es schwierig machen, das Gleiche zu tun.

Die Strategie ist aber nicht nur wettbewerbsorientiert, sondern auch und vor allem kundenorientiert (Kormann, 2005). Die zentralen Fragen, die zur Strategie führen, lauten:
— Nicht: Wie werden wir die Nummer eins oder zwei oder drei im Markt, sondern wie machen wir die Kunden und deren Kunden zu vertretbaren Kosten zu den Besten in ihren Märkten?
— Was sind die zentralen Erfolgsfaktoren der Kunden und von deren Kunden, und wie können wir diese zu vertretbaren Kosten besser erfüllen als die Konkurrenten?

Eine gute Strategie ist eine Strategie, die Eintrittsbarrieren und somit Wettbewerbsvorteile schafft und eine überdurchschnittliche Kapitalrendite erwarten lässt. Die Strategie ist, wie dargestellt, ein ganzheitliches innovatives Konzept, um ein Ziel zu erreichen, angesichts von Konkurrenten, die häufig das gleiche Ziel anstreben. Eine gute Strategie verändert die Spielregeln im Markt, oft sogar, wie im Fall von Apple, die Struktur des Marktes.

Eine gute Strategie muss herausfinden, ob der Markt Eintrittsbarrieren hat, die uns erlauben, das zu tun, was andere nicht können. Sind die Eintrittsbarrieren niedrig, oder, was das Gleiche ist, haben wir keine Wettbewerbsvorteile, dann braucht das Unternehmen keine Strategie. In Märkten ohne Eintrittsbarrieren zählt nur operative Effizienz (Greenwald/Kahn, 2007).

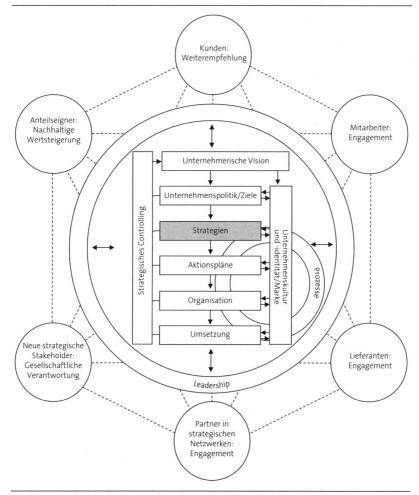

Abbildung 1: Das Gesamtmodell der strategischen Unternehmensführung für nachhalte Wertsteigerung (Hinterhuber, 2015)

Eine gute Strategie erhöht auf dreierlei Art die Wahrscheinlichkeit für langfristig überdurchschnittlichen Erfolg: Sie schafft erstens günstige Ausgangsbedingungen zur Bearbeitung existierender Märkte, zweitens verankert sie organisationales Lernen im Unternehmen, und drittens ist sie die Grundlage für selbständiges, initiatives Handeln der Führungskräfte auf unterschiedlichen Verantwortungsebenen und in unterschiedlichen Regionen (Hinterhuber, 2011).

3. Die Unternehmensstrategie (Corporate Strategy)

3.1 Das Geschäftsmodell

Das Geschäftsmodell ist die Grundlage der Strategie. Es muss in der Aufsichtsratssitzung diskutiert und überprüft werden:
1. auf seine längerfristige Tragfähigkeit und
2. auf seine Risiken.

Beide Aufgaben fallen in den Verantwortungsbereich nicht nur des Vorstands, sondern auch des Wirtschaftsprüfers.

Der Wirtschaftsprüfer kann und soll prüfen, ob das Unternehmen organisatorisch darauf vorbereitet ist, Risiken zu erkennen, ihnen vorzubeugen und rechtzeitig auf sie zu reagieren. Das Geschäftsmodell des Unternehmens als Ganzes und der einzelnen Geschäftseinheiten gehört auf die Tagesordnung der Aufsichtsratssitzungen. Den Geschäftsmodellen und dem entsprechenden Risk Management muss größerer Raum als heute üblich eingeräumt werden.

Das Geschäftsmodell: Grundlage der Strategie

In der Pharmabranche, zum Beispiel, haben sich die Geschäftsmodelle in den vergangenen Jahren immer mehr verändert. Die stark diversifizierten Unternehmen wie Novartis, Merck (USA) und Bayer haben in den vergangenen Jahren zum Teil starke Redimensionierungen erfahren. Größe zählt heute vielfach weniger als Konzentration. Dieser auch von Investoren begrüßte Wandel hat Geschäftsmodelle hervorgebracht, die auf spezielle Produkte ausgerichtet sind. Das irische Unternehmen Shire hat als sein Tätigkeitsgebiet Nischen innerhalb von Spezialpräparaten gewählt. Neue Geschäftsmodelle, wie das auf Nischen ausgerichtete Geschäftsmodell von Shire, bedürfen eines neuen Risk Assessment. Bei fokussierten Unternehmen sind alle Eier in einem Korb. Der Aufsichtsrat hat sicherzustellen, dass ein Klumpenrisiko keine existenzgefährdenden Ausmaße annimmt.

3.2 Die Rolle des Aufsichtsrats bei der Formulierung der Unternehmensstrategie

Die Unternehmensstrategie bestimmt (Abbildung 2):

1. die Richtung, in die sich das Unternehmen als Ganzes im Hinblick auf nachhaltiges und profitables Wachstum entwickeln soll, unter Berücksichtigung, dass die Konkurrenten das Gleiche wollen,
2. die Märkte, auf denen es mit seinen Geschäftseinheiten (Business Units) im Wettbewerb operiert,
3. die Allokation der Ressourcen und
4. Akquisitionen, Zusammenschlüsse, Kooperationen und Desinvestitionen zum Zweck der Optimierung des Soll-Portfolios.

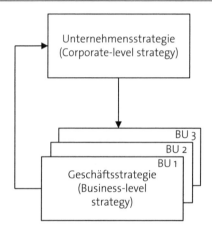

Abbildung 2: Der Zusammenhang zwischen Unternehmensstrategie und Geschäftsstrategie

Die Unternehmensstrategie:
- koordiniert die Strategien der einzelnen Geschäftseinheiten in Bezug auf Cashflow, Synergien, Risiko und Zyklizität,
- weist diesen die personellen, materiellen und finanziellen Ressourcen zu,
- stellt sicher, dass der Wert des Gesamtunternehmens größer ist als die Summe der Werte der Geschäftseinheiten, verhindert also den Holding-Abschlag,

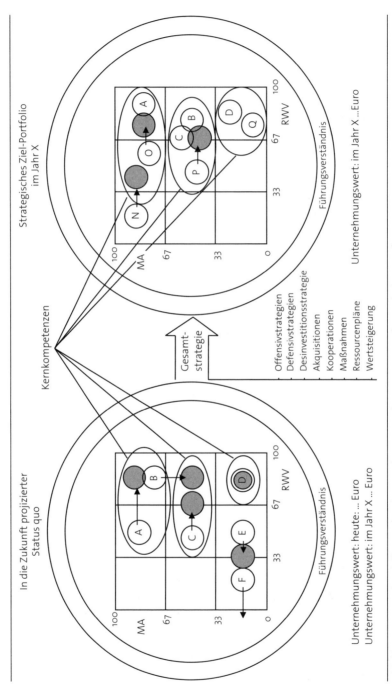

Abbildung 3: Grundmodell zur Formulierung der Unternehmensstrategie (Hinterhuber, 2015) (MA: Marktattraktivität, RWV: Relative Wettbewerbsvorteile)

- nutzt die Kernkompetenzen des Unternehmens für eine Vielzahl von Geschäftseinheiten,
- bestimmt strategische Initiativen der Zentrale (Corporate Initiatives) wie z.B. Qualitätssicherungssysteme, Energieeffizienzprogramme, Leadership-Development-Standards, die alle Geschäftseinheiten betreffen (Corporate Initiatives),
- nutzt Akquisitionen, Zusammenschlüsse und Desinvestitionen für die nachhaltige Optimierung des Gesamtportfolios des Unternehmens.

Abbildung 3 zeigt das Grundmodell zur Formulierung der Unternehmensstrategie (Hinterhuber, 2015).

Im linken Teil der Abbildung findet sich das gegenwärtige Portfolio von Business Units, wobei der gegenwärtige Zustand nach Maßgabe von „business as usual" in die Zukunft projiziert wird. Der rechte Teil zeigt das Soll-Portfolio im Jahr X, das mit Hilfe von Akquisitionen, Kooperationen und Desinvestitionen angestrebt wird. Die Mitglieder des Aufsichtsrats können durch kritische Fragen die Sinnhaftigkeit der geplanten Maßnahmen auf den Prüfstand stellen. Auf die Tagesordnung der Sitzungen des Aufsichtsrats gehört auch die Diskussion der Kernkompetenzen, mit denen das Unternehmen in neue Märkte expandieren kann. Yamaha Motors z.B. verfügt über eine herausragende Expertise im Motorenbau. Damit hat Yamaha Motors in Märkte wie Motorboote, unbemannte Hubschrauber, Rollstühle, Schneeräumgeräte etc. expandiert. Yamaha Motors plant, mit seiner Expertise im Motorenbau 2019 einen Kleinwagen auf den Markt zu bringen. Maßstab ist die erwartete Wertsteigerung des Unternehmens innerhalb des Planungshorizontes.

Zentrale Kontrolle versus dezentrale Führung

Stuart Gulliver, CEO von HSBC, erklärt im Februar 2015, dass er für die Machenschaften der Mitarbeiter in der Genfer Filiale nicht zur Rechenschaft gezogen werden kann. „Kann ich wissen, was jeder der 257.000 Mitarbeiter macht? Sicher kann ich es nicht." Stuart Gulliver wird beschuldigt, dass er von dem skandalösen Verhalten der von HSBC kontrollierten Schweizer Privatbank hätte wissen müssen. Natürlich kann der CEO nicht das tägliche Verhalten eines jeden Mitarbeiters in einer Organisation ab einer bestimmten Größe kontrollieren. Es ist auch nicht die Verantwortung des CEO zu wissen, was jeder Mitarbeiter tut. Es ist aber seine Verantwortung, eine Kombination von geeigneten Strukturen, Kommunikationstechnologien, vor allem aber Wertesystemen einzurichten, die die Möglichkeiten fehlerhaften Verhaltens der Mitarbeiter verhindern. „Kein CEO kann Skandale entschuldigen", so Henry Minzberg, „indem er sagt, er habe so viele Mitarbeiter. Du musst am Boden bleiben, um ein Gespür dafür zu bekommen, was in deiner Organisation vor sich geht."

Das Problem besteht darin, ein Gleichgewicht zwischen zentraler Kontrolle und dezentraler Führung der Geschäftseinheiten und Tochtergesellschaften zu finden. Die Größe des Unternehmens selbst ist nicht das Problem. Es geht um die richtige Kombination aus Struktur, Strategie, Kultur, Kommunikation und Leadership.

Eine Erklärung für Fehlverhalten in großen Unternehmen ist, dass sie nicht eine einheitliche Führungskultur haben, sondern in Abhängigkeit von den Führungspersönlichkeiten aus vielen Mikrokulturen bestehen. „Die fünf gefährlichsten Worte im Geschäft sind: Everybody else is doing it", so Warren Buffet.

Die einzige Möglichkeit, wie Vorstand und Aufsichtsrat Fehlverhalten verhindern können, ist, wachsam zu sein, das Geschäft zu verstehen und immer wieder zu betonen, wie wichtig es ist, die Reputation des Unternehmens nicht zu schädigen. Diesen Kampf müssen Führende tagtäglich führen.

In Anlehnung an Financial Times, 26. Februar 2015, S. 10 und 28. Februar 2015, S. 7

3.3 Die Allokation der Ressourcen

Zu den wichtigsten Aufgaben der Mitglieder des Aufsichtsrats zählen kritische Fragen zu Kapitalbeschaffung und Kapitalzuteilung. Für die Kapitalbeschaffung hat der Vorstand drei Optionen: Investition in bestehende Business Units, Investition in neue Geschäfte oder Business Units, Akquisitionen, Ausschüttung von Dividenden, Rückzahlung von Schulden oder Rückkauf von Aktien (Abbildung 4). Bei der Diskussion der Kapitalbeschaffung und Kapitalzuteilung können, wie eingangs erwähnt, die Mitglieder des Aufsichtsrats nur eine beratende und beobachtende Rolle spielen.

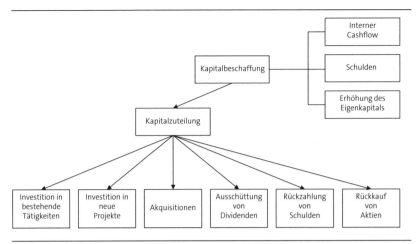

Abbildung 4: Die Kapitalbeschaffung und Kapitalzuteilung als zentrale Verantwortung der Unternehmensleitung (in Anlehnung an Thorndike, 2012)

Erfolgreich diversifizierte Unternehmen sind durch einen *Conglomerate Surplus*, d.h. durch einen Holding-Zuschlag gekennzeichnet. Der Aufsichtsrat hat deshalb darauf zu achten, dass der Wert des Unternehmens nicht kleiner ist als die Summe der Werte der Tochtergesellschaften oder Business Units. In diesem Fall wäre der *Conglomerate Discount* oder Holding-Abschlag ein Ausdruck dafür, dass Quersubventionierungen zwischen ertragsstarken und ertragsschwachen Unternehmenseinheiten stattfinden und es dem Vorstand nicht gelungen ist, Werte zu schaffen. Der *Conglomerate* kann 10 bis 20 Prozent der Summe der Werte der Unternehmenseinheiten ausmachen. Der Aufsichtsrat kann vom Vorstand verlangen, dass 1. eine Bewertung der einzelnen Tochtergesellschaften und Business Units vorgelegt wird und 2. der Gesamtwert dieser Unternehmensteile mit der Marktkapitalisierung des Unternehmens verglichen wird (Hinterhuber, 2015). Die Folgen des Conglomerate Discount sind schwerwiegend:
— Aufbrechen des Unternehmens in rechtlich selbständige Unternehmen,
— Trennung von Führungskräften,
— Senkung der Kosten der Zentrale,
— strategische Initiativen der Zentrale,
— Erhöhung des Beitrages der Zentrale zur Wertsteigerung der Tochtergesellschaften und Business Units,
— Übernahme durch ein Unternehmen, das sich an der nachhaltigen Wertsteigerung orientiert.

Der Vorstand definiert und entscheidet die *Strategic Issues*, die von Fall zu Fall 1. als neue Möglichkeiten genutzt, 2. als schlecht kalkulierte Risiken abgewendet werden müssen oder 3. ganzheitliche Maßnahmen erfordern, die die Antwortgeschwindigkeit des Unternehmens auf die Strategien und Aktionen der Konkurrenten erhöhen.

Strategic Issues sind plötzlich auftretende:
— Möglichkeiten: z.b.die Akquisition eines Konkurrenten, der Eintritt in einen neuen Markt, der günstige Verkauf einer Tochtergesellschaft oder
— Schwierigkeiten: ein feindlicher Übernahmeversuch, die missglückte Einführung eines neuen Produktes, die das Erscheinungsbild des Unternehmens beeinträchtigt, der Tod oder die Kündigung einer Schlüsselperson, für die das Unternehmen gerüstet sein muss.

Die Mitglieder des Aufsichtsrats müssen in diese Diskussionen eingebunden sein und darauf achten, dass der Vorstand für solche Extremfälle über die Zeit, die Managementkapazität, die Ressourcen und eine konkrete Planung verfügt, um, oft innerhalb weniger Stunden, die notwendigen Entscheidungen einleiten zu können.

3.4 Das Leadership-Kompetenzprofil des Vorstands für nachhaltiges und profitables Wachstum

Es gilt als gesicherte Erkenntnis, dass Leadership-Kompetenz der wichtigste Einzelfaktor für den nachhaltigen Erfolg eines Unternehmens ist (Hinterhuber, 2011). Egon Zehnder International und McKinsey haben den Zusammenhang zwischen dem Führungsverhalten von 5.000 Führenden in 47 Unternehmen und dem Umsatzwachstum über einen Zeitraum von fünf Jahren untersucht. In der Studie werden die 25 Prozent Spitzenunternehmen mit den 25 Prozent der Unternehmen am unteren Ende verglichen. Die Führenden in den Spitzenunternehmen zeichnen sich durch signifikant höhere Führungskompetenzen aus. Es sind nur wenige Führungskompetenzen, die den Unterschied ausmachen (Abbildung 5, S. 26). Bei organischem Wachstum sind es vor allem Gespür für den Markt, Schaffen von Mehrwert für die Kunden, organisationale Fähigkeiten und Vorwegnahme und Gestaltung von Veränderungen. Eine Wachstumsstrategie durch Mergers & Acquisitions verlangt vom Führungsteam an der Spitze dagegen vor allem Gespür für die Marktentwicklung und Offenheit für Wachstumsmöglichkeiten. Die Ergebnisse der Studie lassen sich wie folgt zusammenfassen:

- die Führenden in schnell wachsenden Unternehmen schneiden bei den in Abbildung 5 dargestellten Führungskompetenzen signifikant besser ab als die Führenden in Unternehmen mit einer niedrigeren Performance;
- Unternehmen mit herausragenden Führungsteams haben eine hohe Korrelation mit Umsatzwachstum; diese Korrelation fehlt bei Unternehmen mit soliden, aber nicht herausragenden Führungsteams;
- gute Führung genügt nicht; Exzellenz macht den Unterschied;
- für nachhaltiges und profitables Wachstum ist eine kritische Masse an Führenden notwendig;
- die besten Führenden sind nur in ein oder zwei Leadership-Kompetenzen herausragend; fehlende Leadership-Kompetenzen müssen durch die anderen Mitglieder des Führungsteams abgedeckt werden;
- die Entwicklung und Beförderung von Führenden mit Ecken und Kanten („Spiky Leaders") ist eine Voraussetzung für profitables Wachstum; diese führen ein Unternehmen zu nachhaltigem Erfolg;
- die Verbesserung der Leadership-Kompetenz ist kein einfacher Prozess; nach intensiver Aus- und Weiterbildung bzw. gezieltem Mentoring kann ein Führender in einem Jahr eine Leadership-Kompetenz um zwei Punkte auf der Skala von 1 bis 7 oder zwei Leadership-Kompetenzen um je einen Punkt erhöhen;
- um zu den 25 Prozent der Spitzenunternehmen zu zählen, braucht es eine kritische Masse von wenigstens 40 Prozent der Führungskräfte, die in der Leadership-Kompetenz „Verstehen der Bedürfnisse der Kunden" und Schaffen für entsprechenden Mehrwert herausragend sind;
- für den Erfolg des Unternehmens ist es wichtiger, B-Player zu A-Playern zu machen, als sicherzustellen, dass jede(r) wenigstens ein C-Player ist.

Die Studie zeigt zusammenfassend, dass die Unternehmen, die über Führende mit den in Abbildung 5 dargestellten Leadership-Kompetenzen verfügen, einen signifikanten, von den Konkurrenten nur schwer zu imitierenden Wettbewerbsvorteil haben. Unternehmen im Spitzenquartil haben durchwegs Werte zwischen 5 und 7, sie verfügen auch über eine kritische Masse von etwa 40 Prozent der Führungskräfte, die in diesen Leadership-Kompetenzen herausragend sind. Es ist für den nachhaltigen Erfolg wichtiger, Führende zu haben, die in ein oder zwei Leadership-Kompetenzen herausragen, als solche, die in allen durchschnittlich sind. In Unternehmen, die profitabel wachsen, liegt der Anteil der Führenden mit Ecken und Kanten bei etwa 10 Prozent. Dies stimmt mit eigenen empirischen Untersuchungen überein, wonach in erfolgreichen Unternehmen 8 bis 10 Prozent der Führenden eine unternehmerische Einstellung haben (Hinterhuber, 2011). Der Aufsichtsrat sollte sich deshalb die Leadership-Kompetenzprofile der Entscheidungsträger in Schlüsselpositionen vorlegen lassen. Gute Führung genügt nicht; Exzellenz macht den Unterschied.

Leadership-Kompetenzen	Beurteilung		
	Reaktives Verhalten	Aktives Verhalten	Proaktives, antizipierendes Verhalten
Gespür für Markt und Marktentwicklungen und deren Auswirkungen auf das Unternehmen	1 2	3 4	5 6 7
Dem Kunden dienen/Schaffen von Mehrwert für die Kunden	1 2	3 4	5 6 7
Ergebnisorientierung	1 2	3 4	5 6 7
Strategische Orientierung	1 2	3 4	5 6 7
Zusammenarbeit mit nicht direkt unterstellten Mitarbeitern	1 2	3 4	5 6 7
Team Leadership	1 2	3 4	5 6 7
Entwicklung von organisationalen Fähigkeiten/ Anziehen von Spitzenführungskräften und Entwicklung des Teams	1 2	3 4	5 6 7
Change Leadership	1 2	3 4	5 6 7

Abbildung 5: Die entscheidenden Leadership-Kompetenzen (modifiziert nach Egon Zehnder International/McKinsey & Company, 2011)

Es zählt zu den wichtigsten Aufgaben des Aufsichtsrats, die Leadership-Kompetenzen der wichtigsten Entscheidungsträger im Unternehmen laufend zu hinterfragen.

3.5 Das Risk Assessment

Ein Unternehmen muss in jeder Situation, die auch mit noch so kleiner Wahrscheinlichkeit eintreten kann, in der Lage sein zu überleben. Der Vorstand ist verantwortlich für die Kontrolle des Risikos, das dessen kontinuierliche Erneuerung verursachen kann. „Wenn die Katastrophe eingetreten sein wird", so Luc Ferry, ein französischer Minister, „werde ich mich darauf vorbereitet haben."

In einem „Letter to the Shareholders" zitiert Warren E. Buffett, CEO von Berkshire Hathaway, seinen Freund und langjährigen Partner Charlie Munger: „Alles, was ich wissen will, ist, wo ich einmal sterben werde. Denn dann werde ich nie dorthin gehen." Auf diesem Grundsatz der praktischen Lebensweisheit, bei allen Entscheidungen die negativen Auswirkungen zu berücksichtigen, beruht das Erfolgsgeheimnis von Berkshire Hathaway: Vermeide Geschäfte, deren Zukunft du nicht beurteilen kannst, wie aussichtsreich deren Perspektiven auch sein mögen; mach dein Schicksal nie abhängig von der Freundlichkeit der anderen und der Gunst der Umstände; arbeite mit Partnern zusammen, die langfristig in Geschäfte investieren wollen, die sie selbst verstehen; umgib dich mit Führungskräften, die wie Eigentümer denken und handeln.

Regeln für das Risk Assessment
1. Richte vor der Verabschiedung einer strategischen Entscheidung ein Team aus Mitarbeitern ein, die mit dem Entscheidungsproblem vertraut sind und Einsicht in die Folgen der Entscheidung haben.
2. Erteile dem Team folgenden Auftrag:
   – Versetzen Sie sich bitte ein Jahr von heute in die Zukunft.
   – Stellen Sie sich vor, a) dass wir den Plan so ausführen, wie er jetzt vorliegt, und b) dass das Ergebnis eine Katastrophe ist.
   – Nehmen Sie sich bitte 5 bis 10 Minuten Zeit, um eine kurze Geschichte dieses Desasters zu schreiben.
3. Überprüfen Sie Ihre Entscheidung, indem Sie das Ergebnis der Teamarbeit mit Freunden diskutieren, denen Sie vertrauen.

Quelle: D. Kahneman, 2014

Die folgenden Themen sollten in den Aufsichtsratssitzungen behandelt werden; sie sind Richtlinien für den Vorstand (Hinterhuber, 2011):

1. Bestimme die maximale Verlusthöhe, d.h. den Verlust oder Schaden, der, wenn er eintreten würde, das Unternehmen in ernsthafte Schwierigkeiten führen würde. Schließe die Strategien und Optionen aus, die, auch wenn sie große Gewinnchancen haben, die Existenz des Unternehmens gefährden könnten.
2. Bereite dich mental auf den größten anzunehmenden Unfall vor. Gutes Krisenmanagement ist zu 80 Prozent Vorbereitung. Halte dir den Grundsatz Helmuth von Moltkes vor Augen: Die Strategie ist ein System von Aushilfen ad hoc.
3. Mach ein Mitglied des Vorstands verantwortlich für präventives Krisenmanagement.
4. Dokumentiere in einem Plan: a) wie und wie schnell das Unternehmen Informationen über die Krisensituation haben kann, b) welche Experten rechtzeitig zur Verfügung stehen, c) wer kurzfristig zu Beginn der Krise Entscheidungen treffen kann und d) wer die Kommunikation nach außen und nach innen übernimmt.
5. Lass den Plan nicht in einem Ordner „verstauben". Bringe diesen Plan ein- bis zweimal im Jahr auf einen aktuellen Stand und stelle ihn in das Intranet. Im Krisenfall bleibt wenig Zeit, um in dem Ordner zu suchen.
6. Kommunikation in Krisenzeiten ist Chefsache. Beachte, was online gesagt wird, und nimm dazu Stellung.
7. Lass eine glaubwürdige Führungskraft vor die Kameras und Medien treten, wenn der Auftritt des CEO nicht auf der Höhe der Situation ist. Der beste Katastrophenplan kann durch unbedachte Äußerungen des CEO zunichte gemacht werden.
8. Bereite alle Aussagen vor den Medien schriftlich vor. „No comments" irritieren die Öffentlichkeit. Zeige Entschlossenheit, Mitgefühl und Engagement. Zeige dich nicht zu oft in der Öffentlichkeit.
9. Entscheide selbst, ob du mehr den Empfehlungen der Kommunikationsberater oder denen der Rechtsanwälte folgen sollst. Beide arbeiten mit unterschiedlichen Ansätzen.
10. Vergiss nicht, dass die beste Kommunikation die operativen Maßnahmen nicht ersetzen kann. Du wirst an den Taten, nicht an den Worten gemessen.

Für ein Unternehmen gibt es, zusammenfassend, keine Sicherheit, wenn es sich kontinuierlich erneuert und sich für eine bestimmte Strategie und bestimmte Aktionspläne entscheidet. So wenig wie für eine Ehe. Der Vorstand kann jedoch entscheiden, was er unter keinen Umständen tun will („wo er nicht sterben will"), wie er sein Kerngeschäft absichert, er kann die maximale Verlusthöhe bestimmen, die er verkraften kann, ohne das Unternehmen in seiner Existenz zu gefährden, er kann entsprechende Reserven gegen Rückschläge halten, nicht alles auf eine Karte setzen und sich flexibel organisieren. Bei Misserfolgen, so ein Schweizer Unternehmer, meint man immer, man habe zu wenig gewusst – man hat aber nur in der Regel das, was man eigentlich hätte wissen müssen, übersehen.

Es muss nicht gerade ein „Schwarzer Schwan" (Taleb, 2012) sein, der die Fortdauer des Unternehmens gefährdet. Ein „Schwarzer Schwan" ist das „unbekannte Unbekannte" und nicht vorhersehbar. Es genügt ein GRIMP (Gigantic Risk with Incredible Minute Probability; Stein, 2014), um das Unternehmen zu gefährden. Ein GRIMP ist das „bekannte Unbekannte", z.B. ein pharmazeutisches Produkt mit Nebenwirkungen, eine fehlerhafte Komponente in der Pumpstation einer Gasleitung und dgl. mehr. Der Aufsichtsrat lässt sich über GRIMPs berichten. „Wenn es dann doch noch schlechter kommt, als im *Worst Case* angenommen, sitzen alle im selben Boot. Der Vorstand hat nicht falsch gehandelt, und der Aufsichtsrat hat nicht schlecht kontrolliert. Aber beide haben sich geirrt." (Albach, 2011, S. 295)

3.6 Rekrutierung eines Mitglieds des Vorstands auf dem externen Managermarkt oder durch Beförderung im Unternehmen

Exzellent ausgeübte Leadership ist, wie erwähnt, der wichtigste Einzelfaktor für den Erfolg eines Unternehmens (Hinterhuber, 2011). „Strategy follows people; the right person leads to the right strategy", so Jack Welch und mit ihm viele Führungspersönlichkeiten. Der Aufsichtsrat kann ein Vorstandsmitglied aus dem Unternehmen wählen oder auf dem externen Markt für Führungskräfte rekrutieren. Die Gegenüberstellung der beiden Optionen in Abbildung 6 kann dem Aufsichtsrat bei vergleichbaren Leadershipkompetenz-Profilen die Entscheidung erleichtern.

A) Der Mitarbeiter hat Karriere im Unternehmen gemacht	
Überlegungen des Aufsichtsrats	Überlegungen der Führungskraft
1. Die Führungskraft kommt aus dem Unternehmen.	1. Das ist das Angebot, auf das ich während meines bisherigen Berufslebens gewartet habe.
2. Das Einstellungsverfahren für junge Mitarbeiter ist effizient.	2. Ich kenne meine Unternehmen, und ich liebe es.
3. Trainee-Programme, Assessment Centers und Mitarbeitergespräche prüfen die Leistungsfähigkeit und die Loyalität der Mitarbeiter sehr verlässlich.	3. Ich werde meine ganze Kraft daran setzen, erfolgreich zu sein.
4. Die Laufplanplanung im Unternehmen gewährleistet, dass die besten und loyalsten Führungskräfte aufsteigen.	4. Erfolg ist in einer solchen Führungsposition schwer zu messen. Ich werde alles daran setzen, alle Beteiligten auf den Erfolg hin zu koordinieren.
5. Die Auswahl der Führungskräfte wird aus einem kleinen Kreis von „High Potentials" vorgenommen. Diese sind von allen bisherigen Vorgesetzten und in 360°-Beurteilungen hervorragend beurteilt worden.	5. Die Unternehmensleitung setzt offenbar Vertrauen in mich. Ich werde dieses Vertrauen nicht enttäuschen. Ich habe das Gefühl, dass das Unternehmen auch mir „gehört".
6. Der Mitarbeiter lebt und teilt die Führungswerte des Unternehmens.	6. Die Führungswerte des Unternehmens sind auch meine Werte.
B) Die Führungskraft wird auf dem externen Markt rekrutiert	
Überlegungen des Aufsichtsrats	Überlegungen der Führungskraft
1. Wir kennen die Person nicht aus langjähriger Erfahrung. Wir müssen daher annehmen, dass die Führungskraft ihren eigenen Nutzen maximiert, wie sie das offensichtlich in der Vergangenheit getan hat. Das ist aus ihrer Wechselbereitschaft zu schließen.	1. Meine Aufgabe ist es, meinen Bereich nach bestem Wissen und Gewissen zu führen.
2. Die Führungskraft will ihr (monetäres) Einkommen maximieren.	2. Ich widme meine ganze Zeit und meine ganze Kraft der Aufgabe im Unternehmen.
3. Diese Zielvorstellung unterscheidet sich von unserer Zielvorstellung.	3. Das Gehalt ist ausreichend hoch.
4. Wir können das Verhalten der Führungskraft nicht oder nur mit Verspätung beobachten.	4. Ich bin nicht sicher, ob die Unternehmensleitung mir traut.
5. Die Führungskraft kennt nicht die Führungskultur unseres Unternehmens.	5. Ich kenne die Führungskultur des Unternehmens nicht.
6. Wir müssen damit rechnen, dass sich die Führungskraft opportunistisch verhält.	6. Sollten sich für mich bessere Möglichkeiten im Markt abzeichnen, wechsle ich.
	7. Ich gehe nicht mit dem Gefühl an meine Aufgaben, dass das Unternehmen mir „gehört".

Abbildung 6: Vorstandmitglied aus dem Unternehmen versus Rekrutierung auf dem Markt für Manager (in Anlehnung an Albach, 2001)

4. Die Geschäftsstrategie (Business Strategy)

4.1 Die empirische Evidenz

In den vergangenen Jahren untersuchten wir die Praxis des strategischen Denkens und Handeln in mehr als 230 Business Units von 50 Unternehmen weltweit (Hinterhuber, 2011). Dabei haben wir festgestellt, dass in drei von vier Fällen eine Strategie verfolgt wird, die ihren Namen nicht verdient und mit der die Kapitalkosten nicht erwirtschaftet werden. Es ist deshalb Aufgabe des Aufsichtsrats, kritische Fragen zu den Geschäftsstrategien zu stellen. Der Fragebogen in Abbildung 7 (S. 32) zeigt Fragen, mit denen der Aufsichtsrat herausfinden kann, ob die Geschäftseinheit über eine gute Strategie verfügt.

Es lässt sich empirisch und theoretisch nachweisen, dass aufgrund der Komplementaritäten zwischen den Geschäftseinheiten die Maximierung der Werte der Geschäftseinheiten nicht zur optimalen Wertsteigerung des Unternehmens führt. Das Gesamtoptimum ist kleiner als die Summe der optimalen Werte einer jeden Geschäftseinheit. Die Maximierung des Economic Value Added für jede einzelne Geschäftseinheit führt zu besonders aggressivem Verhalten der dafür zuständigen Führungskräfte und somit zur Schmälerung des Unternehmenswertes. Der Aufsichtsrat muss deshalb die Auswirkungen organisatorischer Regeln und Anreize auf die Führung der Geschäftseinheiten explizit mit dem Vorstand diskutieren.

4.2 Die vier Elemente einer guten Geschäftsstrategie

Eine gute Strategie erhöht die Wahrscheinlichkeit für langfristig überdurchschnittlichen Erfolg sowohl beim Wettbewerb auf existierenden Märkten als auch bei der Schaffung neuer Märkte. Bei der Strategie besteht eine Analogie zur Kochkunst. Der Koch arbeitet mit dauernd wechselnden Ingredienzien, die er unterschiedlich dosiert, zu verschiedenen Zeiten und bei unterschiedlichen Temperaturen einsetzt. Eine gute Strategie braucht bestimmte Ingredienzien; sie muss bestimmte Elemente umfassen. Unsere Studie zeigt, dass sich gute Strategien dadurch auszeichnen, dass sie klare Antworten entlang von vier Dimensionen geben (Abbildung 8, S. 33, und Abbildung 9, S. 34).

Die folgenden Fragen können helfen zu erkennen, ob eine Geschäftseinheit eine gute Strategie hat:

	Trifft nicht zu ... Trifft zu
1. *Wettbewerbsvorteile* Sind die Wettbewerbsvorteile der Business Unit klar definiert?	1 – 2 – 3 – 4 – 5 – 6 – 7
Kann jede Führungskraft die Frage beantworten: „Wie werden wir im Markt gewinnen?"	1 – 2 – 3 – 4 – 5 – 6 – 7
2. *Wettbewerbsarena* Ist die Marktsegmentierung kundenorientiert und reflektiert sie die Stärken des Unternehmens?	1 – 2 – 3 – 4 – 5 – 6 – 7
Sind die Marktsegmente klar definiert, in denen den Kunden ein höherer Mehrwert geboten werden kann als die Konkurrenz? Hat das Marktsegment ein Potential, das uns erfolgreich in die Zukunft tragen kann?	1 – 2 – 3 – 4 – 5 – 6 – 7
3. *HR-Politik* Wissen wir, welche Arten von Talenten benötigt werden, um in bestehenden Märkten noch erfolgreicher zu sein?	1 – 2 – 3 – 4 – 5 – 6 – 7
Wissen wir, welche Arten von Talenten benötigt werden, um neue Märkte zu erschließen?	1 – 2 – 3 – 4 – 5 – 6 – 7
Ziehen wir die richtigen Talente an?	1 – 2 – 3 – 4 – 5 – 6 – 7
4. *Kundenwert versus Kosten* Schafft die Business Unit ausreichend Wert für die Kunden in den oben definierten Marktsegmenten, um überdurchschnittlich profitabel zu sein?	1 – 2 – 3 – 4 – 5 – 6 – 7
Ist der Unterschied zwischen Kosten und Kundennutzen signifikant und nachhaltig positiv?	1 – 2 – 3 – 4 – 5 – 6 – 7

60+: Gute Strategie
  Stellen Sie Unterstützung für eine erfolgreiche Umsetzung sicher
40–59: Ausreichendes Strategiepotential
  Schärfen Sie das Profil der Strategie anhand des Strategiediamanten (siehe Abbildung 8)
Unter 40: Großes Strategiedefizit:
  Gefahr, eine Scheinstrategie zu verfolgen
  Die Strategie muss abgelehnt und neu definiert werden

Abbildung 7: Maßstäbe für die Beurteilung der Geschäftsstrategie

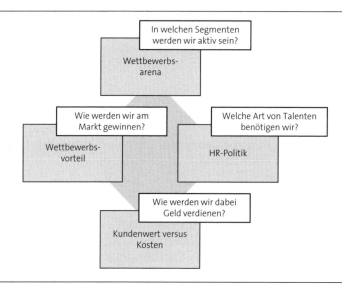

Abbildung 8: Der Strategiediamant (Quelle: Hinterhuber & Partners)

Schiebel Industries AG

Schiebel Industries AG baut unbemannte Flugzeuge. Das Familienunternehmen mit Sitz in Wien wird von Hans Georg Schiebel in zweiter Generation geleitet. Der Camcopter S-100 besteht aus 5.000 Komponenten und ist eine der besten Aufklärungsdrohnen, die am Markt angeboten werden. Drohnen sind keine Waffenträger, sondern Informationsbringer.

1. *Wettbewerbsarena.* Drohnen werde im zivilen und im militärischen Bereich eingesetzt. Im zivilen Bereich besteht der weltweite Markt von Schiebel Industries AG in Besichtigungen von Hochspannungsleitungen, Kontrolle von Pipelines, Überwachung von Meeresplattformen und Windparks, Erkundung von Routen für Eisbrecher in der Arktis, Feststellung von Ernteschäden, Ortung von Personen in Katastrophensituationen und dgl. mehr. Bei den Olympischen Spielen in Sotschi z.B. wurden Fluggeräte, die drei Meter lang sind und ohne Kerosin 110 kg wiegen, eingesetzt.
Im militärischen Bereich bietet Schiebel Industries Aufklärungsdrohnen an. Dieser Markt wird von den großen Rüstungskonzernen in den USA und in Europa beherrscht, ist einträglich, aber heikel. Länder, die unter Embargo stehen, werden nicht beliefert.

2. Wettbewerbsvorteile. Drohnen sind Informationsbringer. Schiebel Industries verfügt über ein spezielles Know-how in den Bereichen IKT, Leichtmaterialien, Fertigung und Antriebssystem. Zusammen bilden diese Bereiche die Kernkompetenz des Unternehmens.

3. HR-Politik. Schiebel Industries kann auf bestens ausgebildete Absolventen der Technischen Universitäten und Fachhochschulen und auf Facharbeiter zurückgreifen. Die vom Unternehmer von oben nach unten vorgelebte Unternehmenskultur macht das Unternehmen zu einem attraktiven Arbeitgeber.

4. Kundenwert versus Kosten. Im Gegensatz zu einem Hubschrauber braucht eine Drohne wenig Luftraum. Die Kosten des Drohneneinsatzes sind etwa ein Zehntel dessen, was ein bemannter Hubschrauber verursacht. Das Absturzrisiko wird ähnlich hoch eingeschätzt wie bei einem kleinen Sportflugzeug.

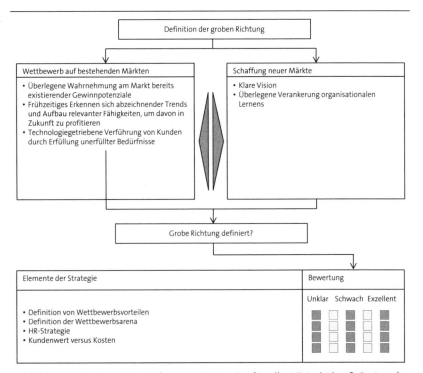

Abbildung 9: Raster zur Beurteilung von Strategien (Quelle: Hinterhuber & Partners)

Tesla Motors

Tesla ist ein Auto, das rein elektrisch betrieben eine Reichweite von über 400 km hat. Im Gegensatz zu Verbrennungsmotoren, die aus Hunderten Einzelteilen bestehen, besteht der Motor von Tesla aus nur einem einzigen beweglichen Teil: dem Rotor. Dieser beschleunigt bei 0-Emissionen in 5,6 Sekunden auf 100 km pro Stunde.

Tesla Motors wurde 2003 von Silicon-Valley-Ingenieuren gegründet, die unter Elon Musk, einem der Mitgründer, beweisen wollten, dass Elektrofahrzeuge Außergewöhnliches leisten können. Tesla Motor beschäftigt in Palo Alto rund 2.000 Mitarbeiter, die etwa 20.000 Fahrzeuge pro Jahr herstellen. Eine „Gigafabrik" für die Herstellung von Batterien ist geplant; sie soll bis zu 6.500 Mitarbeiter beschäftigen, 5 Milliarden US-Dollar kosten und 2017 mit der Produktion von Batterien beginnen. Das Ziel ist, 500.000 Fahrzeuge pro Jahr herzustellen.

Die Strategie von Tesla Motors lässt sich anschaulich anhand des Strategiediamanten beschreiben.

1. Wettbewerbsarena. Der Markt von Tesla Motors ist der weltweite Markt von elektrisch betriebenen und umweltfreundlichen Fahrzeugen im oberen Preissegment.

2. Wettbewerbsvorteile. Diese liegen einerseits in den Antriebssträngen und in den Batteriekomponenten, die eine Reichweite von über 400 km erlauben, andererseits in der innovativen Innenausstattung. Tesla bedient diverse digitale Kommunikationssysteme, die einfach zu bedienen sind und im Vergleich zu den konkurrierenden Limousinen revolutionierend sind. In meist in Einkaufszentren eingerichteten Showräumen können die Wagen angeschaut und in Tesla-Geschäften Probefahrten arrangiert werden. Die mächtigen Händlerorganisationen in den USA versuchen allerdings zu verhindern, dass Teslas Vertriebskanal in der Branche Schule macht.

3. HR-Politik. Elon Musk begnügt sich mit einem symbolischen Gehalt von einem Dollar pro Jahr. Die Gehälter der Führungskräfte sind niedrig im Vergleich zu denen der Konkurrenten. Elon Musk, ein genialer Ingenieur mit großem kaufmännischen Talent, wählt seine Führungskräfte nach dem Grundsatz aus, dass sie a) in dem, was sie tun, besser sind als er selbst, b) die Werte teilen, die er vorlebt, und c) eine Gemeinschaft bilden, die stolz ist, neue Maßstäbe in der Branche zu setzen.

4. *Kundenwert versus Kosten.* Während Hybridfahrzeuge in der Regel eine Reichweite bei reinem Elektrobetrieb von nicht einmal 100 km haben, bietet Tesla seinen Kunden Reichweiten von über 400 km. Der Fahrkomfort übertrifft den vergleichbarer Fahrzeuge im gehobenen Preissegment. Die Kunden erhalten „value for money". Es sind innovative Kunden, die beitragen wollen, eine neue Epoche in der Geschichte der Automobilindustrie einzuleiten. Der Börsenwert von Tesla liegt heute etwa 30 Prozent über dem von Fiat Chrysler. Tesla stellt 30.000 Autos im Jahr her, Fiat Chrysler 4 Millionen. Die Marktkapitalisierung von Tesla beträgt rund 30 Mrd. US-Dollar.

4.3 Die organisatorische Trennung von bestehenden und neuen Geschäften

Die Organisation ist ein wichtiges Element der Strategie. Sie bestimmt weitgehend, wie Ziele formuliert, Strategien entwickelt und entsprechende Aktionspläne ausgearbeitet werden. Der Einfluss auf die Strategie zeigt sich besonders dann, wenn etablierte Unternehmen in ihren Märkten durch innovative, neue Konkurrenten bedroht werden. Etablierte Unternehmen neigen dazu, ihre über viele Jahre erfolgreich aufgebauten Wettbewerbsvorteile zu verteidigen. Neue, agile Konkurrenten versuchen durch Innovationen, die Wettbewerbsvorteile des etablierten Konkurrenten zu zerstören. Die etablierten Unternehmen können die Bedrohung durch die neuen Konkurrenten in dem Maß bewältigen, in dem sie die bestehenden Geschäfte von den neuen Geschäften organisatorisch trennen. Diese Trennung von bestehenden und neuen Geschäften wird als „Ambidextrous Organization" bezeichnet (Abbildung 10).

Wenn z.B. die großen Automobilkonzerne in Bezug auf Elektroautos sich nicht von Tesla distanzieren lassen wollen, wird die Ausgliederung der Geschäftseinheit E-Mobilität aus der Unternehmensstruktur erforderlich sein. Ingenieure, die sich ihr ganzes Leben mit konventionellen Antriebssystemen beschäftigt haben, tun sich schwer mit innovativen Entwicklungen auf dem Gebiet der E-Autos. IBM z.B. hat den Übergang von „Mainframe Computers" zu „Minicomputers" dadurch überlebt, dass unabhängig vom Hauptgeschäft operierende Teams an verschiedenen Orten daran arbeiteten. Man kann aber auch wie M. Porter argumentieren, dass IBM es versäumt hat, eine neue Technologie in seine bewährte Strategie zu integrieren und daraus Nutzen zu ziehen. Eine neue Technologie, mit der ein Markt revolutioniert wird, ist 1. selten und 2. noch lange keine Strategie. Ich schließe mich dieser Auffassung an; meine persönlichen Erfahrungen bestätigen dies.

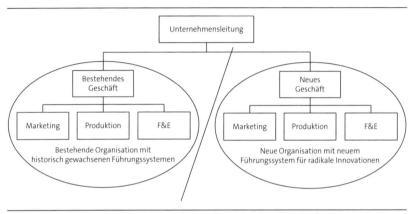

Abbildung 10: Die organisatorische Trennung von bestehenden Geschäften und neuen Geschäften (in Anlehnung an Carpenter/Sanders, 2009)

4.4 Das Aktionssyndrom

Ist der Vorstand ein Commitment für bestimmte strategische Entscheidungen eingegangen, die vom Aufsichtsrat geprüft wurden, wird das Aktionssyndrom wirksam (Stein, 2013). Das Aktionssyndrom reduziert eine Vielzahl von Optionen auf eine einzige, verpflichtet und fokussiert die Führungskräfte auf diese Option, unterdrückt jeden Zweifel und führt zu konkreten, oft irreversiblen Maßnahmen. Vor dem Commitment war der Vorstand frei, Risiken und Vorteile abzuwägen, Hindernisse auf dem Weg zum Erfolg zu beseitigen und Alternativen zu prüfen. Nach dem Commitment stehen Strategie und Aktionspläne fest; damit erhöht sich die Vulnerabilität des Unternehmens oder der Geschäftseinheit gegenüber schlecht kalkulierten Risiken; es können aber auch später auftretende Möglichkeiten nicht mehr genutzt werden.

„Das Aktionssyndrom kann wie eine Krankheit gesehen werden, die die Weisheit vermindert" (Stein, 2013, S. 229). Charismatische und narzisstische Führungspersönlichkeiten sind besonders anfällig für das Aktionssyndrom. Wenn sich in den Aufsichtsratssitzungen Zeichen des Aktionssyndroms zeigen, muss der Aufsichtsrat wachsam sein, kritische Fragen stellen, Wahrnehmungen und Prognosen des Vorstands diskutieren und auf strategische Flexibilität hinweisen.

5. Die Strategie als gemeinsame Logik des Handelns

Die Fähigkeit, einen guten Businessplan zu erstellen, ist nicht gleichbedeutend mit der Fähigkeit, damit auch den Wert des Unternehmens nachhaltig zu erhöhen. Jeder strategische Plan ist eine Wette auf die Führungskräfte, die ihn erstellen und umsetzen. Der Erfolg eines jeden strategischen Plans steht und fällt mit den Personen, die dahinter stehen und ihn ausführen werden. Besonders gefährlich sind narzisstische Personen mit einer Vision und mit Charisma, die darüber hinaus noch gute Geschichtenerzähler sind. Sie überzeugen nicht kraft ihrer Argumente, sondern durch die Stärke ihrer Persönlichkeit. Der Aufsichtsrat hat deshalb darauf zu achten, dass 1. die Form nicht die Substanz überwiegt, der Vorstand 2. Veränderungen antizipiert und sich nicht an veränderte Bedingungen anpassen muss, 3. das Tempo des Wandels bestimmt und 4. die besten Führungskräfte entwickelt.

Wenn ein Unternehmen profitabel und nachhaltig wachsen will, braucht es pragmatische Visionäre im Vorstand und Aufsichtsrat mit einem Sinn für Humor, die die Strategie als gemeinsame Logik des Handelns verstehen. Pragmatisch, weil man von der Vision Abstand nehmen und das Machbare gestalten und umsetzen muss. Vorstand und Aufsichtsrat brauchen Sinn für Humor, weil das die einzige Möglichkeit ist, die Balance angesichts des Widerstands gegen Veränderungen im Unternehmen zu wahren.

Der Aufsichtsrat hat darauf zu achten, dass Unternehmensstrategie und Geschäftsstrategien zur gemeinsamen Logik des Handelns der Führungskräfte werden. Der Aufsichtsrat kann fragen, inwieweit der Vorstand den Führungskräften Einsichten in seine strategischen Absichten und Gedankengänge gibt, ihnen den Sinn und das Ziel seiner strategischen Absichten erklärt, sie zur kreativen Mitarbeit und Weiterentwicklung der Ziele und Strategien auffordert.

6. Zusammenfassung

Was für Vorstand und Aufsichtsrat zählt, sind die Ergebnisse und der Weg dorthin. Sie werden nicht an ihren Absichten, sondern an den nachhaltigen Wirtschaftsergebnissen ihrer unternehmerischen Leistung gemessen. Dazu brauchen sie eine Strategie, die von den Führungskräften richtig interpretiert und von diesen nach Maßgabe der Situation weiterentwickelt wird und in entsprechenden Aktionsplänen und Organisationsformen ihren Niederschlag findet.

Die nachhaltige Wertsteigerung des Unternehmens hängt davon ab, inwieweit es dem Vorstand gelingt, *strategisch wichtige Ziele* zu erreichen. Der Aufsichtsrat hat darauf zu achten, dass der Vorstand Ziele kommuniziert, die
1. so hoch sind, dass die Aktionäre ein überdurchschnittliches Wachstumspotential des Unternehmenswertes vermuten,
2. angemessen genug sind, um von der Führung der Geschäftseinheiten und Tochtergesellschaft erreicht zu werden,
3. diesen genügend Handlungsspielraum offen lassen, um gleichzeitig neue Erfolgspotentiale aufzubauen, und
4. so, wie öffentlich erklärt, auch eingehalten werden. (Hinterhuber, 2015)

Die Hauptergebnisse dieses Beitrags sind:
1. Strategisches Denken heißt, dass das Ganze wichtiger ist als der Teil und nicht umgekehrt. Das Gesamtmodell der strategischen Führung des Unternehmens im Abschnitt 2 kann ein Diskussionsrahmen für nachhaltige Wertsteigerung in den Aufsichtsratssitzungen sein.
2. Die Rolle des Aufsichtsrats bei der Formulierung der Unternehmensstrategie wird behandelt. Kritische Fragen zur Unternehmensstrategie, die der Aufsichtsrat stellen kann, werden diskutiert.
3. Die Allokation der Ressourcen ist eine der wichtigsten unternehmerischen Aufgaben des Vorstands. Der Aufsichtsrat kann beobachten, mit welchen Argumenten, mit welcher Sachkenntnis und mit welchem methodischen Ansatz der Vorstand die Allokation der Ressourcen begründet.
4. Der Holding-Abschlag (Conglomerate Discount) ist ein Thema, das mit dem Aufsichtsrat diskutiert werden muss.
5. Der Vorstand definiert und entscheidet Strategic Issues und strategische Initiativen der Zentrale, bei deren Diskussion der Aufsichtsrat einen wichtigen Beitrag leisten kann.

6. Der Aufsichtsrat überprüft das Leadershipkompetenz-Profil des Vorstands und der wichtigsten Führungskräfte. Eine entsprechende Vorgangsweise wird vorgestellt.
7. Die Abschätzung der strategischen Risiken muss von Vorstand und Aufsichtsrat gemeinsam vorgenommen werden. Regeln für das Risk Assessment werden erläutert.
8. Überlegungen des Aufsichtsrats und Überlegungen der Kandidaten für eine Position im Vorstand werden gegeneinander abgewogen.
9. Die Gliederung des Unternehmens in Geschäftseinheiten (Business Units) kann zu aggressivem Verhalten der dafür zuständigen Führungskräfte führen. Kritische Fragen des Aufsichtsrats dazu werden behandelt.
10. Die Qualität der Geschäftsstrategie lässt sich mit Hilfe des Strategiediamanten überprüfen.
11. Die vier Elemente einer guten Geschäftsstrategie werden anhand von Beispielen vorgestellt.
12. Neue Geschäfte müssen organisatorisch von bestehenden Geschäften getrennt werden. Der Aufsichtsrat kann dazu kritische Fragen stellen. Die Organisation ist ein wichtiges Element der Strategie.
13. Der Aufsichtsrat kann die Leadershipkompetenz der Leiter der Geschäftseinheiten mit Hilfe von Leadershipkompetenz-Profilen überprüfen.
14. Die Strategie ist die gemeinsame Logik des Handelns der Führungskräfte. Der Vorstand kann in der Aufsichtsratssitzung darüber berichten und anhand von Beispielen nachweisen, dass er das Tempo des Wandels bestimmt und die richtigen Führungskräfte in die richtigen Positionen bringt.
15. Die Unternehmenskultur muss vom Aufsichtsrat überprüft werden. Sie ist ein strategischer Wettbewerbsvorteil.

Abbildung 11 zeigt die strategischen Themenbereiche in Form einer Checklist, bei denen der Aufsichtsrat eine beratende und beobachtende Rolle spielt.

Strategien	Diskussionsgrundlagen	Beurteilung: 1: Herausragende Stärke 5: Signifikante Verbesserungsnotwendigkeit
Unternehmensstrategie		1 — 2 — 3 — 4 — 5
Das Ganze ist wichtiger als der Teil	Gesamtmodell der strategischen Führung	1 — 2 — 3 — 4 — 5
Situation des Unternehmens heute	Ist-Portfolio	1 — 2 — 3 — 4 — 5
Ziel in X Jahren	Soll-Portfolio	1 — 2 — 3 — 4 — 5
Allokation der Ressourcen	Szenario-Planung / Wertsteigerung	1 — 2 — 3 — 4 — 5
Conglomerate Discount (Holding-Abschlag)	Wert des Ganzen > Summe der Werte der Teile	1 — 2 — 3 — 4 — 5
Geschäftsmodell	Szenario-Planung, Wettbewerbsanalyse	1 — 2 — 3 — 4 — 5
Strategische Initiativen der Zentrale	Wertsteigerung der Geschäftseinheiten	1 — 2 — 3 — 4 — 5
Strategic Issues	Szenario-Planung	1 — 2 — 3 — 4 — 5
Leadershipkompetenz des Vorstands	Leadershipkompetenz-Profil	1 — 2 — 3 — 4 — 5
Risk Assessment	Worst Case	1 — 2 — 3 — 4 — 5
Rekrutierung eines Mitgliedes des Vorstands	Leadershipkompetenz-Profil	1 — 2 — 3 — 4 — 5
Geschäftsstrategie		1 — 2 — 3 — 4 — 5
Gliederung des Unternehmens in Geschäftseinheiten	Jede Geschäftseinheit verdient mindestens die Kapitalkosten	1 — 2 — 3 — 4 — 5
Qualität der Geschäftsstrategie	Strategiediamant	1 — 2 — 3 — 4 — 5
Organisatorische Trennung von neuen und bestehenden Geschäften	Wertsteigerung	1 — 2 — 3 — 4 — 5
Leadershipkompetenz der Leiter der Geschäftseinheiten	Leadershipkompetenz-Profil	1 — 2 — 3 — 4 — 5
Die Strategie als gemeinsame Logik des Handelns	Verhalten der Führungskräfte	1 — 2 — 3 — 4 — 5
Unternehmenskultur	Werte, Struktur, Strategien, Reputation des Unternehmens	1 — 2 — 3 — 4 — 5

Abbildung 11: Strategie-Checkliste für den Aufsichtsrat

Literatur

Albach, H. (2001): Allgemeine Betriebswirtschaftslehre. 3. Aufl., Wiesbaden.
Carpenter, M.A./Sanders, Wm. G. (2009): Strategic Management. A Dynamic Perspective, Concepts and Cases. 2. Aufl., Upper Saddle River.
DeWit, B./Meyer, R. (2014): Strategy. Process, Content, Context. An International Perspective. 5. Aufl., Minneapolis.
Egon Zehnder International and McKinsey & Company (Hrsg.) (2011): Return on Leadership Competencies that Generate Growth.
Freedman, L. (2013): Strategy. A History. Oxford.
Gigerenzer, G. (2013): Risiko: Wie man die richtigen Entscheidungen trifft. Gütersloh.
Grant, R.M./Jordan, J. (2012): Foundations of Strategy. Chichester.
Grant, R.M. (2012): Contemporary Strategy Analysis. 8. Aufl., Oxford.
Greenwald, B./Kahn, J. (2007): Competition Demystified: A Radically Simplified Approach to Business Strategy. New York.
Hinterhuber, H.H. (2015): Strategische Unternehmensführung. 9. Aufl., Berlin
Hinterhuber, H.H. (2013): Führen mit strategischer Teilhabe. Wie sich die Lücken zwischen Strategie und Ergebnissen schließen lassen. Berlin.
Hinterhuber, H.H. (2011): Die 5 Gebote für exzellente Führung. Frankfurt am Main.
Hinterhuber, H.H. (2007): Leadership. Strategisches Denken systematisch schulen von Sokrates bis heute. 4. Aufl., Frankfurt am Main.
Hinterhuber, A./Liozu, St. (Hrsg.) (2013): Innovation in Pricing. London.
Kahneman, D. (2014): Schnelles Denken, langsames Denken. 3. Aufl., München
Kormann, H. (2005): Nachhaltige Kundenbindung – Gegen den Mythos nur wettbewerbsorientierter Strategien. Frankfurt am Main.
Liozu, St./Hinterhuber, A. (Hrsg.) (2014): The ROI of Pricing. London.
Stein, S.H. (2014): Survival Guide for Outsiders. Learn to protect yourself from politicians, experts and other insiders. 2. Aufl., CreateSpace.
Taleb, N.N. (2013): Der Schwarze Schwan. Die Macht höchst unwahrscheinlicher Ereignisse. 5. Aufl., München.
Taleb, N.N. (2012): Antifragilität: Anleitung für eine Welt, die wir nicht verstehen. München.
Thorndike, W.N. (2012): The Outsiders: Eight Unconventional CEOs and Their Radically Ra-tional Blueprint for Success. Boston.
Vermeulen, F. (2010): Business Exposed. The naked truth about what really goes on in the world of business. Harlow.

Finanzierung und Corporate Governance
Grundlagen und Bedeutung für den Aufsichtsrat

Karsten Paetzmann

Abstract

Die Unternehmensfinanzierung ist für den Aufsichtsrat ein wichtiges Thema im Rahmen seiner Aufgabe, den Vorstand zu überwachen. Aufgrund der Bedeutung möglicher Finanzrisiken, insbesondere des Risikos der Zahlungsunfähigkeit, sollte die Unternehmensfinanzierung kontinuierlich und regelmäßig Gegenstand der Aufsichtsratsarbeit sein. Für den Aufsichtsrat ist dabei die Kenntnis von Finanzierungsbedarf und Finanzierungsformen eine wesentliche Grundlage seiner Überwachungstätigkeit. Dabei sind auch die Wirkungen der Finanzierung auf die Corporate Governance des Unternehmens zu beachten. Schließlich haben die Kosten der Unternehmensfinanzierung (Kapitalkosten) erheblichen Einfluss darauf, dass das überwachte Unternehmen wertsteigernde Strategien umsetzen kann.

10 Fragen

1. Inwieweit ist die Unternehmensfinanzierung Gegenstand der Überwachungstätigkeit des Aufsichtsrats?
2. Inwiefern übt die Unternehmensfinanzierung Einfluss auf die Corporate Governance des Unternehmens aus?
3. Welches sind die Zielsetzungen der Unternehmensfinanzierung?
4. Worin liegt die besondere Bedeutung der Sicherstellung der Zahlungsfähigkeit?
5. Welche Instrumente dienen der Beurteilung und Planung des Finanzierungsbedarfs?
6. Welche Arten von Finanzierungskennzahlen und -regeln gibt es, und was ist bei ihrer Nutzung zu beachten?
7. Welche wesentlichen Finanzierungsformen bzw. -quellen lassen sich unterscheiden?
8. Warum ist eine angemessene Eigenkapital-Finanzierung in der Regel Voraussetzung für Fremdkapital-Finanzierungen?
9. Welche Alternativen zur klassischen Bankfinanzierung haben sich am Markt etabliert?
10. Inwieweit beeinflussen Kapitalkosten die Vorteilhaftigkeit von Investitionsprojekten?

1. Grundlegendes

Die Unternehmensfinanzierung ist Gegenstand des Betrieblichen Finanzwesens, das in engem Zusammenhang mit dem Betrieblichen Rechnungswesen steht und sich auf die Bereitstellung (Finanzierung) und Verwendung (Investition) finanzieller Mittel bezieht.[1] In diesem Beitrag steht die Mittelbereitstellung im Vordergrund, ausgehend von dem Bedarf, betriebliche Prozesse und Investitionen zu finanzieren.

In Produktionsunternehmen fallen Beschaffungs-, Produktions- und Absatzvorgänge in der Regel zeitlich auseinander. So liegt typischerweise die Beschaffung zeitlich vor der Fertigung von abzusetzenden Produkten. Dies führt häufig dazu, dass der Beschaffungsvorgang mit Leistung und Gegenleistung bereits abgeschlossen ist, bevor der Absatz und die Bezahlung der Waren erfolgt. Bezieht man die Beschaffungsvorgänge nicht allein auf Rohwaren als Inputfaktoren des Fertigungsprozesses, sondern ebenfalls auf Investitionsgüter (für die Fertigung genutzte Maschinen, Gebäude etc.), wird deutlich, dass die zeitgerechte Bereitstellung finanzieller Mittel eine wesentliche Voraussetzung für störungsfreie Produktionsprozesse (sog. güterwirtschaftlicher Transformationsprozess von der Beschaffung bis zum Endprodukt) darstellt. Zugleich kann eine Optimierung des güterwirtschaftlichen Transformationsprozesses auch Einfluss auf die Unternehmensfinanzierung haben (zu den Instrumenten der Innenfinanzierung siehe Abschnitt 3.5). Auch ist die Finanzierung untrennbar mit der Investitionstätigkeit des Unternehmens verbunden.

Im Vergleich zu Produktionsunternehmen fällt der Finanzierungsbedarf für betriebliche Prozesse in Handels- und Dienstleistungsunternehmen üblicherweise deutlich geringer aus. Besonderheiten gelten für Finanzdienstleistungsunternehmen, bei denen die Vergabe von Krediten durch Kundeneinlagen, Anleihen oder andere Finanzinstrumente refinanziert wird. Zur Kapitalausstattung herrschen hier spezifische Regimes, überwacht von den Aufsichtsbehörden. Hierauf soll nicht näher eingegangen werden, ebenso wenig wie auf spezielle Anforderungen an genossenschaftliche Unternehmen.

Für betriebliche Finanzierungsentscheidungen spielen — abgesehen von der Bestimmung des Finanzierungsvolumens — verschiedene Kriterien eine besondere Rolle. Diese Kriterien stehen im Zusammenhang

---

1 Vgl. hierzu den Beitrag „Rechnungswesen" in diesem Buch.

mit den finanzwirtschaftlichen Zielsetzungen der Liquidität, der Rentabilität, der Unabhängigkeit und der Sicherheit:

- Ein wesentliches Ziel liegt zunächst darin, Finanzierungs- und Investitionsentscheidungen so aufeinander abzustimmen, dass die *Liquidität* (Zahlungsfähigkeit als Fähigkeit, fällige finanzielle Verpflichtungen zeit- und betragsgenau zu erfüllen) stets gewährleistet ist.
- Ebenfalls ist die *Rentabilität* ein Ziel der Unternehmensfinanzierung, etwa gemessen durch die Gesamt- oder Eigenkapitalrentabilität. Wesentlichen Einfluss auf die Rentabilität besitzen dabei die Kapitalkosten (Kosten der Finanzierung) des Unternehmens. Dazu gehören neben den Fremdkapitalkosten auch die Eigenkapitalkosten, die mit den Renditeforderungen der Eigentümer (Opportunitätskostenüberlegungen) übereinstimmen (siehe Abschnitt 4).
- Ein weiteres Ziel der Unternehmensfinanzierung liegt in der *Sicherheit*. In Bezug auf Finanzierung bedeutet Sicherheit zunächst das Vermeiden eines zu hohen Verschuldungsgrades des Unternehmens, da mit zunehmender Verschuldung das Leverage-Risiko (Fremdkapitalkosten übersteigen die Gesamtkapitalrendite) wächst. Weiterhin sind bei der Kapitalaufnahme spezifische Risiken (etwa Zinsänderungs- oder Wechselkursrisiken) zu beachten.
- Schließlich ist die *Unabhängigkeit* als Ziel der Unternehmensfinanzierung zu nennen. Bei Beteiligungsfinanzierungen erhalten die Investoren je nach Rechtsform und Ausgestaltung üblicherweise neben Informations- oder Kontrollrechten auch erhebliche Mitentscheidungsrechte, was die Unabhängigkeit der Altgesellschafter und des Managements in ihren Entscheidungen einschränken kann. Dies kann strategische Implikationen für das Unternehmen besitzen.[2] Hingegen bringen Forderungstitel einer Bankfinanzierung üblicherweise nur bestimmte, kreditvertraglich spezifizierte Informationsrechte mit sich.

Aufgrund des unterschiedlichen Grades an Einflussnahme bzw. Abhängigkeit werden in der Praxis häufig Bankkredite gegenüber Beteiligungskapital bevorzugt (auch als Hackordnung oder „Pecking Order" bezeichnet). In der betriebswirtschaftlichen Literatur wird hierzu argumentiert, dass das Management meist besser als der „Kapitalmarkt" über die geplante Profitabilität des Projektes bzw. der Investition informiert sei (sogenannte „asymmetrische Informationsverteilung") und deshalb

---

2 Vgl. hierzu den Beitrag „Strategie" in diesem Buch.

fürchte, dass die Aufnahme von Beteiligungskapital seitens Dritter als Schwäche wahrgenommen wird. Verhaltensorientierte Forschungsarbeiten erbringen hierzu gleichwohl keine verlässlichen empirischen Feststellungen. Gesichert ist jedoch, dass die Ausgestaltung der Unternehmensfinanzierung eine wesentliche Rolle für die Corporate Governance (Führung und Überwachung von Unternehmen) spielt, da mit verschiedenen Finanzierungsmitteln unterschiedliche Überwachungsmaßnahmen der Gläubiger bzw. Kreditgeber einhergehen.

Theoretisch entsprechen sich die Überwachungshandlungen der Inhaber (Equity Holders) und Kreditgeber (Debt Holders): Solange die Performance des Unternehmens in Einklang mit den Erwartungen der Kreditgeber steht, bleiben Überwachungsmaßnahmen eher passiv. Sobald jedoch die kreditvertraglich vereinbarten Zins- und Tilgungsleistungen oder Debt Covenants (siehe dazu Abschnitt 3.2) als definierte Schwellenwerte nicht eingehalten werden, werden spezifische (Disziplinierungs-)Instrumente einer Debt Governance aktiviert. Hierbei kann die Überwachung durch Kreditgeber (auch als Bank Monitoring bezeichnet) die Überwachung der Inhaber (Equity Governance) durchaus sinnvoll ergänzen. Auch deshalb haben Aspekte der Unternehmensfinanzierung eine hohe Bedeutung für den Aufsichtsrat als Überwachungsorgan, will er seine Überwachungsaufgabe mit der gebotenen Sorgfalt und Verantwortlichkeit wahrnehmen.

Für den Aufsichtsrat ist die Unternehmensfinanzierung ein wichtiges Thema im Rahmen seiner Aufgabe, den Vorstand zu überwachen (§ 111 Abs. 1 und 2 AktG; siehe auch Ziffer 5.1.1 des Deutschen Corporate Governance Kodex — DCGK). Darüber hinaus empfiehlt Ziffer 5.2 des DCGK, dass der Aufsichtsratsvorsitzende auch zwischen den Sitzungen regelmäßig mit dem Vorstand Kontakt hält und Fragen der Strategie, der Planung, der Geschäftsentwicklung, der Risikolage, des Risikomanagements und der Compliance berät. Aufgrund der Bedeutung möglicher Finanzrisiken (Risiko der Zahlungsunfähigkeit, siehe Abschnitt 2.1) sollte die Unternehmensfinanzierung kontinuierlich und regelmäßig Gegenstand der Aufsichtsratsarbeit sein — auch außerhalb gesamtwirtschaftlicher Finanzmarktkrisen.

Darüber hinaus sieht das Gesetz teilweise die konkrete Mitwirkung des Aufsichtsrats bei Maßnahmen der Unternehmensfinanzierung vor. So setzt beispielsweise die Durchführung der Kapitalerhöhung aus genehmigtem Kapital bei der Aktiengesellschaft nach § 202 Abs. 3 S. 2 AktG einen entsprechenden Aufsichtsratsbeschluss voraus (siehe auch Abschnitt 3.2.2). Auch können besondere Maßnahmen der Unternehmensfinanzierung im Katalog zustimmungsbedürftiger Geschäfte (Zustimmungsvorbehalte) in der Satzung enthalten sein oder vom Aufsichtsrat — insbesondere in einer Geschäftsordnung für den Vorstand — festgelegt werden, wobei die Leitungsverantwortung des Vorstands jedoch nicht durch einen zu weit gespannten Katalog von Zustimmungsvorbehalten ausgehöhlt werden darf.

Im folgenden Abschnitt 2 werden zunächst ausgewählte Instrumente der Beurteilung und Planung von Finanzierungsbedarf und Finanzierungsstruktur einschließlich üblicher Kennzahlen erläutert. Gängige Formen der Eigenkapital-, Mezzanin- und Fremdkapitalfinanzierung sowie der Innenfinanzierung werden in Abschnitt 3 dargestellt. Abschnitt 4 beleuchtet die Kosten der Unternehmensfinanzierung (Kapitalkosten) im Zusammenhang mit der Unternehmenswertsteigerung und mit Investitionsprojekten.

2 Beurteilung und Planung von Finanzierungsbedarf und -struktur

2.1 Überblick

Da die Zahlungsfähigkeit des Unternehmens nicht nur ein wichtiges finanzwirtschaftliches Ziel darstellt (siehe Abschnitt 1), sondern die *Zahlungsunfähigkeit* nach § 17 Abs. 1 Insolvenzordnung ein allgemeiner Eröffnungsgrund für das Insolvenzverfahren ist, kommt der Beurteilung der Liquiditätslage eine besondere Bedeutung zu. Der BGH hatte 2007 (II ZR 48/06) hierzu ausgeführt, dass die gesetzlichen Vertreter verpflichtet sind, sich laufend über die wirtschaftliche Lage des Unternehmens — einschließlich der Beurteilung der Zahlungsfähigkeit — zu vergewissern. In der Praxis haben sich für die Beurteilung der Zahlungsfähigkeit bestimmte Instrumente etabliert. Zusätzlich hat das Institut der Wirtschaftsprüfer (IDW) 2009 einen Standard zur „Beurteilung eingetretener oder drohender Zahlungsunfähigkeit bei Unternehmen (IDW PS 800)" publiziert, an dem Wirtschaftsprüfer ihre Arbeit orientieren. Die vom IDW empfohlenen Instrumente *Finanzstatus* und *Finanzplan* bilden eine Grundlage, die Zahlungsfähigkeit des Unternehmens in kritischen Situationen zu beurteilen, und tragen der gesetzlichen Befristung für die Beantragung einer Insolvenz durch die gesetzlichen Vertreter Rechnung. Die Insolvenz ist bei Vorliegen einer Insolvenzantragspflicht (bei juristischen Personen) unverzüglich, also ohne schuldhaftes Verzögern, zu beantragen. Eine Dreiwochenfrist darf nur dann ausgeschöpft werden, wenn in dieser Zeit Maßnahmen zur Beseitigung der Insolvenzgründe eingeleitet sind oder werden, die mit hinreichender Wahrscheinlichkeit innerhalb dieses Zeitraums zum Erfolg führen.

Neben den kurzfristigen Instrumenten Finanzstatus und Finanzplan kommt der ergänzenden *mittel-/langfristigen Finanzplanung* eine hohe Bedeutung zu. Diese besitzt üblicherweise einen Zeithorizont von mehreren Jahren und dient der Grobplanung des Kapitalbedarfs anhand von Bewegungsbilanzen.

2.2 Finanzstatus

Der Finanzstatus (auch Liquiditätsstatus genannt) stellt alle gegenwärtig verfügbaren Finanzmittel des Unternehmens den fälligen Verbindlichkeiten gegenüber. Die kurzfristig verfügbaren Mittel (bspw. erwartete Zahlungen aus Kundenforderungen) gehören allerdings nicht dazu; diese gehen in den Finanzplan ein. Abbildung 1 zeigt die Grundstruktur eines Finanzplans.

	Stichtag
I. Liquide Mittel	
1. Kasse	
2. Bankguthaben	
3. Schecks	
4. Sofort veräußerbare Wertpapiere	
5. Nicht ausgeschöpfte Kreditlinien	
II. Fällige Verbindlichkeiten	
1. Fällige Kreditoren (Verbindlichkeiten aus Lieferungen und Leistungen)	
2. Verbindlichkeiten gegenüber Kreditinstituten	
3. Lohn- und Gehaltsverbindlichkeiten	
4. Umsatzsteuerverbindlichkeiten	
5. Sonstige fällige Verbindlichkeiten	
III. Über- bzw. Unterdeckung	

Abbildung 1: Beispiel eines Finanzstatus

Im Zuge einer Beurteilung der Zahlungsfähigkeit sind, sofern sich aus dem Finanzstatus eine Unterdeckung ergibt, die erwarteten Zahlungen in einem ausreichend detaillierten Finanzplan darzustellen. Der Finanzplan ist aber auch für Unternehmen, die nicht in einer kritischen Verfassung sind, ein sinnvolles Instrument, den Kapitalbedarf tageweise für einen kurzfristigen Horizont (bspw. ein Woche bis einen Monat) zu ermitteln.

2.3 Finanzplan

Der Finanzplan als zahlungsbezogene Kapitalbedarfsrechnung bezieht sich auf einen Zeitraum von bis zu einem Jahr. Auf Grundlage einer monatlichen, wöchentlichen oder täglichen Betrachtungsweise werden erwartete Einzahlungen und Auszahlungen gegenübergestellt. Dieser Finanzplan ist aus einer *integrierten Unternehmensplanung* einschließlich Erfolgs- und Bilanzplanung abzuleiten. Dabei hat stets eine liquiditätswirksame Darstellung der Geschäftsvorgänge zu erfolgen. Anders als in der Finanzbuchhaltung (Erträge und Aufwendungen) und in der Kostenrechnung (Erlöse und Kosten) stehen hier die Einzahlungen und Auszahlungen bzw. Einnahmen und Ausgaben im Vordergrund. Dafür sind bei der Erstellung eines Finanzplans auch Zahlungsziele und -gewohnheiten angemessen zu berücksichtigen. Abbildung 2 zeigt das Beispiel eines Finanzplans, der direkt aus den erwarteten/geplanten Ein- und Auszahlungen abgeleitet ist und strukturell in die Bereiche Laufender Geschäftsbetrieb, (Des-)Investitionen und Finanzverkehr gegliedert ist. Alternativ kann der Finanzplan auch indirekt aus einer Plan-Erfolgsrechnung abgeleitet werden (indirekte Methode).

	Stichtag	Wochen			Monate		
		1.	2.	3.	1.	2.	3.
I. Einzahlungen 1. Einzahlungen aus laufendem Geschäftsbetrieb 2. Einzahlungen aus Desinvestitionen 3. Einzahlungen aus Finanzerträgen							
II. Auszahlungen 1. Auszahlungen für laufenden Geschäftsbetrieb 2. Auszahlungen für Investitionen 2.1 Sachinvestitionen 2.2 Finanzinvestitionen 3. Auszahlungen im Finanzverkehr 3.1 Kredittilgung 3.2 Akzepteinlösung 3.3 Eigenkapitalminderungen (z.B.: Privatentnahmen) 3.4 Zinsen							
III. Über- bzw. Unterdeckung (I. ./. II. + Zahlungsmittelbestand)							
IV. Ausgleichs- und Anpassungsmaßnahmen 1. bei Unterdeckung (Einzahlungen) 1.1 Kreditaufnahme 1.2 Eigenkapitalerhöhung 1.3 Rückführung gewährter Darlehen 1.4 zusätzliche Desinvestition 2. bei Überdeckung (Auszahlungen) 2.1 Kreditrückführung 2.2 Anlage in liquiden Mitteln							
V. Zahlungsmittelbestand am Periodenende nach Ausgleichs- und Anpassungsmaßnahmen							

Abbildung 2: Beispiel eines Finanzplans in Anlehnung an IDW PS 800

2.4 Mittel-/langfristige Finanzplanung

In Ergänzung zum Finanzplan als Instrument der Beurteilung kurzfristiger Liquiditätsüberhänge oder -bedürfnisse ist der mittel- und langfristige Finanzierungsbedarf des Unternehmens zu ermitteln bzw. die langfristige Kapitalstruktur zu planen (einschließlich der Festlegung eines Mindesthaftungskapitals als Verlustausgleichspotential für zukünftige Verlustfälle). Hierfür eignet sich die mittel-/langfristige Finanzplanung, die einen mehrjährigen Planungshorizont aufweist. Wichtiger Ausgangspunkt der Planung ist die Absatz- und Umsatzplanung des Unternehmens. Hieraus und aus weiteren, gesamtwirtschaftlichen Einflussfaktoren werden die Erfolgs- und Bilanzplanung (einschließlich der Investitionsplanung) abgeleitet.

Für die Planung der Unternehmensfinanzierung besitzt die Bilanzplanung (Bewegungsbilanz) eine besondere Rolle. Aus ihr lassen sich Aussagen über die mittel-/langfristige Mittelverwendung und Mittelherkunft ableiten. Auch wird aus ihr deutlich, in welchem Umfang Quellen der Innenfinanzierung (siehe dazu Abschnitt 3.5) ausreichen, das Unternehmen zu finanzieren. Sowohl für die Bestimmung der langfristigen Kapitalausstattung (etwa Aufnahme langfristiger Bankkredite zur Finanzierung geplanter Investitionen) als auch für die Bemessung kurzfristiger Finanzierungen (etwa Kontokorrentlinien zur Finanzierung des Umlaufvermögens) bildet die mittel-/langfristige Finanzplanung eine wichtige Grundlage.

2.5 Kapitalflussrechnung als Instrument der externen Berichterstattung

Eng verwandt mit der Bilanzplanung ist das Instrument der Kapitalflussrechnung, das in den letzten Jahren auch in Deutschland als Bestandteil der Berichterstattung an Bedeutung gewonnen hat.[3] Die Kapitalflussrechnung ist nicht nur verpflichtender Bestandteil von Konzernabschlüssen nach IFRS (IAS 7) und HGB (§ 297 Abs. 1 HGB), sondern ist auch bei jenen kapitalmarktorientierten Kapitalgesellschaften, die nicht zur Aufstellung eines Konzernabschlusses verpflichtet sind, für den HGB-Einzelabschluss vorgeschrieben (§ 264 Abs. 1 S. 2 HGB). In der Kapitalflussrechnung werden (entsprechend den DRS 2-Empfeh-

---

[3] Vgl. hierzu den Beitrag „Rechnungswesen" in diesem Buch.

lungen des Deutschen Standardisierungsrats) *Mittelverwendung* und *Mittelherkunft* getrennt nach den drei Bereichen dargestellt:

- Cashflow aus laufender Geschäftstätigkeit,
- Cashflow aus der Investitionstätigkeit,
- Cashflow aus der Finanzierungstätigkeit.

Auf dieser Basis vermittelt die Kapitalflussrechnung – auch dem Unternehmensexternen, der nur Zugriff auf publizierte Abschlüsse hat – Informationen über Zahlungsströme und Zahlungsmittelbestände eines Unternehmens und gibt darüber Auskunft, wie das Unternehmen finanzielle Mittel erwirtschaftet hat und welche Investitions- und Finanzierungsmaßnahmen getätigt wurden. Eine Plan-Kapitalflussrechnung, die Einblick in die zukünftig geplante Entwicklung gibt, ist jedoch nicht Teil der gesetzlich vorgeschriebenen Finanzberichterstattung.

2.6 Finanzierungskennzahlen und -regeln

Besondere Bedeutung im Rahmen der Unternehmensfinanzierung haben Kennzahlen, mit deren Hilfe die Finanzierung beurteilt und geplant werden kann. Unter den Kennziffern für die Unternehmensfinanzierung lassen sich folgende vier Gruppen unterscheiden:

- *Aktivitäts-Kennziffern* (Activity Ratios) berechnen den Aktivitätsgrad bestimmter Positionen. Beispiel hierfür ist die Relation des Umsatzes zu bestimmten Vermögensgegenständen zur Bestimmung der Umschlagshäufigkeit.
- *Rendite-Kennziffern* (Profitability Ratios) ermitteln die relative Profitabilität in Bezug auf das zur Verfügung stehende Kapital und lassen darüber unter anderem Rückschlüsse auf das Selbstfinanzierungspotential (siehe Abschnitt 3.5) des Unternehmens zu (Beispiel: Eigenkapitalrendite).
- *Kapitalstruktur-Kennziffern* (Leverage Ratios) dienen der Beurteilung des Solvabilitätsrisikos. Dabei werden Posten der Passivseite der Bilanz miteinander verknüpft (daher auch als vertikale Regeln bezeichnet). Ein Beispiel dafür ist die Eigenkapitalquote als Quotient aus Eigen- und Gesamtkapital.
- *Liquiditäts-Kennziffern* (Liquidity Ratios) setzen Positionen der Aktiv- und Passivseite der Bilanz miteinander in Beziehung (daher auch horizontale Regeln genannt) und dienen der Beurteilung des Illiquiditätsrisikos. Ein Beispiel ist die sogenannte „Goldene Finanzie-

rungsregel", wonach das langfristige Vermögen durch langfristiges Kapital finanziert sein sollte (Fristenkongruenz).

Mit den Kennziffern verbundene sogenannte Praktikerregeln können stets nur eine erste Orientierung geben. Für die Unternehmensleitung ist die Kenntnis derartiger Kennzahlen gleichwohl wichtig, weil finanzierende Banken ihre Kreditvergabeentscheidungen von ihnen abhängig machen. Auch haben derartige Kennzahlen in den letzten Jahren als Debt Covenants (siehe hierzu Abschnitt 3.3) Eingang in laufende Kreditverträge gefunden. Die Einhaltung ausgewählter Kennzahlen ist damit jährlich nachzuhalten und sollte bereits Teil der Beurteilung und Planung des langfristigen Finanzierungsbedarfs sein.

3. Finanzierungsformen

3.1 Überblick

Die Quellen der Unternehmensfinanzierung sind vielfältig und unterliegen einem steten Wandel. In diesem Abschnitt sollen die wesentlichen Finanzierungsformen darstellt und eingeordnet werden. Hierfür gibt Abbildung 3 (S. 54) einen Überblick.

Im Folgenden soll zunächst auf wichtige Formen der Außenfinanzierung (Zuführung von Mitteln von außerhalb des Unternehmens) eingegangen werden.

3.2 Eigenkapital-Finanzierung

Anlässe für Eigenkapital-Finanzierungen sind üblicherweise zu tätigende (Wachstums-)Investitionen, daneben kann eine Diversifikation der Finanzierungsquellen oder eine Stärkung der Kapitalbasis ein Motiv darstellen, zum Beispiel auch um Fremdfinanzierungsvolumina und/oder -konditionen zu optimieren. Im Zuge einer Eigenkapital-Finanzierung wird die Kapitalbasis des Unternehmens über eine Kapitalerhöhung gestärkt. Die Zuführung neuen Eigenkapitals kann dabei über den öffentlichen oder privaten Kapitalmarkt erfolgen.

Finanzierungen über den öffentlichen Markt (Börsengang) besitzen den Vorteil, dass sie die Grundlage auch für zukünftige Kapitalaufnahmen schaffen. Das öffentliche Interesse geht dabei regelmäßig mit

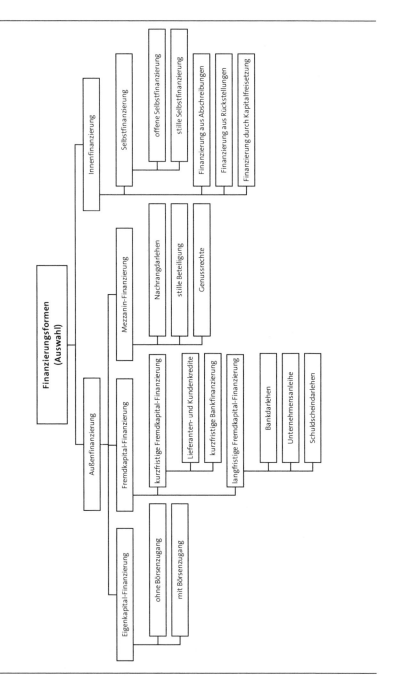

Abbildung 3: Wesentliche Finanzierungsformen

hohen Publizitätsanforderungen und Transaktionskosten (Börsennotiz und Folgekosten) einher. Für junge Unternehmen kommt diese Finanzierungsform damit jedoch meist gar nicht in Frage. Die Vorteile des privaten Marktes liegen insbesondere in der Flexibilität der Vertragsgestaltung bei gleichzeitiger Vermeidung hoher Kosten.

3.2.1 Eigenkapital-Finanzierung ohne Zugang zur Börse

Die weit überwiegende Mehrzahl der Unternehmen kann sich nicht durch Ausgabe neuer Aktien zusätzliches Eigenkapital beschaffen. Hierzu zählen in Deutschland Einzelunternehmen sowie die verschiedensten Rechtsformen an Gesellschaften einschließlich der nicht börsennotierten Aktiengesellschaft. Bei gegebenem Eigenkapital sind die Möglichkeiten der Aufnahme von Fremdkapital üblicherweise begrenzt, da Fremdkapitalgeber eine gewisse Eigenkapitalquote voraussetzen. Daher benötigen wachsende Unternehmen in der Regel auch zusätzliches Eigenkapital, um Wachstum zu finanzieren. Hierfür können durch das Unternehmen erwirtschaftete Mittel einbehalten (thesauriert) werden (zur Innenfinanzierung siehe Abschnitt 3.5). Weiterhin können die Gesellschafter des Unternehmens aus ihrem Vermögen weitere Mittel einlegen.

Reichen diese beiden Quellen nicht aus, können neue Gesellschafter aufgenommen werden. Dabei ist neben der Ermittlung des „Eintrittspreises" für die neuen Gesellschafter über eine Unternehmensbewertung unter anderem auch festzulegen, welche Regelungen der Gesellschaftsvertrag zu Kapitalmaßnahmen, zur Geschäftsführung, zur Überwachung, zur Gewinnverteilung und zum Ausscheiden von Gesellschaftern etc. enthalten soll. Diese Festlegungen betreffen die Corporate Governance der Gesellschaft und stehen im Kontext ihrer Rechtsform. So legt § 55 GmbHG für die GmbH fest, dass eine Erhöhung des Stammkapitals einen satzungsändernden Erhöhungsbeschluss, eine Übernahme der zu leistenden Stammeinlage und eine Eintragung in das Handelsregister voraussetzt. Ein gesetzliches Bezugsrecht für Altgesellschafter gibt es bei der GmbH, anders als bei der Aktiengesellschaft, nicht.

Die beschränkten Aufnahmemöglichkeiten neuer Gesellschafter bei fehlendem Zugang zur Börse führen in der Praxis häufig zu Eigenkapitalproblemen. Als Ausnahmen können Kommandit- (Publikums-KG) und Kapitalgesellschaften angesehen werden, bei denen spezifische Wege der Kapitalaufnahme gesetzlich geregelt sind. Daneben ist *Private Equity* eine Lösung, um den Eigenkapitalzugang bei fehlendem Börsenzugang zu verbessern.

Die European Private Equity Venture Capital Association (EVCA) versteht Private Equity als Oberbegriff für privates Beteiligungskapital. Daneben wird der Begriff Private Equity im engeren Sinne für Beteiligungen an reifen, etablierten Unternehmen verstanden – abzugrenzen vom „Venture Capital" für junge Wachstumsunternehmen. (Weiterhin ist für Frühphasen der Unternehmensentwicklung auch der Begriff „Seed Capital" gebräuchlich.) Eine Besonderheit stellen Investoren dar, die auf Unternehmen in Restrukturierungssituationen („Turnaround" oder „Special Situations") abzielen. Diese Situationen werden von anderen Finanzinvestoren wiederum strikt gemieden.

Hinter Finanzinvestoren stehen üblicherweise institutionelle Investoren (Banken, Versicherungen, Pensionskassen) oder wohlhabende Privatpersonen. Entsprechend der Risikostruktur und dem Anlagehorizont derartiger Beteiligungen liegen übliche Renditeerwartungen bei 20 bis 30 Prozent p.a. („Internal Rate of Return") bzw. bei dem 2,5- bis 3,0-Fachen des eingesetzten Kapitals über die Finanzierungslaufzeit („Money Multiple"). Nur sehr selten beabsichtigen Finanzinvestoren, die Beteiligungen mittel- oder langfristig zu halten, so dass sie für das Unternehmen als Partner auf Zeit zu sehen sind.

Venture Capital unterstützt insbesondere investitionsintensive Produkte bis zu ihrer Marktreife. Ein wesentliches Investitionskriterium sind identifizierbare Marktpotentiale, häufig bezogen auf einen Wachstumsmarkt. Eine nachvollziehbare Beschreibung der (technologischen) Alleinstellungsmerkmale des zu finanzierenden Unternehmens einschließlich innovativer Vertriebs- und Marketingstrategien ist eine wichtige Voraussetzung, Finanzinvestoren für eine Venture-Capital-Finanzierung zu gewinnen.[4] Daneben spielt die Qualität des Managements stets eine Rolle für die Finanzierungsentscheidung. Die Mittel zur Wachstumsfinanzierung fließen regelmäßig in Tranchen („Finanzierungsrunden"), soweit vordefinierte Ziele („Milestones") erreicht werden. Finanzinvestoren beabsichtigen üblicherweise, die Venture-Capital-Beteiligungen nach einer Laufzeit von maximal fünf bis zehn Jahren über einen Börsengang („Going Public") oder einen Unternehmensverkauf („Trade Sale") zu veräußern.

---

4 Vgl. hierzu den Beitrag „Strategie" in diesem Buch.

Private Equity (im engeren Sinne) zielt auf spätere Unternehmensphasen ab, kann aber auch die Finanzierung von Wachstum betreffen. Häufig beabsichtigen Finanzinvestoren gerade, nicht nur das organische Wachstum zu fördern, sondern die Wertentwicklung des Unternehmens durch gezielte strategische Zukäufe zu stärken. Die Möglichkeit, eine derartige Strategie eines „Buy & Build" durch Zukäufe umzusetzen, kann sogar die wesentliche Motivation eines Finanzinvestors sein. Private Equity hat sich in mittelständischen Unternehmen auch in Deutschland inzwischen als eine Lösung bei Nachfolgeproblemen etabliert. Teilweise übernimmt das bestehende („Management Buy-out") oder ein fremdes („Management Buy-in") Management einen Teil der Unternehmensanteile im Zuge einer Private-Equity-Transaktion. Dies geschieht häufig in Kombination mit einem *Leveraged Buy-out*. Bei einem Leveraged Buy-out hebeln der Finanzinvestor und das Management ihre Finanzierung mittels Fremdkapital. Ziel des Finanzinvestors ist hier, die Verzinsung seines Kapitals zu optimieren, indem der Kaufpreis überwiegend mit Fremdkapital finanziert wird, dessen Kosten niedriger sind als die erzielte Gesamtkapitalrentabilität. Dieser beabsichtigte „Leverage-Effekt" kann freilich — ja nach Ausgestaltung — im Konflikt mit dem finanzwirtschaftlichen Ziel der Sicherheit (siehe Abschnitt 1) stehen.

3.2.2 Eigenkapital-Finanzierung mit Zugang zur Börse

Der Zugang zum öffentlichen Kapitalmarkt wird durch einen Börsengang (Initial Public Offering) geschaffen. Die Gesellschaftsanteile (Aktien) werden dadurch handelbar, und zusätzliches Eigenkapital für Investitionen kann durch nachfolgende Kapitalerhöhungen recht einfach aufgenommen werden. Mit dem Börsengang einher geht üblicherweise eine Steigerung des Bekanntheitsgrades des Unternehmens, womit es auch für Management und Mitarbeiter an Attraktivität gewinnen kann. Zugleich führt das öffentliche Interesse zu recht hohen Publizitätsanforderungen und Transaktionskosten (Börsennotiz und Folgekosten). Der Erfolg eines Börsengangs hängt maßgeblich von der „Equity Story", der Attraktivität des Geschäftsmodells, der Profitabilität und Stabilität der Cashflows, dem Platzierungsvolumen und der Platzierungsstrategie sowie der Corporate Governance des Unternehmens, ab. Auch spielt die allgemeine Situation des Kapitalmarkts eine Rolle. Die Regelungen zur Kapitalerhöhung durch Ausgabe zusätzlicher Aktien ergeben sich für die Aktiengesellschaft aus den §§ 182 bis 220 AktG. Zu unterscheiden sind:

- *Ordentliche Kapitalerhöhung* (§ 182 AktG): Auf Basis eines satzungsändernden Beschluss der Hauptversammlung werden junge Aktien zu einem festgelegten Emissionspreis ausgegeben.
- *Bedingte Kapitalerhöhung* (§ 192 AktG): Die Erhöhung des Grundkapitals soll nur insoweit durchgeführt werden, als von einem Umtausch- oder Bezugsrecht durch Aktionäre Gebrauch gemacht wird.
- *Kapitalerhöhung aus genehmigtem Kapital* (§ 202 AktG): Die Hauptversammlung ermächtigt den Vorstand für maximal fünf Jahre, das Grundkapital um bis zu 50 Prozent des bisherigen Grundkapitals zu erhöhen.

Jedem Altaktionär steht ein gesetzliches Recht auf Bezug neu ausgegebener Anteile am Unternehmen zu, damit sein relativer Anteil am Unternehmen nicht verwässert (kann bei einer ordentlichen Kapitalerhöhung durch eine Dreiviertel-Mehrheit in der Hauptversammlung ausgeschlossen werden).

Bei einer Zweitmarktplatzierung (Secondary Public Offering) streben ein oder mehrere Aktionäre (Altaktionäre) an, gleichzeitig eine größere Menge an Aktien des Unternehmens zu verkaufen, und zwar mittels eines öffentlichen Angebots. Damit dieses Angebot für den oder die Neuaktionäre attraktiv ist, werden bei großen Aktienpaketen üblicherweise Preisabschläge (bspw. 15 bis 20 Prozent unter dem Börsenkurs) gewährt. Der Emissionserlös fließt den Altaktionären zu.

Schließlich ist darauf hinzuweisen, dass § 11 AktG neben Stammaktien die Ausgabe von Vorzugsaktien (ohne Stimmrecht, aber mit erhöhtem Gewinnanteil und/oder mit bevorzugter Position bei der Liquidation der Gesellschaft) vorsieht. Derartige Vorzugsaktien ohne Stimmrecht dürfen allerdings nur bis zur Hälfte des Grundkapitals ausgegeben werden.

Die Unternehmensfinanzierung über Aktien hat in Deutschland seit den 1990er Jahren deutlich an Verbreitung zugenommen (siehe Abbildung 4), beschränkt sich jedoch weiterhin überwiegend auf Großunternehmen. Für das Gros der deutschen Unternehmen bleibt die große Bedeutung der Fremdkapital-Finanzierung über Banken unverändert.

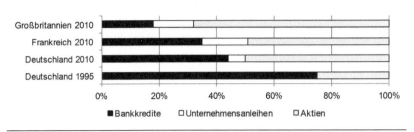

Abbildung 4: Verbreitung von Finanzierungsformen (Quelle: Bundesbank, EZB, DAI)

3.3 Fremdkapital-Finanzierung

Fremdkapital-Finanzierungen ergänzen das Eigenkapital, zu dem sie zentrale Unterschiede aufweisen. Dazu gehört eine zeitliche Befristung (Laufzeit), die vertragliche Vereinbarung von Zinszahlungen (und ggf. Tilgungen), das Fehlen von Mitentscheidungsrechten, aber auch der Haftung (abgesehen vom Ausfallrisiko), und eine vorrangige Bedienung der Forderung in der Insolvenz (entsprechend der Sicherheiten und Rangstellung). Emittenten von Fremdkapital können in die zwei Risikogruppen Investment Grade und Non-Investment Grade eingeteilt werden. Aus der Risikoklassifizierung anhand des Ratings folgt regelmäßig auch die Festlegung von Risikoaufschlägen (etwa Euribor plus Marge) durch (Banken-)Gläubiger, um das Forderungsausfallrisiko zu kompensieren.

Damit besitzt das *Rating* – sei es bankintern oder extern durch eine Agentur erstellt – eine zentrale Bedeutung für die Fremdkapital-Finanzierung. Ratingverfahren beurteilen die Bonität eines Fremdkapital-Emittenten anhand quantitativer und qualitativer Faktoren und verdichten das Ausfallrisiko in einer Ausfallwahrscheinlichkeit, die üblicherweise auf einer Ratingskala ausgedrückt wird. Die Skalen der Ratingagenturen (etwa von D bis AAA bei Standard & Poor's oder von D bis Aaa bei Moody's) und der bankintern erstellten Ratings lassen sich so ineinander überführen.

Zur Risikominimierung verlangen Kreditgeber üblicherweise die Stellung von *Sicherheiten* (Grundpfandrechte, Sicherheiten des Umlauf- und Anlagevermögens, Sicherungsübereignungen etc.) sowie die Vereinbarung von *Debt Covenants*. Diese Covenants stellen Verpflichtungen des Kreditnehmers gegenüber dem Kreditgeber innerhalb des Kredit-

verhältnisses dar, bestimmte Bilanz- oder Cashflow-Relationskennzahlen einzuhalten. Bei Nichteinhaltung können den Kreditgebern umfangreiche Zustimmungs- oder Einflussrechte eingeräumt werden. Zu unterscheiden sind:
- *Information Covenants*: regelmäßige Berichterstattung (bspw. Monatsberichte),
- *Non-Financial Covenants*: Verhaltenspflichten, etwa das Verbot der Gewährung weiterer Sicherheiten an andere Gläubiger oder des Verkaufs von Vermögensgegenständen,
- *Financial Covenants*: Kennzahlenbezogene Verhaltensregeln, die während der Kreditlaufzeit einzuhalten sind, insb. Kennzahlen zum Eigenkapital, zur Verschuldung, zur Zinsdeckung und zur Liquidität.

Am Markt bestehen zahlreiche Fremdkapital-Produkte, so dass im Folgenden nur eine Auswahl dargestellt werden kann.

3.3.1 Kurzfristige Fremdkapital-Finanzierung

Die kurzfristige Finanzierung richtet sich auf das Working Capital bzw. die Betriebsmittel. Wie oben dargestellt, bildet das zeitliche Auseinanderfallen von Beschaffungs-, Produktions- und Absatzvorgängen eine Grundlage für den kurzfristigen Finanzierungsbedarf. *Lieferantenkredite* beschränken sich, da das Ziehen von Skonti im Einkauf meist vorteilhaft ist, üblicherweise auf das eingeräumte Zahlungsziel bei skontierter Zahlungsweise. Sofern jedoch kein Skonto vereinbart ist, ist der Lieferantenkredit eine häufig genutzte kurzfristige Finanzierungsquelle. Daneben treten *Kundenkredite* (insb. Anzahlungen im Projektgeschäft) als weitere kurzfristige Finanzierung. Bei erhaltenen Kundenkrediten ist stets zu beachten, dass den Einsparungen im Finanzierungsbereich mögliche Preiszugeständnisse und die Kosten etwaig verlangter Anzahlungsgarantien gegenüberstehen können. Einige produzierende Unternehmen haben eigene Bankhäuser gegründet, die insbesondere der Absatz- und Projektfinanzierung dienen sollen (etwa Siemens oder Trumpf). Die Finanzierungen derartiger Kreditinstitute treten dann möglicherweise an die Stelle traditioneller Bank-Finanzierungen.

Kurzfristigen Bank-Finanzierungen (Betriebsmittel-Finanzierungen, Kontokorrentkredite) werden in der Praxis meist Laufzeiten um ein Jahr zugesagt. In der Regel verlangt die Bank Sicherheiten, wobei Art und Umfang vom Einzelfall (etwa Bonität und Kreditvolumen) abhängen. Zu den kurzfristigen Bankkrediten zählen auch der *Wechseldiskont-*

kredit (Bank kauft einen noch nicht fälligen Wechsel auf), der *Akzeptkredit* (Bank räumt das Recht ein, auf sie einen Wechsel zu ziehen, der dann von der Bank als Bezogener akzeptiert wird) und der *Lombardkredit* (Kredit auf Basis der Verpfändung von Wertpapieren).

3.3.2 Langfristige Fremdkapital-Finanzierung

Langfristige Bankdarlehen stellen die am häufigsten genutzte Fremdfinanzierungsform dar. Sie sind hinsichtlich Laufzeit, Zins- und Tilgungsmodalitäten sehr flexibel und können an spezifische Finanzierungsbedarfe – von der Investition in eine Maschine bis hin zur Unternehmensakquisition – gut angepasst werden. Üblicherweise werden in ausreichendem Umfang Sicherheiten verlangt. Bei größeren Kreditbeträgen ist zwecks Risikobegrenzung eine Konsortialbildung unter finanzierenden Banken üblich, wobei der Konsortialführer (Mandated Lead Arranger) die Valuten bei den Konsorten einzieht und sie geschlossen dem Kreditnehmer zur Verfügung stellt (hierfür verlangt er eine „Arranger Fee").

Unternehmensanleihen (Bonds, Industrieobligationen) als weiteres langfristiges Finanzierungsinstrument richten sich an eine Vielzahl von Investoren (Banken, Versicherungen, Pensionsfonds oder Privatanleger). Üblicherweise werden Anleihen an Wertpapierbörsen gehandelt. Der Emittent einer Anleihe verpflichtet sich zur endfälligen Rückzahlung des Nominalbetrags (der vom Ausgabekurs abweichen kann) und zu kontinuierlichen Zinszahlungen mit Ausnahme von Nullkupon-Anleihen (Zero Bonds). Neben der Festzinsanleihe (jährlich gleicher Kupon) existieren neben variabel verzinslichen Anleihen (Floating Rate Note) weitere Formen, etwa Doppelwährungsanleihen. Grundsätzlich sind die Laufzeiten flexibel gestaltbar. Da mit der Begebung einer Anleihe umfangreiche Publikationspflichten und weitere Aufwendungen (etwa für ein empfehlenswertes Rating) einhergehen, liegt das Mindestvolumen einer Anleihe üblicherweise über 100 Millionen Euro.

Daneben stellen *Schuldscheindarlehen* ein anleiheähnliches, langfristiges Finanzierungsinstrument dar. Darlehensgeber sind Kapitalsammelstellen wie Versicherungen. Seine recht hohe Standardisierung (bei geringer Flexibilität) und Handelbarkeit abseits des Kapitalmarkts machen dieses Instrument für Emittenten mit erstklassiger Bonität zu einer attraktiven Finanzierungsalternative für Volumina zwischen 20 und 100 Mio. Euro. Die Laufzeiten liegen bei drei bis sieben Jahren, ein Rating ist nicht erforderlich. Bei vergleichbarem Risikoprofil liegt die Zinsmarge eines Schuldscheins üblicherweise unter der eines Darlehens und über der einer Unternehmensanleihe.

3.4 Mezzanin-Finanzierung

Mezzanin-Finanzierungen können weder der Eigenkapital- noch der Fremdkapital-Finanzierung eindeutig zugeordnet werden. Diese Instrumente sind nachrangig gegenüber vorrangigem Fremdkapital und zählen wirtschaftlich zum Eigenkapital. Sie kommen nur für Unternehmen mit stabilen Cashflows in Frage, da eine recht hohe laufende Verzinsung bewältigt werden muss (üblich sind 12 bis 18 Prozent p.a.). Die hohen Finanzierungskosten bilden einen zentralen Nachteil dieser Instrumente, jedoch weisen Mezzanin-Finanzierungen klare Vorteile auf: Diese liegen vor allem in der hohen Flexibilität, in der Verfügbarkeit auch für kleine Tranchen sowie in der Möglichkeit, die Bilanzstruktur zu optimieren, soweit die Anerkennung als Eigenkapital gelingt. Verschiedene Charakteristika dieser Instrumente sind in Abbildung 5 dem Eigen- und Fremdkapital gegenübergestellt.

Mehrere Produktvarianten haben sich am Markt etabliert. Dazu gehören zunächst *Nachrangdarlehen* (Junior Debt, Subordinated Debt), die gar nicht oder gegenüber Bankdarlehen nachrangig gesichert sind. Die Laufzeiten sind flexibel gestaltbar (üblich sind etwa fünf bis zehn Jahre). Neben der laufenden, festen Verzinsung kann eine endfällige, auflaufende Verzinsung und ggf. eine erfolgsabhängige Eigenkapitalkomponente (Equity Kicker) zum Ende der Laufzeit vereinbart werden.

Das Instrument der *stillen Beteiligung* ist flexibel gestaltbar, wobei Laufzeiten zwischen vier und zehn Jahren üblich sind. Meist enthält der zugrunde liegende Vertrag eine Klausel, wonach das Unternehmen die Beteiligung vorzeitig zurückerwerben darf. Zu unterscheiden ist zwischen der *typischen* und der *atypischen* stillen Beteiligung, wobei bei der atypisch stillen Beteiligung weitgehende Mitentscheidungsrechte eingeräumt werden können. Der atypisch Beteiligte ist am Geschäftsvermögen und den stillen Reserven beteiligt und haftet bei Insolvenz über seine Einlage hinaus. Zu den Vorteilen der stillen Beteiligung zählt ihre Anonymität – ihre Existenz muss nicht publiziert werden – und die durch sie erreichte Verbesserung der Bonität, was auch geringere Fremdfinanzierungskosten zur Folge haben kann.

	Eigenkapital	Mezzaninkapital	Fremdkapital
Wirtschaftliche Betrachtung	Eigenkapital	Eigenkapital	Fremdkapital
Rechtliche Betrachtung	Eigenkapital	Fremdkapital	Fremdkapital
Steuerliche Betrachtung	nicht abzugsfähig	i.d.R. abzugsfähig	abzugsfähig
Mitentscheidungsrechte	Mitentscheidungsrechte	keine Mitentscheidung	keine Mitentscheidung
Laufzeit	langfristig	4 bis 10 Jahre	4 bis 5 Jahre
Fälligkeit	unbefristet	endfällig	vertraglich vereinbart
Verwendungszweck	nicht festgelegt	nicht festgelegt	vertraglich vereinbart
Besicherung	keine Sicherheiten	keine Sicherheite	i.d.R. besichert

Abbildung: 5: Finanzierungsinstrumente im Vergleich (vereinfacht)

Schließlich sollen als weiteres Instrument der Mezzanin-Finanzierung *Genussrechte* (Genussscheine) erwähnt werden. Genussrechte beteiligen den Inhaber mit einer festen oder variablen Verzinsung am Unternehmenserfolg, ohne dass ihm Mitentscheidungsrechte zustehen. Je nach Ausgestaltung (Laufzeit, Kündigungsrechte) besitzen Genussrechte Eigen- oder Fremdkapitalcharakter, so dass die Zahlungen steuerlich geltend gemacht werden können. Die Emission von Genussrechten ist grundsätzlich unabhängig von der Rechtsform. Für die Aktiengesellschaft ist gesetzlich geregelt, dass die Hauptversammlung mit Dreiviertelmehrheit über die Ausgabe von Genussrechten zu entscheiden hat und dass den Aktionären ein Bezugsrecht zusteht.

3.5 Innenfinanzierung

Die vorstehend genannten Finanzierungsformen können unter dem Begriff Außenfinanzierung zusammengefasst werden, da dem Unternehmen Mittel von außen zugeführt werden. Bei der Innenfinanzierung sind zwei Quellen zu unterscheiden: Zum einen können Teile der Umsatzerlöse einbehalten bzw. nicht ausgeschüttet werden. Dies kann Gewinnthesaurierungen (Selbstfinanzierung) oder die Gegenwerte von Aufwendungen betreffen, die nicht kurzfristig zu Auszahlungen führen. Zum anderen können Vermögensumschichtungen einen Finanzierungseffekt aufweisen.

Bei der Selbstfinanzierung werden Gewinne durch das Unternehmen einbehalten und nicht an die Eigentümer ausgeschüttet. Erfolgt die Selbstfinanzierung aus dem im Jahresabschluss ausgewiesenen Gewinn, so liegt eine Gewinnverwendung aus dem versteuerten Jahresüberschuss vor, und es wird von *offener Selbstfinanzierung* gesprochen. Bei der Aktiengesellschaft wird die offene Selbstfinanzierung sogar vorgeschrieben, da nach §150 AktG die Bildung einer gesetzlichen Rücklage verlangt wird. Hingegen werden bei der *stillen Selbstfinanzierung* unversteuerte Gewinne einbehalten. Dies kann über eine Unterbewertung von Aktiva (etwa stille Reserven in Immobilien) oder eine Überbewertung von Passiva (etwa eine üppig dotierte Rückstellung) erfolgen. Bei der Entstehung dieser Posten fallen erhöhte Aufwendungen an, die das Jahresergebnis mindern und dadurch einen Steuerstundungseffekt erreichen.

Eine Innenfinanzierung durch die Gegenwerte von Aufwendungen betrifft zunächst Abschreibungsgegenwerte, die dem Unternehmen aus dem Umsatzprozess in Form von Einzahlungen zugeflossen sind. Eine derartige *Abschreibungsfinanzierung* erfolgt dabei in dem Umfang, in dem die erlösten Abschreibungswerte der Wertminderung des betreffenden Wirtschaftsgutes entsprechen. Haben die erlösten Abschreibungswerte ein höheres Volumen, so ist der daraus folgende zusätzliche Finanzierungseffekt der stillen Selbstfinanzierung zuzurechnen, da stille Reserven gelegt werden. Ähnlich wie bei Abschreibungen können auch bei Rückstellungen (vor allem Pensionsrückstellungen) Innenfinanzierungseffekte auftreten. Voraussetzung für eine derartige *Rückstellungsfinanzierung* ist — wie auch bei der Innenfinanzierung durch Abschreibungen —, dass die Rückstellungsgegenwerte über den Umsatzprozess als liquide Mittel zugeflossen sind (etwa bei der Preiskalkulation berücksichtigte Gewährleistungsrisiken). Zeitlich sind diese Finanzierungseffekte bis zum Mittelabfluss durch das Unternehmen (Ersatzinvestition bzw. Erfüllung der Rückstellungsverpflichtung) begrenzt.

Ebenfalls können *Vermögensumschichtungen* Finanzierungseffekte erzielen. Zu nennen sind die Liquidation (Verkauf) nicht betriebsnotwendigen Vermögens wie auch Optimierungen der betrieblichen Prozesse. Dies kann sich bspw. auf die Lagerbestände, Mahnverfahren oder gewährte Zahlungsziele beziehen. Ebenfalls kann durch Factoring, Forfaitierung oder Sale-and-lease-back-Transaktionen Vermögen umgeschichtet und dadurch Kapital freigesetzt werden. Dazu gehören auch Verbriefungen von Vermögensgegenständen (Asset-Backed Securities), insbesondere von Forderungen.

4. Kapitalkosten, Investitionen und Unternehmenswert

4.1 Kapitalkosten und Unternehmenswertsteigerung

Bereits oben (siehe Abschnitt 1 und 2) wurde aufgezeigt, dass ein wichtiges finanzwirtschaftliches Ziel darin liegt, Finanzierungs- und Investitionsentscheidungen so aufeinander abzustimmen, dass die Zahlungsfähigkeit stets gewährleistet ist. Daneben ist auch die Bedeutung des finanzwirtschaftlichen Rentabilitätsziels hervorzuheben. Alle in Abschnitt 3 genannten Finanzierungsformen sind mit spezifischen Finanzierungskosten (Kapitalkosten) verbunden, die allesamt auszahlungswirksam sind, also dem Unternehmen liquide Mittel entziehen. Dabei gilt, dass mit steigenden Kapitalkosten dem Unternehmen liquide Mittel zur Wertschöpfung entzogen werden. Umgekehrt bewirken sinkende Kapitalkosten (unter sonst gleichen Umständen) eine Steigerung des Unternehmenswerts.

Dieser Zusammenhang kann mit Hilfe des *Kapitalwertmodells* illustriert werden. Bei diesem werden zukünftige Einzahlungsüberschüsse mit den Kapitalkosten auf den Gegenwartszeitpunkt abdiskontiert. Daraus wird ersichtlich, dass der Unternehmenswert als Barwert der zukünftigen Einzahlungsüberschüsse des Unternehmens mit steigendem Diskontierungszins (dieser drückt die Höhe der Kapitalkosten aus) sinkt. Vor diesem Hintergrund kann es sich als sinnvoll erweisen, ein Unternehmen nicht allein mit Eigenkapital, sondern ebenfalls mit vergleichsweise günstigem Fremdkapital zu finanzieren (Mezzaninkapital wird hier je nach steuerlicher Behandlung als Fremdkapital behandelt.) Die gewichteten Kapitalkosten bzw. WACC (Weighted Average Cost of Capital) ergeben sich aus der Gewichtung des Marktwerts des Eigenkapitals E und des Marktwerts des Fremdkapitals D mit ihren spezifischen Finanzierungskosten k, wobei die Fremdfinanzierungskosten k_D um den Steuervorteil, ausgedrückt durch die Unternehmenssteuerrate s, zu reduzieren sind:

$$WACC = k_E \cdot E / (E + D) + k_D \cdot (1 - s) \cdot D / (E + D)$$

Da der Verzinsungsanspruch der Eigenkapitalgeber üblicherweise höher ist als die um den Steuervorteil reduzierten Kosten der Fremdkapital-Finanzierung, fällt der WACC bei einer teilweisen Fremdkapital-Finanzierung niedriger aus als bei einer reinen Eigenkapital-Finanzierung. Dies berücksichtigen gängige Verfahren der Unternehmensbewertung (Ertragswertverfahren oder Discounted-Cashflow-Verfahren). Ebenso gelten diese Zusammenhänge für die Beurteilung der Vorteilhaftigkeit von Investitionen, was im Folgenden anhand von Beispielen gezeigt werden soll.

4.2 Kapitalkosten und Vorteilhaftigkeit von Investitionsprojekten

Zur Beurteilung geplanter Investitionsprojekte (Mittelverwendung) sind zahlreiche Entscheidungskalküle bekannt, von denen der *Kapitalwert* bzw. *NPV* (Net Present Value) und der *interne Zinsfuß* bzw. *IRR* (Internal Rate of Return) in der Praxis weit verbreitet sind. Beim NPV werden die Investitionsauszahlung sowie die zukünftig erwarteten Einzahlungen (Cashflows) mit den Kapitalkosten auf den Gegenwartszeitpunkt abgezinst. Ist der errechnete NPV positiv, rechnet sich die Investition für das Unternehmen, denn sie wirkt wertsteigernd. Der IRR einer Investition ist hingegen jener Zinssatz, bei dem die Abzinsung auf den Gegenwartszeitpunkt null ergibt.

Alle in Abbildung 6 gezeigten Investitionsprojekte beginnen mit einer Investitionsauszahlung in Höhe von 2.000 Geldeinheiten zu Beginn des Jahres 1, auf die Einzahlungsüberschüsse jeweils zum Ende der nächsten Jahre folgen. Die Durchführung des Investitionsprojekts A mit Kapitalkosten von 10 Prozent ist vorteilhaft, da der NPV positiv ausfällt. Die Investition A wirkt wertsteigernd, da die Rendite über den Kapitalkosten liegt. Steigen die Kapitalkosten jedoch auf 19 Prozent (Projekt B), beträgt der NPV null. Die Kapitalkosten entsprechen nun dem IRR der Zahlungsströme. Sofern die Kapitalkosten auf über 19 Prozent ansteigen (Projekt C), wird der NPV negativ. Die Kapitalkosten liegen nun über dem IRR, so dass sich die Investition nicht lohnt, da sie Wert vernichtet. Projekt D unterscheidet sich von Projekt C allein dadurch, dass Einzahlungen über 400 Geldeinheiten von Jahr 5 auf Jahr 3 vorgezogen werden. Hierdurch steigt der NPV der Investition auf einen positiven Wert, und der IRR liegt mit 21 Prozent über den Kapitalkosten von 20 Prozent. Dies verdeutlicht, dass gerade bei hohen Kapitalkosten die zeitliche Verschiebung von Zahlungen eine große Wirkung entfaltet.

Schließlich zeigen die Berechnungen E und F eine generelle Problematik, die IRR-Berechnungen anhaftet. Sofern Zahlungen einen mehrfachen (hier zweimaligen) Vorzeichenwechsel aufweisen, sind IRR-Ergebnisse nicht eindeutig und können, obgleich mathematisch richtig, nicht ökonomisch interpretiert werden (sog. Vorzeichenregel

	Vorteilhaftigkeit von Investitionsprojekten							
	Investition	Jahr 1	Jahr 2	Jahr 3	Jahr 4	Jahr 5	NPV	Kapitalkosten	IRR
A	-2.000	1.200	600	200	400	600	383	10 %	19 %
B	-2.000	1.200	600	200	400	600	0	19 %	19 %
C	-2.000	1.200	600	200	400	600	-34	20 %	19 %
D	-2.000	1.200	600	600	400	200	37	20 %	21 %
E	-2.000	4.900	-2.925				37	10 %	3 %
F	-2.000	4.900	-2.925				37	10 %	42 %

Abbildung 6: Vorteilhaftigkeit von Investitionsprojekten

von Descartes). Für die gleiche Zahlungsreihe errechnen sich richtige IRR von 3 Prozent und von 42 Prozent. Für die Praxis ist daher zu empfehlen, die Vorteilhaftigkeit von Investitionsprojekten nicht allein anhand des IRR zu beurteilen, sondern stets auch den (verlässlicheren) NPV zu berechnen, auch wenn der NPV, anders als der IRR, stets die Kenntnis expliziter Kapitalkosten voraussetzt. Beim IRR zeigt sich, dass Praktikern häufig die „allgemeine Erfahrung" reicht, um einen IRR von zum Beispiel 21 Prozent als vorteilhaft einzuschätzen.

Der Grundgedanke des IRR, die Rentabilität unternehmerischen Handelns mit den Kapitalkosten zu vergleichen, liegt auch Instrumenten der kontinuierlichen Messung des Unternehmenswerts (Shareholder Value) zugrunde. So stellt der in der Praxis von Großkonzernen verbreitete Economic Value-Added (EVA) einen Residualgewinn (Gewinn nach Abzug der Kapitalkosten) dar, bei dem die Kosten der Unternehmensfinanzierung als „Hürde" stark hervorgehoben werden.

Literatur

Drukarczyk, J./Lobe, S.: Finanzierung, 11. Aufl., Stuttgart 2014.
Hawawini, G./Viallet, C.: Finance for Executives: Managing for Value Creation, 4. Aufl., Mason 2011.
Müller, S./Brackschulze, K./Mayer-Fiedrich, M.D.: Finanzierung mittelständischer Unternehmen nach Basel III − Selbstrating, Risikocontrolling und Finanzierungsalternativen, 2. Aufl., München 2012.
Paetzmann, K.: Corporate Governance: Strategische Marktrisiken − Controlling − Überwachung, 2. Aufl., Berlin/Heidelberg 2012.
Paetzmann, K./Schöning, S. (Hrsg.): Corporate Governance von Kreditinstituten: Anforderungen − Instrumente − Compliance, Berlin 2014.

Rechnungswesen
Carl-Christian Freidank

Abstract

Das Rechnungswesen mit seinen Teilgebieten Finanzbuchhaltung und Bilanz, Kostenrechnung, Statistik sowie Vergleichs- und Planungsrechnung stellt sowohl die Grundlage der extern orientierten Rechnungslegung als auch der internen Steuerung des Unternehmens dar. Zum einen ist der Vorstand der Gesellschaft verpflichtet, das Rechnungswesen einzurichten, weiterzuentwickeln, durchzuführen und zu überwachen. Zum anderen muss das Rechnungswesen sowohl vom Abschlussprüfer als auch vom Aufsichtsrat auf seine Recht-, Ordnungsmäßigkeit sowie Zweck- und Wirtschaftlichkeit geprüft werden. Der Beitrag beleuchtet schwerpunktartig den Bereich der Finanzbuchhaltung.

10 Fragen

1. Was sind die grundlegenden Inhalte der Teilgebiete des Rechnungswesens?
2. Welche aufbauorganisatorischen Komponenten sollte eine Kostenrechnung aufweisen?
3. Welche Zusammenhänge bestehen zwischen Rechnungs- und Finanzwesen?
4. Wer ist nach Handels- und Steuerrecht buchführungspflichtig?
5. Welche Arten von Büchern muss eine Finanzbuchhaltung nach den Grundsätzen ordnungsmäßiger Buchführung aufweisen?
6. Wie lässt sich das System der doppelten Buchhaltung grundlegend charakterisieren?
7. Können Sie Kontenrahmen und Kontenplan sowie Inventar, Inventur und Bilanz unterscheiden?
8. Welche Inventurverfahren gibt es?
9. Nach welchen aktienrechtlichen Normen besteht für den Aufsichtsrat eine Verpflichtung zur Prüfung des Rechnungswesens, insbesondere der Finanzbuchhaltung?
10. In welchem Umfang kann der Aufsichtsrat zur Prüfung des Rechnungswesens auf Abteilungen oder Personen des Unternehmens zurückgreifen?

1. Grundlagen des Rechnungswesens

1.1 Betriebliches Rechnungswesen als Basis der Rechnungslegung

Mit Hilfe des Betrieblichen Rechnungswesens sollen zunächst alle in Unternehmen auftretenden Finanz- und Leistungsströme durch bestimmte Instrumente (z.b. Buchhaltung, Jahresabschluss und Kostenrechnung) mengen- und wertmäßig erfasst und überwacht werden (Dokumentations- und Überwachungsfunktion). Darüber hinaus zielt das Betriebliche Rechnungswesen darauf ab, die unternehmerische Planung durch in- und externe Vergleiche von Bestands- und Erfolgsgrößen sowie durch Kontrolle von Wirtschaftlichkeit und Rentabilität zu unterstützen (Dispositionsfunktion). Schließlich kommt dem Betrieblichen Rechnungswesen die Aufgabe zu, die Vermögens-, Finanz- und Ertragslage für bestimmte Adressatengruppen (z.b. Gesellschafter, Anteilseigner, Kunden, Lieferanten, Kreditgeber, Finanzbehörden, Arbeitnehmerschaft, Wirtschaftspresse, interessierte Öffentlichkeit) darzustellen (Rechenschaftslegungs- und Informationsfunktion).

Innerhalb des Unternehmens findet ein Transformationsprozess statt, indem durch die Kombination der von außen beschafften Produktionsfaktoren Leistungen hervorgebracht werden, die auf den Absatzmärkten Verwertung finden sollen. Allerdings steht das Unternehmen nicht nur mit den Beschaffungs- und Absatzmärkten in Verbindung, sondern weist auch zu den Geld- und Kapitalmärkten sowie zum Staat Beziehungen auf. Die aus den dargelegten Verknüpfungen resultierenden Geldströme werden im Rahmen der Finanzbuchhaltung, die den pagatorischen Teil des Rechnungswesens repräsentiert, erfasst. Ausflüsse dieses Systems sind prinzipiell die periodisch erstellte Bilanz sowie die Gewinn- und Verlustrechnung (Jahresabschluss), die in erster Linie auf die unternehmensexterne Dokumentation, Rechenschaftslegung und Information von Vermögen, Kapital und Erfolg abzielen. Die Kostenrechnung als kalkulatorischer Teil des Rechnungswesens befasst sich hingegen ausschließlich mit der innerbetrieblichen Sphäre und knüpft zu diesem Zwecke an mengenmäßige Vorgänge (Verbrauch und Entstehung von Leistungen) an. Ferner beschränkt sich das Interesse der Kostenrechnung auf den Teil des Erfolges, der im Zusammenhang mit der Umsetzung des eigentlichen Sachziels (z.B. die Produktion und der Absatz von Erzeugnissen in einem Industrieunternehmen) steht.

Unter dem Begriff Rechnungslegung wird die gesetzliche oder freiwillige Übermittlung unternehmensbezogener Informationen an aktuelle Stakeholder (z.b. Aktionäre, Öffentlichkeit, Fiskus) und potentielle Stakeholder (z.B. private Investoren) verstanden.[1] Da neben der Bilanz, der Gewinn- und Verlustrechnung, dem Anhang, der Kapitalflussrechnung, dem Eigenkapitalspiegel, wahlweise dem Segment- und dem Lagebericht (§ 242, § 264 Abs. 1 HGB) auch andere nicht normierte Medien (z.b. Nachhaltigkeit-, Corporate Governance-Berichte und Aktionärsbriefe) sowie Zwischen-, Sonder- und Konzernabschlüsse Objekte der Informationsübermittlung sein können, wurde der traditionelle Begriff der Bilanzierung durch den umfassenden Terminus Rechnungslegung ersetzt. Die an die Stakeholder übermittelten Informationen werden in erster Linie dem Betrieblichen Rechnungswesen entnommen, womit dieses System wichtige Daten für die Erstellung von Jahresabschluss und Lagebericht liefert. Da die genannten Stakeholdergruppen ein naheliegendes Interesse an regelmäßigen und verlässlichen unternehmensexternen Rechnungslegungsinformationen haben, hat der Gesetzgeber bestimmte Bereiche des Rechnungswesens und der Rechnungslegung aus handels-, steuerrechtlicher und internationaler Sicht normiert.

1.2 Teilgebiete und ihre Aufgaben

Das Betriebliche Rechnungswesen gliedert sich traditionell in vier grundlegende Teilgebiete:
- Finanzbuchhaltung und Bilanz (Zeitrechnung),
- Kostenrechnung (Stückrechnung),
- Statistik und Vergleichsrechnung sowie
- Planung (Vorschaurechnung).

Die Finanzbuchhaltung hat im System des Betrieblichen Rechnungswesens prinzipiell die Aufgabe, die Beziehungen zwischen dem Unternehmen und der Umwelt zahlenmäßig zu erfassen und systematisch abzubilden. In der Terminologie des Rechnungswesens heißen diese vollständig darzustellenden Beziehungen „Geschäftsvorfälle". Sie sind nur dann in der Buchhaltung zu berücksichtigen, wenn sie unmittelbar eine Veränderung des Vermögens, des Eigenkapitals und/oder der Schulden des Unternehmens in Höhe und/oder Struktur bewirken.[2] So

---
1 Vgl. hierzu den Beitrag „Rechnungslegung" in diesem Buch.
2 Vermögen – Schulden = Eigenkapital.

führt z.B. die Kreditzusage einer Bank noch nicht zu einer Variation des Vermögens. Erst wenn der eingeräumte Kredit in Anspruch genommen wird, erhöhen sich sowohl die verfügbaren Mittel des Betriebes als auch im gleichen Maße die Schulden gegenüber dem Kreditinstitut. Ebenso zieht die auf dem Bankkonto eingegangene Miete für an Dritte überlassene Geschäftsräume unmittelbar eine Vermögens- und Eigenkapitalerhöhung nach sich.

Ausflüsse des Systems der Finanzbuchhaltung sind in erster Linie die periodisch (i.d.R. jährlich) zu erstellende Bilanz sowie die Gewinn- und Verlustrechnung (beide zusammen bilden den Jahresabschluss), die in erster Linie auf die unternehmensexterne Dokumentation und Ermittlung von Vermögen, Eigenkapital und Erfolg abzielen. Da mit dem Jahresabschluss, der das zahlenmäßig verdichtete Ergebnis von Finanzbuchhaltung und Inventar darstellt, vorrangig Ziele der Rechenschaftslegung, Information und Besteuerung realisiert werden sollen, sind diese Rechnungslegungsinstrumente an gesetzliche Vorschriften geknüpft. Darüber hinaus liefert die Finanzbuchhaltung das Zahlenmaterial für die Erstellung spezifischer Bilanzen, die nur zu bestimmten Anlässen aufgestellt werden müssen (z.B. Umwandlungs-, Verschmelzungs-, Liquidations-, Sanierungs- und Kapitalherabsetzungsbilanzen). Des Weiteren können aus der Finanzbuchhaltung und/oder dem periodisch zu erstellenden Jahresabschluss auch Spezialrechnungen (z.B. Bewegungsbilanzen und Kapitalflussrechnungen) abgeleitet werden, die auf eine Analyse der Investitions-, Finanzierungs- und Liquidationsstruktur des Unternehmens abzielen.[3]

Der Terminus „Finanzbuchhaltung" resultiert aus der Anknüpfung dieses Systems an pagatorische Rechengrößen wie Einzahlungen, Auszahlungen, Einnahmen, Ausgaben, Erträge und Aufwendungen. Die Kostenrechnung als kalkulatorischer Teil des Rechnungswesens befasst sich hingegen ausschließlich mit innerbetrieblichen Vorgängen und greift deshalb auf die Rechengrößen Kosten und Leistungen zurück. Ferner beschränkt sich das Interesse der Kostenrechnung, die nicht an gesetzliche Normen gebunden ist, auf den Teil des (kalkulatorischen) Erfolges, der im Zusammenhang mit der Realisation des unternehmerischen Sachziels steht. Wichtige Instrumente der Kostenrechnung sind die Betriebsbuchhaltung (Betriebsabrechnung) und die Kalkulation.

---

3 Vgl. hierzu im Einzelnen Freidank/Velte 2013, S. 817–834.

Während der Betriebsabrechnung prinzipiell die Aufgabe zukommt, die in einer Periode angefallenen Kosten und Leistungen buchhalterisch zu erfassen und einzelnen betrieblichen Abrechnungsbereichen (Kosten- und Leistungsstellen) zuzuordnen, zielt die Kalkulation zum Zwecke von Preis- und Kostenentscheidungen auf die Ermittlung der Selbstkosten pro Waren- oder Erzeugniseinheit ab. Allerdings ist zu berücksichtigen, dass Betriebsbuchhaltung und Kalkulation, sofern sie als Ist-Rechnungen konzipiert sind, weitgehend an das in der Finanzbuchhaltung erfasste Zahlenmaterial anknüpfen. Lediglich zur Ermittlung der kalkulatorischen Kosten (z.B. kalkulatorische Abschreibungen, Wagnisse, Zinsen und Leistungen) bedarf es der Durchführung von Sonderrechnungen. Im Gegenzug greift die Finanzbuchhaltung vor allem zur Bestimmung der Wertansätze von selbsterstellten Anlagen sowie auf Lager befindlichen (fertigen und unfertigen) Erzeugnissen auf die kalkulatorischen Ergebnisse der Kostenrechnung zurück.[4]

Um zukünftigen Entwicklungen nicht unvorbereitet gegenüberzustehen, wurde schon früh gefordert, eine „Vorausschaurechnung" in das Betriebliche Rechnungswesen zu integrieren, deren Daten zunächst der betrieblichen Statistik entnommen wurden. Die Planungsrechnung hat vor allem mit den Ex-ante-Rechnungssystemen Plan-Jahresabschluss sowie Plan-Kostenrechnung im Kontext des Betrieblichen Rechnungswesens eine Weiterentwicklung erfahren. Die Planungsfunktion ist im Bereich der Kostenrechnung in engem Zusammenhang mit der Wirtschaftlichkeitskontrolle der an der Leistungserstellung beteiligten Individuen, Betriebsmittel und Werkstoffe zu sehen. Hier findet ein Vergleich der effektiv angefallenen Kosten (Ist-Kosten) mit den Dispositionsgrößen Normal- oder Plan-Kosten statt. Indem Abweichungen festgestellt und analysiert werden, ist es möglich, Schwachstellen im Unternehmen aufzudecken.

Eng verbunden mit der Planungsrechnung ist die betriebliche Entscheidungsrechnung. Ihre Aufgabe besteht darin, den Verantwortlichen (z.B. Finanzvorstand) Entscheidungswerte für eine zieladäquate Auswahl von Handlungsalternativen zur Verfügung zu stellen (z.B. die Bestimmung von Preisgrenzen im Beschaffungs- und Absatzbereich). Sie sollen das Management bei der Entscheidungsfindung und beim Entscheidungsvollzug (Durchsetzung des Entscheidungsergebnisses) unterstützen. Allerdings können als Entscheidungswerte nur Plangrößen (z.B. Plan-Kosten oder Plan-Erlöse) und keine retrospektiven Werte

---

4 Vgl. zum Instrument der Kostenrechnung im Einzelnen Freidank 2012 a.

(Ist- oder Normalwerte) in Betracht kommen, da ansonsten die Gefahr von Fehlentscheidungen droht. Im Rahmen des Betrieblichen Rechnungswesens stellen vor allem die Kosten- und Jahresabschlussrechnung wichtige betriebliche Entscheidungsrechnungen dar.

1.3 Zusammenhänge zwischen Rechnungs- und Finanzwesen

Dem Betrieblichen Finanzwesen eines Unternehmens kommt die grundlegende Aufgabe zu, für die Bereitstellung (Finanzierung) und Verwendung (Investition) finanzieller Mittel unter Beachtung betriebswirtschaftlicher Erfolgs- und Liquiditätsziele zu sorgen.[5] Erfolgswirtschaftliche Unternehmensziele können strategisch oder operativ ausgerichtet sein. So fallen unter den Begriff strategische Zielsetzungen alle Maßnahmen zur Sicherung nachhaltiger Wettbewerbsvorteile (z.B. Entwicklung innovativer Produkte oder Unternehmenszusammenschlüsse). Aus diesen längerfristig aufgebauten Erfolgspotentialen lassen sich konkrete operative Ziele ableiten, die sich quantifizieren lassen und Maßnahmen zur Sicherung von Erfolgen (z.B. Gewinne, Deckungsbeiträge) beinhalten. Als Erfolgskomponenten kommen in diesem Zusammenhang Erträge und Aufwendungen einerseits sowie Leistungen und Kosten andererseits in Betracht. Allerdings müssen neben die angesprochenen erfolgswirtschaftlichen Zielsetzungen ergänzend auch Maßnahmen zur Erhaltung der ständigen Zahlungsbereitschaft und des finanziellen Gleichgewichts treten, da ohne Einhaltung dieser finanzwirtschaftlichen Ziele die Existenz eines Unternehmens nicht gesichert werden kann. Zur Konkretisierung und Messung bestimmter Liquiditätsziele (z.B. Überschüsse oder Fehlbeträge) wird auf die Zahlungskomponenten Einnahmen und Ausgaben einerseits sowie Einzahlungen und Auszahlungen andererseits zurückgegriffen.

Vor diesem Hintergrund verdeutlicht Abbildung 1[6] die grundlegenden Zusammenhänge zwischen Rechnungs- und Finanzwesen. Zunächst wird noch einmal die Aufspaltung des Betrieblichen Rechnungswesens in einen internen und externen Bereich gezeigt. Im Hinblick auf die Mittelverwendungen (Investitionen) wird deutlich, dass diese sich auf der Aktivseite der Bilanz in Form von Anlage- und Umlaufvermögen niederschlagen und damit im externen Betrieblichen Rechnungswesen abgebildet werden. Ähnliches gilt für die Mittelherkünfte

---

5 Vgl. hierzu den Beitrag „Unternehmensfinanzierung" in diesem Buch.
6 Modifiziert entnommen von Kußmaul 2008, S. 126.

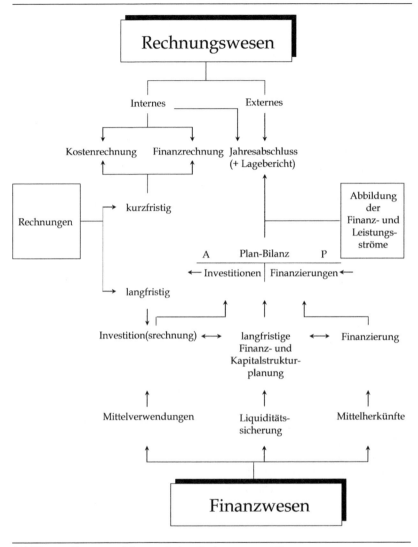

Abbildung 1: Zusammenhänge zwischen Rechnungs- und Finanzwesen

(Finanzierungen), die als Eigen- und/oder Fremdkapital Eingang in die Passivseite der Bilanz erfahren. Darüber hinaus werden alle weiteren Geschäftsvorfälle, die im Zusammenhang mit Investitions- und Finanzierungsvorgängen stehen, in der Finanzbuchhaltung und damit im Jahresabschluss erfasst, wenn sie eine Veränderung des Vermögens, des

Eigenkapitals und/oder der Schulden bewirken (z.B. Erweiterungs- und Desinvestitionen, Kapital- und Darlehensrückzahlungen sowie Zinszahlungen). Ferner geben der Anhang und der Lagebericht Auskunft über zusätzliche Investitions- und Finanzierungsaktivitäten (z.B. § 285 Nr. 3 HGB, § 289 Abs. 2 Nr. 2 HGB), die sich (noch) nicht in der Bilanz sowie der Gewinn- und Verlustrechnung niedergeschlagen haben.

Schließlich bleibt der Hinweis, dass sowohl in der Literatur als auch in der Praxis Tendenzen zu erkennen sind, die sowohl aufgrund der hohen Kosten, welche zwei parallele Abrechnungskreise verursachen, als auch aufgrund der zunehmenden Internationalisierung der Rechnungslegung auf eine Harmonisierung von in- und externem Rechnungswesen abzielen (sog. integriertes Rechnungswesen). Diese Bestrebungen werden u.a. von der Überlegung getragen, die von der Kostenrechnung zur Verfügung gestellten differenzierten und hochwertigen Informationen in angepasster Form ebenfalls für die externe Rechnungslegung zu verwenden. Diesem auch als Management Approach titulieren Ansatz kommt aus handelsrechtlicher Sicht (z.B. bei Erstellung des Lageberichts) und nach IFRS (z.B. bei der Segmentberichterstattung) eine zentrale Bedeutung zu. Allerdings herrscht in Wissenschaft und Praxis weitgehend Einigkeit darüber, dass die entscheidungsorientierte Kostenrechnung von einer Harmonisierung ausgeschlossen sein soll.

Aufgrund ihrer zentralen Stellung im Rechnungswesens und der Relevanz für die Prüfungsverpflichtung des Aufsichtsrats beziehen sich die folgenden Ausführungen auf den Bereich der Finanzbuchhaltung mit den Schwerpunkten Grund-, Hauptbuch und Nebenbücher sowie Inventar. Die anderen Bereich des Rechnungswesens — [(Konzern-)Jahresabschluss, (Konzern-)Lagebericht, Kostenrechnung, Vergleichs- und Planungsrechnung] — werden detailliert in den Beiträgen „Rechnungslegung", „Controlling" und „Unternehmenssteuern" in diesem Buch dargestellt.

2. Finanzbuchhaltung als Kernbereich des Rechnungswesens

2.1 Gesetzliche Verankerung

2.1.1 Handelsrechtliche Buchführungspflicht

Die Buchführungspflicht, d.h. die gesetzliche Auflage, Bücher zu führen und aufgrund jährlicher Bestandsaufnahmen Abschlüsse zu erstellen, ergibt sich zum einen aus dem Handels- und zum anderen aus dem Steuerrecht.[7] Die angesprochene Verpflichtung erstreckt sich also nicht nur auf das Führen der Bücher (Buchführung i.e.S.), sondern umfasst auch die jährliche Bestandsaufnahme (Inventur) und die Erstellung des aus den Büchern und dem Bestandsverzeichnis (Inventar) abgeleiteten Abschlusses.

Rechtsgrundlage für die handelsrechtliche Buchführungspflicht sind §238, §240 und §242 HGB. Zunächst bestimmt §238 Abs. 1 HGB ganz allgemein: „Jeder Kaufmann ist verpflichtet, Bücher zu führen und in diesen seine Handelsgeschäfte und die Lage seines Vermögens nach den Grundsätzen ordnungsmäßiger Buchführung ersichtlich zu machen." Darüber hinaus hat jeder Kaufmann gemäß §240 Abs. 1 und Abs. 2 HGB zu Beginn seines Handelsgewerbes und für den Schluss eines jeden Geschäftsjahres ein Bestandsverzeichnis zu erstellen. Aus dem Gründungsinventar (Bestandsverzeichnis zu Beginn des Handelsgewerbes) ist die nach §242 Abs. 1 HGB zu fertigende (Geschäfts-)Eröffnungsbilanz und aus dem periodischen Inventar (Bestandsverzeichnis für den Schluss eines jeden Geschäftsjahres) der nach §242 Abs. 1 bis Abs. 3 HGB aufzustellende Jahresabschluss, bestehend aus der Bilanz sowie der Gewinn- und Verlustrechnung, abzuleiten.

Kapitalgesellschaften, die keine Kleinstkapitalgesellschaften gemäß §267a HGB darstellen, haben nach §264 Abs. 1 HGB den Jahresabschluss um einen Anhang zu erweitern. Der Jahresabschluss umfasst somit Bilanz, Gewinn- und Verlustrechnung sowie Anhang. Des Weiteren ist von großen und mittelgroßen Kapitalgesellschaften ein Lagebericht zu erstellen (§264 Abs. 1 Satz 4 1. HS HGB). Ferner haben Unternehmen, die unter das Publizitätsgesetz fallen und die nicht in der Rechtsform

---

7 Die IFRS enthalten keine Regelungen zu Buchführungspflicht. Da der IFRS-Einzelabschluss im deutschen Rechtsraum freiwilligen Charakter besitzt, müssen die handelsrechtlichen Buchführungsregelungen entsprechend angewandt werden.

einer Personenhandelsgesellschaft oder des Einzelkaufmanns geführt werden, ebenfalls den Jahresabschluss um einen Anhang zu erweitern sowie einen Lagebericht aufzustellen (§ 5 Abs. 2 PublG). Für die unter den § 264a HGB fallenden Unternehmen (sog. kapitalistische Personenhandelsgesellschaften) ist § 264 HGB ebenfalls bindend.

Im Schrifttum wird als Rechtsgrundlage für die handelsrechtliche Buchführungspflicht prinzipiell lediglich auf § 238 Abs. 1 HGB verwiesen, wobei allerdings verkannt wird, dass sowohl die Pflicht zur Erstellung des Bestandsverzeichnisses als auch die Auflage zur Fertigung des Jahresabschlusses selbst zum Grundbestand der Buchführungspflicht gehören. Folglich umfasst der Buchführungsbegriff nicht nur das Führen der Bücher, sondern er beinhaltet darüber hinaus auch die Aufstellung des Inventars und des Jahresabschlusses.

Der Buchführungspflicht nach Handelsrecht unterliegt jeder Kaufmann. Ausgenommen hiervon sind lediglich Gewerbetreibende, deren Unternehmen nach Art oder Umfang einen in kaufmännischer Weise eingerichteten Geschäftsbetrieb nicht erfordert (§ 1 Abs. 2 HGB) (Nichtkaufleute), die nicht durch freiwillige Eintragung ins Handelsregister Kaufmanneigenschaft erlangen und der Scheinkaufmann (§ 5 HGB). Die handelsrechtliche Obliegenheit, Bücher zu führen, periodische Bestandsaufnahmen vorzunehmen und regelmäßig Abschlüsse zu erstellen, besteht somit nur für Kaufleute i.S.d. § 1 bis § 3 HGB und § 6 HGB.

Nach § 241a HGB besteht eine Befreiungsmöglichkeit für Einzelkaufleute von der Buchführungspflicht, sofern bestimmte Schwellenwerte bezüglich des Umsatzes (höchstens 500.000 Euro) und des Jahresüberschusses (höchstens 50.000 Euro) an zwei aufeinanderfolgenden Geschäftsjahren nicht übertroffen werden.

Da die Vorschriften über die Handelsbücher (§§ 238 ff. HGB) nur für Kaufleute gelten, unterliegen die vorstehend genannten Nichtkaufleute nicht der Buchführungspflicht nach Handelsrecht. Keine Buchführungspflicht besteht ferner für den Scheinkaufmann i.S.d. § 5 HGB, der zwar nach außen hin als Kaufmann auftritt, tatsächlich jedoch kein Handelsgewerbe ausübt. Ausgenommen von der handelsrechtlichen Verpflichtung, Bücher zu führen, periodische Bestandsaufnahmen vorzunehmen und regelmäßig Abschlüsse zu erstellen, sind ferner die Angehörigen einer großen Zahl freier Berufe. Freiberuflich Tätige (z.B. Steuerberater, Wirtschaftsprüfer, Rechtsanwälte, Künstler) zählen in der Mehrzahl der Fälle — da diese Berufe i.d.R. nicht als Gewerbe i.S.d. HGB qualifiziert werden — nicht zu den Kaufleuten und unterliegen somit nicht dem Handelsrecht.

Verantwortlich für die Ordnungsmäßigkeit der Buchführung ist bei einem Einzelunternehmen der Inhaber. Im Falle einer OHG, KG und KGaA haben alle geschäftsführenden, voll haftenden Gesellschafter dafür zu sorgen, dass die Bücher ordnungsgemäß geführt werden (§ 116 Abs. 1 HGB, § 161 Abs. 2 HGB, § 283 i.V.m. § 91 AktG). Keine Verantwortung für die Ordnungsmäßigkeit der Buchführung tragen hingegen die von der Geschäftsführung der Gesellschaft ausgeschlossenen persönlich haftenden Gesellschafter und die Kommanditisten. Bei der GmbH müssen sämtliche Geschäftsführer (§ 41 GmbHG), bei der AG und der eG sämtliche Mitglieder des Vorstandes (§ 91 AktG, § 33 Abs. 1 GenG) für die Richtigkeit und Korrektheit der Finanzbuchhaltung einstehen. Anzumerken ist, dass die für die Buchführung verantwortlichen Personen die Bücher i.d.R. nicht persönlich führen, sondern sich hierzu der Hilfe von Angestellten oder Dritten (z.B. Steuerberater) bedienen.

Umfang und Qualität der Rechnungslegungsnormen hängen unmittelbar von der Rechtsform des Unternehmens ab. Für Einzelkaufleute und Personenhandelsgesellschaften hat von den Vorschriften über die Handelsbücher im dritten Buch des HGB nur der erste Abschnitt (§ 238 bis § 263 HGB) Bedeutung. Kapitalgesellschaften haben darüber hinaus die ergänzenden Vorschriften des zweiten Abschnitts (§ 264 bis § 335 HGB) zu beachten. Für eingetragene Genossenschaften gelten zusätzlich zum ersten Abschnitt die ergänzenden Vorschriften des dritten Abschnitts (§ 336 bis § 339 HGB).

2.1.2 Steuerrechtliche Buchführungspflicht

Steuerrechtlich kommt der Buchführung insofern maßgebliche Bedeutung zu, als aus ihr die Bemessungsgrundlagen für die Ertragsbesteuerung (Einkommensteuer, Körperschaftsteuer, Gewerbesteuer) abgeleitet werden.[8] Die Verpflichtung zur Buchführung ist im Steuerrecht zweimal verankert, zum einen in § 140 Abgabenordnung (AO) (derivative Buchführungspflicht) und zum anderen in § 141 AO (originäre Buchführungspflicht). Gemäß § 140 AO hat jeder, der nach anderen Gesetzen als den Steuergesetzen Bücher und Aufzeichnungen führen

---

[8] Vgl. hierzu im Einzelnen den Beitrag „Unternehmenssteuern" in diesem Buch.

muss, die für die Besteuerung von Bedeutung sind, die Verpflichtungen, die ihm nach den anderen Gesetzen obliegen, auch für die Besteuerung zu erfüllen. Zu den „anderen Gesetzen" i.S.d. § 140 AO zählen insbesondere die Vorschriften über die Handelsbücher (§§ 238 ff. HGB). Wer somit nach dem HGB zur Buchführung verpflichtet ist, den trifft diese Auflage auch für die Besteuerung. Da die in Rede stehende Verpflichtung aus dem Handelsrecht abgeleitet wird, spricht man in diesem Zusammenhang auch von der derivativen steuerrechtlichen Buchführungspflicht. Dem Erfordernis nach § 140 AO unterliegt der gleiche Personenkreis, der auch nach dem HGB Bücher zu führen, Bestände zu erfassen und Abschlüsse zu erstellen hat, d.h. buchführungspflichtig sind die Einzelkaufleute sowie die Handelsgesellschaften. Beginn und Ende der derivativen steuerrechtlichen Buchführungspflicht richten sich ebenfalls nach den handelsrechtlichen Vorschriften. Gleiches gilt für die Verantwortlichkeit der Buchführung.

Um dem Ziel der Gleichmäßigkeit der Besteuerung Rechnung zu tragen, ist eine eindeutige Abgrenzung zwischen buchführungspflichtigen und nicht buchführungspflichtigen Unternehmen erforderlich. Die interpretationsbedürftige Formulierung bezüglich des Gewerbebetriebs in § 1 Abs. 2 HGB („nach Art oder Umfang einen in kaufmännischer Weise eingerichteten Geschäftsbetrieb") ermöglicht eine derartige Abgrenzung nicht. Aus diesem Grunde wurde seitens des Gesetzgebers zum Zwecke der Besteuerung eine eigenständige Buchführungspflicht in § 141 AO verankert, die deshalb auch als originäre steuerrechtliche Buchführungspflicht bezeichnet wird.

- Gemäß § 141 Abs. 1 AO haben gewerbliche Unternehmer sowie Land- und Forstwirte — sofern sich die Buchführungspflicht nicht schon aus § 140 AO ergibt — für diejenigen Betriebe Bücher zu führen und auf Grund jährlicher Bestandsaufnahmen Abschlüsse zu erstellen, für die die Finanzbehörde eine der nachfolgenden Voraussetzungen feststellt: Gesamtumsatz von mehr als 500.000 Euro im Kalenderjahr (im Gesamtumsatz enthalten sind auch die steuerfreien Umsätze) oder
- Wirtschaftswert der selbst bewirtschafteten land- und forstwirtschaftlichen Flächen von mehr als 25.000 Euro (als Wirtschaftswert bezeichnet man den auf die land- und forstwirtschaftlich genutzten Flächen entfallenden Teil des Einheitswertes des land- und forstwirtschaftlichen Betriebes) oder
- Gewinn aus Gewerbebetrieb von mehr als 50.000 Euro im Wirtschaftsjahr oder

- Gewinn aus Land- und Forstwirtschaft von mehr als 50.000 Euro im Kalenderjahr.

2.2. Erforderliche Bücher der Finanzbuchhaltung

In der Finanzbuchhaltung werden im Wesentlichen drei verschiedene Arten von Büchern unterschieden.
- Grundbuch,
- Hauptbuch,
- Nebenbücher.

Auch wenn im Rahmen der Buchführung stets von „Büchern" gesprochen wird, so ist dieser Begriff nicht in dem Sinne zu verstehen, dass die Aufzeichnungen in Buchform, d.h. in gebundener Form, geführt werden müssen. Zu den „Büchern" zählen z.B. die gebundenen Bücher, die Belegordner der Lose-Blatt-Buchführung und die Datenträger (CD-ROM, USB-Massenspeicher) bei der IT-gestützten-Buchführung.

Im Grundbuch sind anhand von Belegen sämtliche Geschäftsvorfälle in zeitlicher Reihenfolge aufzuzeichnen. Das Grundbuch kann auch in Form einer geordneten und übersichtlichen Belegablage geführt werden, soweit diese Buchführungsform bestimmte Anforderungen erfüllt (§ 239 Abs. 4 HGB, § 146 Abs. 5 AO). In diesem Fall existieren mehrere Grundbücher, wobei sich die Anzahl der als Grundbücher fungierenden Unterlagen nach den technischen und organisatorischen Verhältnissen des jeweiligen Unternehmens richtet. Zu den Aufzeichnungen und Belegablagen, die als Grundbücher in Betracht kommen, zählen z.B. die Kassenbücher (Erfassung der täglichen Kasseneinnahmen und -ausgaben), die Wareneingangs- und Warenausgangsbücher (Erfassung der Warenein- und -verkäufe) sowie die Bank- und Postgiroauszüge (Erfassung von Gutschriften und Belastungen aufgrund beglichener Kundenforderungen und Lieferantenverbindlichkeiten). Das Grundbuch bzw. die Grundbücher werden auch als Journal oder Memorial bezeichnet. Aufgabe des Grundbuchs ist es, die buchführungspflichtigen Geschäftsvorfälle nach ihrer Entstehung unverlierbar im System der Buchführung festzuhalten (Sicherungsfunktion).

Im Hauptbuch erfolgt die systematische Ordnung der Geschäftsvorfälle nach sachlichen Gesichtspunkten, d.h. hier werden die gleichen Geschäftsvorfälle – nur anders geordnet – wie im Grundbuch erfasst. Das Hauptbuch besteht aus den im Kontenplan verzeichneten Sachkonten (= Bestands- und Erfolgskonten). Die Sachkonten werden am Ende eines jeden Geschäftsjahres abgeschlossen und finden Eingang in das Schlussbilanzkonto (Bestandskonten) und in das GuV-Konto (Erfolgskonten). Bezogen auf die Technik der doppelten Buchführung wird das Hauptbuch durch die Konten dargestellt.

Nebenbücher sind Hilfsbücher, die der weiteren Aufgliederung und Ergänzung der Sachkonten dienen, um spezifische Einzelsachverhalte erfassen zu können. Die Nebenbücher stehen außerhalb des Kontensystems und werden i.d.R. in eigenständigen Nebenbuchhaltungen geführt, wodurch diesen Büchern Buchungssätze (Buchung und Gegenbuchung) fremd sind. Zu den Nebenbüchern, deren Anzahl ebenfalls von den technischen und organisatorischen Gegebenheiten des Unternehmens abhängt, zählen vor allem das Kontokorrent- oder Geschäftsfreundebuch, die Waren- und Lagerbücher, die Lohn- und Gehaltsbücher, das Anlagenbuch sowie die Wechsel- und Wertpapierbücher.

Abbildung 2 verdeutlicht das Sachkontensystem des Hauptbuches vom Eröffnungs- bis zum Schlussbilanzkonto in der doppelten Buchhaltung. Das Eröffnungsbilanzkonto stellt das Spiegelbild der Eröffnungsbilanz dar und ist Hilfsmittel für die technische Durchführung der Konteneröffnung. Die Eröffnungsbilanz des neuen Geschäftsjahres muss grundsätzlich identisch sein mit der Schlussbilanz des Vorjahres (Postulat der Bilanzidentität; § 252 Abs. 1 Nr. 1 HGB).[9]

Aus dem Datenmaterial des Schlussbilanzkontos sowie des Gewinn- und Verlustkontos werden die (Schluss-)Bilanz und die Gewinn- und Verlustrechnung zum Ende des Geschäftsjahres abgeleitet. Im Schlussbilanzkonto kommen Vermögen und Kapital auf der gleichen Seite wie in der (Schluss-)Bilanz zum Ansatz. § 239 HGB und § 146 AO enthalten abweichend zu den IFRS spezifische Vorschriften über die äußere Form der zu führenden Bücher. Ordnungsgemäß sind danach nicht nur gebundene und Seite für Seite nummerierte Bücher, sondern als ordnungsmäßige Bücher gelten sowohl die geordnete Ablage von Belegen als auch Datenträger. Vorschriften, die die innere Form betreffen, sind in § 239 Abs. 2 HGB und § 146 Abs. 1 AO kodifiziert. Dort werden die Anforderungen „vollständig", „richtig", „zeitgerecht" und „(sachlich) geordnet" aufgeführt. Unter dem Begriff „zeitgerecht" versteht man sowohl die zeitnahe als auch die chronologische Verbuchung. Eine zeitgerechte Verbuchung wird vorgeschrieben, um Belegverlusten ent-

---

9 Vgl. im Einzelnen Freidank/Velte 2013, S. 74–208.

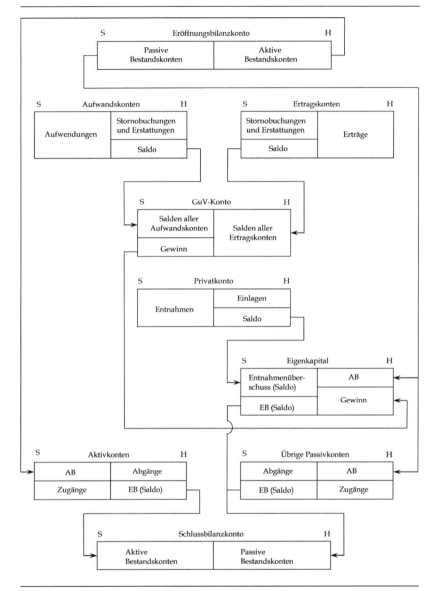

Abbildung 2: Kontensystem der doppelten Buchhaltung

gegenzuwirken und um das späte Erkennen bedrohlicher Situationen, z.B. eines Liquiditätsengpasses, zu verhindern.

- Das System der doppelten Buchführung lässt sich zusammenfassend wie folgt charakterisieren: Registrierung aller Geschäftsvorfälle in zeitlicher (Grundbuch) und sachlicher (Hauptbuch) Ordnung. Ferner ist der unbare Geschäftsverkehr mit Kunden und Lieferanten zusätzlich in einem Kontokorrentbuch zu dokumentieren;
- Verbuchung ein und desselben Vorgangs auf zwei Konten (Konto und Gegenkonto) und zwar einmal im Soll und einmal im Haben;
- Getrennte Erfassung der erfolgsneutralen und erfolgswirksamen Vorfälle auf Bestands- und Erfolgskonten;
- Möglichkeit der zweifachen Erfolgsermittlung durch
  (1) Eigenkapitalvergleich und
  (2) Gegenüberstellung aller Aufwendungen und Erträge im GuV-Konto.

2.4 Kontenrahmen und Kontenplan

Der Kontenrahmen gibt einen vollständigen und systematischen Überblick über die von der Finanzbuchhaltung des Unternehmens in aller Regel benötigten Konten. Er stellt somit ein „Kontengliederungsschema" dar, das als Grundlage für die Ausgestaltung der Buchführung dient. Die Entwicklung des Kontenrahmens mit dem Ziel der Vereinheitlichung des Kontensystems wurde maßgeblich von *Eugen Schmalenbach* im Jahre 1927 beeinflusst. Ausgehend von dieser Konzeption sind in der Folgezeit von Theorie und Praxis verschiedene Kontenrahmen entwickelt worden, wobei deren Gebrauch letztendlich im Belieben der Unternehmensleitung lag.

Die Kontenrahmen wurden an die bisher durchgeführten Gesetzesnovellierungen (AktG-Reform 1965, Bilanzrichtlinien-Gesetz 1985) angepasst. Zu den wichtigsten Branchenkontenrahmen zählen der
- Einzelhandels-Kontenrahmen (EKR);
- Kontenrahmen für den Groß- und Außenhandel;
- Industrie-Kontenrahmen (IKR) und
- DATEV-Kontenrahmen.

Die branchenspezifischen Kontenrahmen verkörpern ebenfalls keine zwingend anzuwendenden Normen, sondern haben für die Unternehmen lediglich empfehlenden Charakter.

Die Kontenrahmen sind grundsätzlich nach dem dekadischen Ordnungssystem (= Zehnersystem) aufgebaut, wodurch den einzelnen Konten Nummern zugewiesen werden können. Gemäß diesem System besteht jeder Kontenrahmen aus zehn Kontenklassen (Klasse 0 bis 9). Damit kann jedes in der Buchführung verwendete Konto einer bestimmten Klasse zugeordnet werden. Die Kontenklasse kommt in der ersten Ziffer der Kontonummer zum Ausdruck. Die einzelnen Klassen sind ihrerseits in zehn Kontengruppen aufgespalten, wobei die Gruppe an den ersten beiden Ziffern der Kontonummer zu erkennen ist. Jede Kontengruppe kann wiederum in zehn Kontenarten (drei Ziffern) und jede Kontenart in zehn Kontenunterarten (vier Ziffern) untergliedert werden.

Vom Kontenrahmen ist der sog. Kontenplan zu unterscheiden, den das einzelne Unternehmen nach seinen speziellen Bedürfnissen aus dem Kontenrahmen ableitet. Im Kontenplan sind all diejenigen Konten systematisch zusammengestellt, die in der Finanzbuchhaltung des Unternehmens Verwendung finden. Insofern werden solche Konten weggelassen, die im Kontenrahmen zwar vorgesehen sind, in der Buchführung der betreffenden Unternehmung aber nicht benötigt werden. Beim Vorliegen besonderer Verhältnisse besteht aber auch die Möglichkeit, den Kontenplan über den Inhalt des Kontenrahmens hinaus auszudehnen.

2.4 Aufbewahrungspflichten

Um im Falle von Rechts- und Steuerstreitigkeiten oder ähnlichen Sachverhalten die Nachprüfbarkeit des Zahlenmaterials der Finanzbuchhaltung zu gewährleisten, hat der Kaufmann
- Handelsbücher, Inventare, (Geschäfts-)Eröffnungsbilanzen, Jahresabschlüsse und Lageberichte sowie die zu ihrem Verständnis erforderlichen Arbeitsanweisungen und sonstigen Organisationsaufzeichnungen zehn Jahre,
- übrige Unterlagen (z.B. empfangene Handels- und Geschäftsbriefe, Wiedergaben der abgesandten Handels- und Geschäftsbriefe, Buchungsbelege, E-Mails)

sechs Jahre geordnet aufzubewahren (§ 257 Abs. 1 und Abs. 4 HGB, § 147 Abs. 1 und Abs. 3 AO). Die Aufbewahrungsfrist beginnt mit Schluss des Kalenderjahres, in dem die letzte Eintragung in das Handelsbuch gemacht, das Inventar aufgestellt, die (Geschäfts-) Eröffnungsbilanz oder der Jahresabschluss festgestellt, der Handels- oder Geschäftsbrief empfangen oder abgesandt wird oder der Buchungsbeleg entstanden ist (§ 257 Abs. 5 HGB, § 147 Abs. 4 AO).

Mit Ausnahme der (Geschäfts-)Eröffnungsbilanz und der Jahresabschlüsse können die genannten Unterlagen auch als Wiedergabe auf einem Bildträger (z.b. Mikrofilm) oder auf anderen Datenträgern (z.b. Magnetband, USB-Massenspeicher) aufbewahrt werden, wenn dies den Grundsätzen ordnungsmäßiger Buchführung entspricht und sichergestellt ist, dass die Daten oder deren Wiedergabe (Reproduktion)
- bei Lesbarmachung mit den ursprünglichen Schriftstücken und Buchungsbelegen bildlich und mit den anderen Unterlagen inhaltlich übereinstimmen und
- während der Dauer der Aufbewahrungsfrist verfügbar sind und jederzeit innerhalb angemessener Frist lesbar gemacht werden können (§ 257 Abs. 3 HGB, § 147 Abs. 2 AO).

2.5 Inventar und Inventur

Nach § 240 Abs. 1 und Abs. 2 HGB hat jeder Kaufmann bei der Gründung seines Unternehmens und für den Schluss eines jeden Geschäftsjahres seine Vermögensgegenstände und Schulden festzustellen und in einem Bestandsverzeichnis aufzulisten. Diese Zusammenstellung des Vermögens und der Schulden bezeichnet man als Inventar, den Vorgang der Bestandsaufnahme als Inventur. Gemäß § 140 bzw. § 141 AO gilt die vorstehende Verpflichtung auch in steuerrechtlicher Hinsicht. Das im Zuge der Inventur anzufertigende Bestandsverzeichnis ist zwingende Voraussetzung einer jeden ordnungsmäßigen Buchführung, denn das Zahlenmaterial des Inventars bildet die Grundlage für die Erstellung der Bilanz. Allerdings kann allein auf der Basis des Bestandsverzeichnisses ein Abschluss regelmäßig nicht gefertigt werden, da im Rahmen der Inventur keine Erfassung von Bilanzierungshilfen, Rechnungsabgrenzungsposten, Rückstellungen usw. erfolgt.

Im Inventar sind sämtliche, dem Geschäftsbetrieb des Kaufmanns anzurechnende Vermögensgegenstände und Schulden einzeln nach Art, Menge und Wert zu verzeichnen (§ 241 Abs. 1 i.V.m. § 240 Abs. 1 HGB). Mithin dürfen Vermögensgegenstände und Schulden, die die private Sphäre des Kaufmanns betreffen, grundsätzlich keinen Eingang in das Bestandsverzeichnis finden. Zu den Vermögensgegenständen zählen nicht nur die körperlichen wie Grundstücke, Gebäude,

Maschinen, Waren etc., sondern ebenso die immateriellen Güter (z.B. Patente, Beteiligungen, Forderungen, Bankguthaben). Die Pflicht zur lückenlosen Erfassung sämtlicher Vermögenswerte erfordert ferner, dass auch wertlose (z.b. Ladenhüter) oder bereits vollständig abgeschriebene Gegenstände in das Inventar aufgenommen werden. Als Schulden, die in der Finanzbuchhaltung häufig als Verbindlichkeiten bezeichnet werden, sind im Bestandsverzeichnis nur rechtlich begründete Verpflichtungen gegenüber Dritten anzusetzen (z.b. Bankschulden, Steuerschulden, Verbindlichkeiten aus Warenlieferungen).

Die gesetzliche Auflage, Vermögensgegenstände und Schulden einzeln zu erfassen, hat zur Konsequenz, dass jeder einzelne Vermögenswert und jede einzelne Verbindlichkeit im Inventar gesondert aufzulisten ist. Ausgenommen hiervon sind aus Vereinfachungsgründen Gegenstände, auf die das Festwertverfahren (§ 240 Abs. 3 HGB) oder die Gruppenbewertung (§ 240 Abs. 4 HGB) angewendet werden darf. Nach dem Festwertverfahren können im Bestandsverzeichnis bestimmte Vermögensgegenstände mit einer gleich bleibenden Menge und einem gleich bleibenden Wert angesetzt werden, sofern sie bezüglich Größe, Wert und Zusammensetzung nur geringen Veränderungen unterliegen und der Gesamtwert dieser Vermögensteile für das Unternehmen von nachrangiger Bedeutung ist. Das entsprechende Mengen- und Wertgerüst kann also im Inventar mehrerer Geschäftsjahre unverändert beibehalten werden, ohne dass es einer erneuten Bestandsaufnahme bedarf.

Die Erfassung und Auflistung des Vermögens und der Schulden hat im Bestandsverzeichnis in geordneter Form zu erfolgen. Dies bedeutet zum einen, dass artgleiche Vermögenswerte und Verbindlichkeiten unter der jeweils zutreffenden Rubrik auszuweisen sind. So ist z.B. der gesamte Warenbestand des Kaufmanns unter dem Abschnitt „Waren" oder das gesamte Volumen an Bankschulden unter der Position „Verbindlichkeiten gegenüber Kreditinstituten" anzugeben. Da das Inventar die Grundlage für die Erstellung der Bilanz bildet, folgt daraus andererseits, dass sich der Aufbau des Bestandsverzeichnisses prinzipiell am Gliederungsschema der Bilanz zu orientieren hat.

Das Inventar wird ausschließlich in Staffelform erstellt und enthält am Ende die Ermittlung des Reinvermögens (= Eigenkapital). Dies ist der Betrag, um den das Gesamtvermögen die Schulden übersteigt:

I. Vermögen
- II. Schulden
= III. Reinvermögen (Eigenkapital).

Die Inventur ist grundsätzlich in Form der körperlichen Bestandsaufnahme durchzuführen. Dieses Verfahren ist dadurch gekennzeichnet, dass das tatsächliche Vorhandensein der Vermögensgegenstände im Unternehmen durch persönliche Inaugenscheinnahme festgestellt wird und die mengenmäßige Erfassung durch Zählen, Messen, Wiegen und u.U. Schätzen erfolgt. Bei Vermögenswerten, die zu den immateriellen Gütern zählen und insofern eine körperliche Bestandsaufnahme zwangsläufig entfällt, sowie bei Verbindlichkeiten wird die Inventur durch eine buchmäßige Bestandsaufnahme (sog. Buchinventur) vorgenommen. Das Vorhandensein, Menge und Wert dieser Vermögensgegenstände sowie die Existenz der Schulden ist dabei durch entsprechende Unterlagen zu belegen (z.b. Saldenbestätigungen für Forderungen und Verbindlichkeiten aus Warengeschäften, Bankauszüge, Darlehensverträge). Die Bestandsaufnahme hat prinzipiell am letzten Tag des Geschäftsjahres (Bilanzstichtag, z.B. 31. Dezember) zu erfolgen (sog. Stichtagsinventur).

Die Durchführung der körperlichen Inventur an einem einzigen Tag stellt aufgrund des damit verbundenen Personalbedarfs (Einsatz von Mitarbeitern aus anderen Abteilungen bei der Bestandsaufnahme) eine nicht unerhebliche Belastung des Betriebsablaufs dar und ist bei größeren Warenbeständen organisatorisch kaum zu bewerkstelligen. Aus diesem Grunde lässt der Gesetzgeber verschiedene Inventursysteme und -verfahren zu, durch die eine Bestandsaufnahme erleichtert wird.

Bei den Inventursystemen, die auf den Zeitpunkt bzw. Zeitraum der Bestandsaufnahme abstellen, unterscheidet man zwischen
- Stichtagsinventur (als Grundfall),
- zeitlich ausgeweiteter Stichtagsinventur (R 5.3 EStR),
- vor- oder nachverlegter Stichtagsinventur (§ 241 Abs. 3 HGB) und
- permanenter Inventur (§ 241 Abs. 2 HGB).

Zu den Inventurverfahren, die die Art der Bestandsaufnahme zum Gegenstand haben, zählen:
- körperliche Bestandsaufnahme (als Grundfall),
- Buchinventur (als spezieller Grundfall) und
- Stichprobeninventur (§ 241 Abs. 2 HGB).

Bei der zeitlich ausgeweiteten Stichtagsinventur ist die Bestandsaufnahme innerhalb einer Frist von zehn Tagen vor oder nach dem Bilanzstichtag durchzuführen. Dabei ist zu gewährleisten, dass die Bestandsveränderungen zwischen dem Bilanzstichtag und dem Tag der Bestandsaufnahme anhand von Belegen oder Aufzeichnungen im Inventar berücksichtigt werden. Die vor- oder nachverlegte Stichtagsinventur ermöglicht die Verteilung der mit der Bestandsaufnahme verbundenen Arbeitsbelastung auf einen Zeitraum von fünf Monaten, denn die Inventur erfolgt hier innerhalb der letzten drei Monate vor oder der ersten beiden Monate nach dem Bilanzstichtag. Die gemäß diesem System erfassten Vermögensgegenstände sind jedoch nicht im Bestandsverzeichnis zum Schluss des Geschäftsjahres, sondern in einem besonderen Inventar festzuhalten. Ausgehend von diesem besonderen Inventar erfolgt dann eine wertmäßige Fortschreibung oder Rückrechnung auf den Bilanzstichtag.

Kennzeichen der permanenten Inventur ist, dass der am Ende des Geschäftsjahres vorhandene Bestand an Vermögensgegenständen nach Art, Menge und Wert nicht durch körperliche Bestandsaufnahme, sondern anhand einer Anlagen- bzw. Lagerbuchführung festgestellt wird. Dieses Inventursystem setzt jedoch voraus, dass alle Zu- und Abgänge in den entsprechenden Büchern erfasst werden und dass mindestens einmal im Geschäftsjahr mittels einer körperlichen Bestandsaufnahme geprüft wird, ob die Vermögenswerte, die in den Büchern ausgewiesen sind, mit den tatsächlich vorhandenen Beständen übereinstimmen. Sofern sich Abweichungen ergeben, ist die Anlagen- bzw. Lagerbuchführung entsprechend zu korrigieren.

Im Gegensatz zur körperlichen Bestandsaufnahme, bei der alle Vermögensgegenstände vollständig erfasst werden (sog. Vollinventur), wird bei der Stichprobeninventur lediglich eine Teilmenge aufgenommen und dann auf die Grundgesamtheit hochgerechnet. Voraussetzung für die Anwendung eines Stichprobenverfahrens (z.B. freie Mittelwertschätzung) ist, dass dieses sowohl auf einer anerkannten mathematisch-statistischen Methode basiert als auch den Grundsätzen ordnungsmäßiger Buchführung entspricht und dass der Aussagewert des auf diese Weise erstellten Inventars nicht geringer als bei der Durchführung der körperlichen Bestandsaufnahme ist.

Nach § 242 Abs. 1 HGB hat der Kaufmann zu Beginn seines Unternehmens und für den Schluss eines jeden Geschäftsjahres einen das Verhältnis seines Vermögens und seiner Schulden darstellenden Abschluss aufzustellen. Dieser Abschluss wird allgemein als Bilanz bezeichnet. Bezogen auf die Gründung des Unternehmens spricht man von einer (Geschäfts-)Eröffnungsbilanz, mit Blick auf das Ende des Geschäftsjahres von einer Schlussbilanz. Daneben verlangen die Grundsätze ordnungsmäßiger Buchführung, dass auch zu Beginn einer jeden Rechnungsperiode (z.b. zum 1. Januar) eine Eröffnungsbilanz erstellt wird. Die Eröffnungsbilanz zum 1. Januar des neuen Geschäftsjahres ist dabei identisch mit der Schlussbilanz zum 31. Dezember des Vorjahres (Postulat der Bilanzidentität, § 252 Abs. 1 Nr. 1 HGB). Grundlage der Bilanz ist das Inventar, denn die im Bestandsverzeichnis aufgelisteten Vermögensgegenstände und Schulden sind prinzipiell in den Abschluss zu übernehmen. Auch wenn Bilanz und Inventar inhaltlich weitgehend übereinstimmen, so unterscheiden sie sich jedoch erheblich in ihrer formalen Ausgestaltung.

3. Überwachung des Rechnungswesens durch den Aufsichtsrat

Neben dem Abschlussprüfer (§ 316, § 317 HGB) obliegt dem Aufsichtsrat zunächst im Kontext der allgemeinen Überwachung der Organisationsaufgaben der Geschäftsführung nach § 111 Abs. 1 AktG die Pflicht, das Rechnungswesen des Unternehmens auf seine Ordnungs-, Recht-, Zweckmäßigkeit und Wirtschaftlichkeit hin zu prüfen. In diesem Zusammenhang ist auch zu untersuchen, ob der Vorstand gemäß § 91 Abs. 1 AktG die erforderlichen Handelsbücher (Grund-, Hauptbuch und Nebenbücher) führt. Ferner kann der Aufsichtsrat nach § 111 Abs. 2 Satz AktG „(...) die Bücher und Schriften sowie die Vermögensgegenstände, namentlich die Gesellschaftskasse und die Bestände an Wertpapieren und Waren, einsehen und prüfen". Die in Rede stehenden zu prüfenden Informationen werden ihm vom Rechnungswesen, insbesondere der Finanzbuchhaltung und dem Jahresabschluss, zur Verfügung gestellt. Mit diesen Prüfungsaufgaben können laut § 111 Abs. 2 Satz 2 AktG aber auch einzelne Mitglieder, z.B. in Gestalt des Prüfungsausschusses nach § 107 Abs. 3 Satz 2 AktG, oder besondere Sachverständige (z.B. Wirtschaftsprüfer) beauftragt werden. Die genannten Regelungen gelten sinngemäß für die Überwachung des Rechnungswesens von Konzernunternehmen durch den Aufsichtsrat der Muttergesellschaft.

Weiterhin hat der Aufsichtsrat in Analogie zu § 317 Abs. 1 Satz 1 HGB in seine Verpflichtung zur Jahresabschlussprüfung nach § 177 Abs. 1

Satz 1 1. HS AktG auch die Finanzbuchhaltung mit einzubeziehen, da Letztere die Grundlage für eine ordnungsmäßige Rechnungslegung in Gestalt des Jahresabschlusses (Bilanz, Gewinn- und Verlustrechnung, Anhang), des Lageberichts und des Vorschlags für die Verwendung des Bilanzgewinns darstellt. Im Hinblick auf die Prüfung des Konzernabschlusses und des Konzernlageberichts bei Mutterunternehmen gemäß § 171 Abs. 1 Satz 1 2. HS AktG wird eine Prüfung der Konzernbuchführung ebenfalls erforderlich, obwohl im HGB keine entsprechende Vorgabe existiert. Aufgrund der Verpflichtung zur konzerneinheitlichen Bilanzierung und Bewertung (§ 300 und § 308 HGB) sowie der entsprechenden Konsolidierungsbuchungen ist jedoch eine Konzernbuchführung notwendig, die sowohl durch den Konzernabschlussprüfer als auch durch den Aufsichtsrat der Muttergesellschaft geprüft werden muss.[10]

Schließlich hat der Aufsichtsrat in seinem Bericht an die Hauptversammlung nach § 171 Abs. 2 Satz 1 AktG u.a. darüber zu berichten, in welcher Art und Weise in die Geschäftsführungsprüfung das Rechnungswesen einbezogen wurde. Darüber hinaus hat der Aufsichtsrat im Rahmen seiner Stellungnahme zur Prüfung des Jahresabschlusses durch den Abschlussprüfer auch darüber zu berichten, inwieweit in die Beurteilungen seine Prüfung des Rechnungswesens eingeflossen ist. Bei gravierenden Mängeln insbesondere der Finanzbuchhaltung muss der Aufsichtsrat die Billigung des (Konzern-)Jahresabschlusses nach § 171 Abs. 2 Satz 4 und 5 AktG versagen. Bezüglich des Jahresabschlusses führt dies zur Nichtfeststellung durch den Aufsichtsrat nach § 172 Satz 1 1. HS AktG, wodurch er erklärt, dass der vorgelegte Abschluss nicht als der vom Gesetz verlangte und für die gesetzlichen Rechtsfolgen (z.B. Gewinnausschüttungen) maßgebende Jahresabschluss sein soll. Allerdings besteht dann die Möglichkeit, dass Vorstand und Aufsichtsrat gemäß § 172 Satz 1 2. HS AktG seine Feststellung der Hauptversammlung überlassen.

Zum Zweck der Prüfung des Rechnungswesens darf sich der Aufsichtsrat grundsätzlich nicht der Internen Revision oder anderer betrieblicher Instanzen (z.B. der Compliance-Abteilung)[11] bedienen, die im deutschen (dualistischen) System der Unternehmensverfassung in aller Regel fachlich und disziplinarisch dem Vorstand unterstellt sind und

---

10 Vgl. zur Konzernrechnungslegung und ihrer Prüfung im Einzelnen Freidank 2012 b, S. 318–353.
11 Vgl. hierzu den Beitrag „Compliance" in diesem Buch.

ausschließlich an diesen berichten. Allerdings kann der Aufsichtsrat zur Überwachung des Rechnungswesens neben der Möglichkeit von § 111 Abs. 2 Satz 2 AktG bei Bedarf Sachverständige und Auskunftspersonen auch in der Aufsichtsratssitzung heranziehen (§ 109 Abs. 1 Satz 2 AktG), wobei auf Angestellte der Gesellschaft bzw. des Konzerns nur auf Vermittlung des Vorstands zurückgegriffen werden darf.

Mit Blick auf das Rechnungswesen kann hier der Leiter des (Konzern-) Rechnungswesens — [daneben auch die Leiter (Konzern-)Revision oder Leiter (Konzern-)Controlling] — gefragt sein. Eine Pflicht, diese im Rahmen der Überwachung des Rechnungswesens heranzuziehen, wird nur bei festgestellten Mängeln in den Regelberichten (§ 90 AktG), beim Bestehen von Zweifeln an der ordnungsmäßigen Berichterstattung des Vorstands oder beim Vorliegen von Fraud (z.B. Manipulationen oder Fälschen von Rechnungen oder Kontoauszügen, Vorlage falscher Gutachten oder Verträge oder Ausweis fiktiver Vermögensgegenstände durch aufgedecktes Fälschen des Inventars) zu erkennen sein.

Mit diesem Recht sollte der Aufsichtsrat — auch wenn die Bedeutung des Rechnungswesens für die handels-, steuerrechtliche und internationale Rechnungslegung noch so hoch ist — sehr behutsam umgehen. Es ist gegenüber dem (konzern-)internen Sachverständigen — hier vor allem dem Leiter (Konzern-)Rechnungswesen — ein unberechtigter Eindruck zu vermeiden, es läge ein Misstrauen gegenüber dem Vorstand vor, weshalb die Auskunftsperson über den Vorstand geladen werden sollte.

Der deutsche Gesetzgeber ist mit dem Bilanzrechtsmodernisierungsgesetz (BilMoG) vom 25. Mai 2009, nach dem sich u.a. gemäß § 107 Abs. 3 Satz 2 AktG ein ggf. installierter Prüfungsausschuss auch mit der Wirksamkeit des Rechnungslegungsprozesses, zu dem auch die Aufbau- und Ablauforganisation der Finanzbuchhaltung zählt, zu befassen hat, den europäischen Vorgaben entsprechend gefolgt. Zudem ist ebenfalls der Informationsaustausch zwischen Aufsichtsrat bzw. Prüfungsausschuss und Abschlussprüfer über die Prüfungsergebnisse des Rechnungswesens durch die Novellierung von § 171 Abs. 1 Satz 2 AktG konkretisiert worden. Da der Leiter des (Konzern-)Rechnungswesens für das interne Kontroll- und das Risikomanagementsystem, bezogen auf den Rechnungslegungsprozess als zuständig gelten kann, ist weiterhin ein unmittelbarer Kontakt zwischen Rechnungswesen bzw. Aufsichtsrat bzw. Prüfungsausschuss gegeben, der zudem nicht sporadisch, sondern quartalsweise erfolgt.[12] Hierdurch leistet das rechnungslegungsbezogene Risikomanagementsystem einen Beitrag zur Verbesserung der Corporate Governance auf einer Ebene oberhalb des Vorstands; es wird gar zu einem Bindeglied zwischen Vorstand und Aufsichtsrat.

4. Zusammenfassung

Das betriebliche Rechnungswesen erfüllt als Grundlage für die Rechnungslegung des Unternehmens wichtige Dokumentations-, Überwachungs-, Dispositions- Rechenschaftslegungs- und Informationsfunktionen, in dem sämtliche während einer Rechnungsperiode auftretenden Finanz- und Leistungsströme durch bestimmte Instrumente wie z.B. Finanzbuchhaltung, Jahresabschluss und Kostenrechnung erfasst werden. Da das Unternehmen durch weitreichende Austauschbeziehungen mit den Beschaffungs-, Absatz-, Geld- und Kapitalmärkten sowie dem Staat gekennzeichnet ist, lassen sich eine Vielzahl von aktuellen und potentiellen Adressaten (Stakeholder) ableiten, die ein berechtigtes Informationsinteresse an einer regelmäßigen und möglichst wahrheitsgetreuen Rechenschaftslegung durch das Unternehmen besitzen.

Als Teilgebiete des Betrieblichen Rechnungswesens lassen sich die
- Finanzbuchhaltung und Bilanz,
- Kostenrechnung,
- Statistik und Vergleichsrechnung sowie
- Planungsrechnung

abgrenzen. Zwischen Rechnungs- und Finanzwesen bestehen wesentliche Interdependenzen, da sich die Mittelverwendungen (Investitionen) auf der Aktivseite und Mittelherkünfte (Finanzierungen) auf der Passivseite der Bilanz niederschlagen. Diese wechselseitigen Abhängigkeiten stellen zentrale Schnittstellen dar, aus denen für die Führung und Überwachung des Unternehmens durch die Geschäftsleitung sowie das Aufsichtsorgan bedeutende Informationen zur Steuerung der Vermögens-, Finanz- und Ertragslage des Unternehmens resultieren.

Die im Vordergrund des Beitrags stehende Finanzbuchhaltung in Form der doppelten Buchführung wird durch Gesetzesnormen gekennzeichnet, da aus ihr der handels-, steuerrechtliche und internationale Jahresabschluss abgeleitet werden. Hierdurch kommt zunächst der handels-

---

12 Vgl. hierzu den Beitrag „Risikomanagement" in diesem Buch.

und steuerrechtlichen Buchführungspflicht sowie den gesetzlichen Aufbewahrungsfristen besondere Bedeutung zu. Die Grundlage für die Ableitung des Jahresabschlusses bildet weiterhin die körperliche Bestandsaufnahme (Inventur) und das Bestandsverzeichnis (Inventar). Die klassische Strukturierung der Bücher der doppelten Buchführung erfolgt in das Grund- und Hauptbuch und bestimmte Nebenbücher, die zwingend zu führen sind. Das Sachkontensystem des Hauptbuches wird durch eine Auflösung der Bilanz in aktive und passive Bestandskonten sowie Aufwands- und Ertragskonten repräsentiert, auf denen die laufenden Geschäftsvorfälle zeitnah zu verbuchen sind. Das Gewinn- und Verlustkonto sowie das Privatkonto stellen wichtige Unterkonten zur Erfassung der periodenbezogenen Eigenkapitalveränderung dar. Der Gewinn- oder Verlust des Unternehmens kann im Rahmen der doppelten Buchführung durch Gegenüberstellung der Aufwendungen und Erträge im Gewinn- und Verlustkonto und/oder durch Eigenkapitalvergleich ermittelt werden. Zur systematischen Führung des Hauptbuchs hat die Praxis Kontenrahmen entwickelt, die unternehmensindividuell zu einem Kontenplan erweitert werden können. In jüngerer Zeit erfährt die Buchführung eine zunehmende Automatisierung durch IT-gestützte Systeme, welche die manuellen Verfahren verdrängt haben.

Dem Vorstand obliegt auf Grund der in § 76 Abs. 1 AktG verankerten Leitungskompetenz die Verpflichtung, die Überwachung der Aufbau- und Ablauforganisation des Rechnungswesens vorzunehmen. In aller Regel wird diese Überwachungsaufgabe an die Interne Revision delegiert. Deren Prüfungsergebnisse fließen u.a. in den Bericht des Vorstands an den Aufsichtsrat nach § 90 AktG ein und stellen wichtige Informationen für die Durchführung seiner Überwachungs- und Beratungsaufgaben dar, die bezüglich des Rechnungswesens einem ggf. nach § 107 Abs. 3 Satz 2 AktG installierten Prüfungsausschuss übertragen werden sollten. Dieser hat wiederum über seine Prüfungsergebnisse nach § 107 Abs. 3 Satz 4 AktG dem Gesamtplenum zu berichten.

Dem Aufsichtsrat obliegen grundlegende Pflichten zur Überwachung des Rechnungswesen, insbesondere der Finanzbuchhaltung, die die Prüfung der Ordnungs-, Recht-, Zweckmäßigkeit und Wirtschaftlichkeit betreffen und sich unmittelbar aus folgenden gesetzlichen Regelungen ergeben:

- § 90 Abs. 1 AktG,
- § 107 Abs. 3 Satz 2 AktG,
- § 111 Abs. 1 und Abs. 2 AktG,

- § 171 Abs. 1 Satz 1 AktG und
- § 171 Abs. 2 AktG.

Als Soll-Größen für die Prüfung der Ordnungs- und Rechtmäßigkeit sind die Grundsätze ordnungsmäßiger Buchführung, die in Form der gesetzlichen Regelungen aufgezeigt wurden, heranzuziehen, wobei zur Planung, Durchführung und Berichterstattung der Prüfung auf die allgemeinen Grundsätze ordnungsmäßiger Abschlussprüfung unter Berücksichtigung des risikoorientierten Prüfungsansatzes zurückgegriffen werden kann.[13] Zur Beurteilung von Zweckmäßigkeit und Wirtschaftlichkeit des Rechnungswesens bedarf es unternehmensindividueller Untersuchungen insbesondere unter Berücksichtigung von alternativen IT-gestützten Programmen sowie Größe, Branche, Organisation und Entwicklung der Gesellschaft. Allerdings hat der Aufsichtsrat nur in begrenztem Umfang die Möglichkeit, in die Prüfung des Rechnungswesens Institutionen (z.b. Interne Revision) oder Personen (z.B. Leiter des Rechnungswesens) des Unternehmens einzubinden, da diese im dualistischen System der Unternehmensverfassung der Leitungskompetenz des Vorstands nach § 76 Abs. 1 AktG unterliegen.

Sofern Vorstandsmitglieder ihre gesetzlichen Verpflichtungen zur Einrichtung, Weiterentwicklung, Durchführung und Überwachung des Rechnungswesens verletzen, sind sie gemäß § 93 Abs. 2 Satz 1 AktG grundsätzlich „der Gesellschaft zum Ersatz des daraus entstehenden Schadens als Gesamtschuldner verpflichtet". Ähnliches gilt für den Aufsichtsrat gemäß § 116 Abs. 1 AktG, wenn der seine Verpflichtungen zur Überwachung des Rechnungswesens der Gesellschaft verletzt.

Abschließend bleibt der Hinweis, dass eine Vielzahl von Daten aus dem Rechnungs- und Finanzwesen dem Aufsichtsrat auch über die Berichte des Vorstands nach § 90 AktG zugehen, die wichtige Informationen zur Durchführung seiner (weiteren) Überwachungs- und Beratungsaufgaben darstellen. Durch den Erlass einer Informationsordnung für den Vorstand kann der Aufsichtsrat in diesem Zusammenhang sicherstellen, dass ihm ausgewählte Daten des Rechnungswesens zugehen, die für eine hinreichende Informationsversorgung zum Zwecke der Durchführung seiner Prüfungs- und Beratungsaufgaben erforderlich sind.

---

13 Vgl. hierzu im einzelnen Freidank 2012 b m.w.N.

Literatur

Freidank, C.-Chr.: Kostenrechnung, 9. Aufl., München 2012 a.
Freidank, C.-Chr.: Unternehmensüberwachung, München 2012 b.
Freidank, C.-Chr./Velte, P.: Rechnungslegung und Rechnungslegungspolitik, München 2013.
Freidank, C.-Chr./Lachnit, L./Tesch, J. (Hrsg.): Vahlens Großes Auditing Lexikon, München, 2007.
Kußmaul, H.: Betriebswirtschaftslehre für Existenzgründer, 6. Aufl., München 2008.
Hüffer, U.: Aktiengesetz, 10. Aufl., München 2012.
Velte, P.: Prüfung der Buchführung durch den Aufsichtsrat, in: Neue Zeitschrift für Gesellschaftsrecht, 13. Jg., 2010, S. 930–932.
Wöhe, G.: Einführung in die Allgemeine Betriebswirtschaftslehre, 25. Aufl., München 2013.

Rechnungslegung

Patrick Velte

> **Abstract**
>
> Das Kapitel „Rechnungslegung" erklärt die Voraussetzungen zum Ansatz und zur Bewertung von Vermögensgegenständen/-werten, Schulden und Eigenkapital sowie zur Erfassung von Aufwendungen und Erträgen nach HGB und IFRS. Zudem werden die Zusammenhänge der Rechnungslegung nach HGB und IFRS im Einzelabschluss dargestellt. In diesem Zusammenhang erfolgt auch eine vergleichende Abgrenzung der wesentlichen Rechnungslegungsgrundsätze, der Bestandteile des HGB- und IFRS-Abschlusses und der relevanten Bewertungsmaßstäbe.

> **10 Fragen**
>
> 1. Wie ist die Reichweite der Prüfung der Rechnungslegung durch den Aufsichtsrat?
> 2. Welche Unternehmen müssen einen IFRS-Abschluss erstellen und inwiefern ist das HGB weiterhin relevant?
> 3. Welche wesentlichen Grundsätze der IFRS- und HGB-Rechnungslegung gibt es?
> 4. Welche Komponenten der Anschaffungs- und Herstellungskosten gibt es nach HGB und IFRS, und wie ist die Kostenzurechnung?
> 5. Wie sind die Kapitalflussrechnung und die Eigenkapitalveränderungsrechnung strukturiert?
> 6. Welche Voraussetzungen müssen erfüllt sein, um einen Vermögensgegenstand/-wert nach HGB und IFRS zu bilanzieren?
> 7. Welche Voraussetzungen müssen erfüllt sein, um eine Schuld nach HGB und IFRS zu bilanzieren?
> 8. Wie wird ein derivativer Geschäfts- oder Firmenwert (Goodwill) nach HGB und IFRS bewertet?
> 9. Welche Unterschiede bestehen bei der bilanziellen Erfassung von Pensionsrückstellungen nach HGB und IFRS?
> 10. Inwieweit unterscheidet sich die Reichweite der bilanziellen Erfassung von sonstigen Rückstellungen nach HGB und IFRS?

1. Grundlagen

1.1 Prüfung der Rechnungslegung durch den Aufsichtsrat

Die Überwachungstätigkeit des Aufsichtsrats steht seit Jahren auf der Agenda (supra-)nationaler Reformen im Bilanz-, Gesellschafts- und Kapitalmarktrecht. Hierbei ist unstrittig, dass die Überwachung des Vorstands in der Aktiengesellschaft (AG) bzw. der Geschäftsführung in der Gesellschaft mit beschränkter Haftung (GmbH) durch den Aufsichtsrat ein zentrales Element der Corporate Governance darstellt. Als herausgehobene Komponente der umfassenden Überwachungspflicht hat der deutsche Gesetzgeber in § 171 Abs. 1 AktG die Prüfungspflicht in Bezug auf die Rechnungslegung kodifiziert, die eine unabdingbare Voraussetzung für die Billigung der Unterlagen und gemeinsame Feststellung des Jahresabschlusses mit dem Vorstand nach § 172 AktG darstellt.[1]

Sofern ein Konzernverbund vorliegt, hat der Aufsichtsrat des Mutterunternehmens auch den Konzernabschluss und -lagebericht zu prüfen. Unmittelbar verknüpft mit der Prüfung der Rechnungslegung ist die gebotene Prüfung des Risikomanagementsystems (RMS)[2] nach § 107 Abs. 3 Satz 2 i.V.m. § 91 Abs. 2 AktG sowie die Überwachung der externen Abschlussprüfung. Ursächlich hierfür ist, dass der Abschlussprüfer eine wesentliche Unterstützungsfunktion gegenüber dem Aufsichtsrat durch die Erstellung des Prüfungsberichts und seine Redepflicht in der Bilanzsitzung des Aufsichtsrats erfüllt. Dennoch entbindet die externe Abschlussprüfung nach den §§ 316, 317 HGB den Aufsichtsrat nicht von der Pflicht einer eigenständigen und -verantwortlichen Würdigung der Rechnungslegung des Managements. Zudem ist darauf hinzuweisen, dass die Rechnungslegungsprüfung nach § 107 Abs. 3 Satz 3 AktG einem Plenumsvorbehalt unterliegt, d.h. ein eingerichteter Prüfungsausschuss kann hierbei lediglich vorbereitend tätig werden.

Als Prüfungsmaßstab des Aufsichtsrats gilt die Beurteilung der *Recht-, Ordnungs- und Zweckmäßigkeit*. Insofern muss neben der Einhaltung der gesetzlichen und satzungsmäßigen Bestimmungen auch die wirtschaftliche Angemessenheit der Rechnungslegung(spolitik) evaluiert werden. Letztere geht über die Prüfungspflicht des Abschlussprüfers hinaus und setzt ein angemessenes fachliches Anforderungsprofil sämtlicher

---

[1] Vgl. hierzu auch den Beitrag „Rechnungswesen" in diesem Buch.
[2] Vgl. hierzu auch den Beitrag „Risikomanagement" in diesem Buch.

Mitglieder voraus. Bei kapitalmarktorientierten Kapitalgesellschaften im Sinne von § 264d HGB muss nach dem BilMoG zumindest ein unabhängiger Finanzexperte im Aufsichtsrat bzw. Prüfungsausschuss vertreten sein, wobei die inhaltliche Ausfüllung derzeit kontrovers in Schrifttum und in Rechtsprechung diskutiert wird.

1.2 Rechnungslegungssysteme

Es bestehen wesentliche Unterschiede zwischen der handelsrechtlichen und der internationalen Rechnungslegung. Trotz der Verbreitung der International Financial Reporting Standards (IFRS) hat das Handelsgesetzbuch (HGB) weiterhin eine wesentliche Bedeutung in Deutschland. In diesem Zusammenhang fordert der deutsche Gesetzgeber einen handelsrechtlichen Jahresabschluss zum Zwecke der Zahlungsbemessung (Ausschüttung und Steuerbemessung[3]) ein (vgl. zum IFRS-Einzelabschluss begrenzt auf Offenlegungszwecke § 325 Abs. 2a HGB). Auf Konzernebene haben nicht kapitalmarktorientierte Mutterunternehmen ein Wahlrecht zur Erstellung eines IFRS- oder HGB-Konzernabschlusses gem. § 315a Abs. 3 HGB. Für kapitalmarktorientierte Mutterunternehmen besteht hingegen eine grundsätzliche Verpflichtung zur Anwendung der IFRS im Konzernabschluss. Soweit diese etwa nach § 296 Abs. 2 HGB aus Wesentlichkeitsgründen keine Tochterunternehmen konsolidieren müssen, entfällt die Verpflichtung zur Aufstellung eines Konzernabschlusses (§ 290 Abs. 5 HGB) und damit auch die IFRS-Pflicht (§ 315a Abs. 1 HGB).

1.3. Rechnungslegungsprinzipien

1.3.1 Handelsrechtliche Grundsätze ordnungsmäßiger Buchführung (GoB)

Es gibt verschiedene Ansätze zur Strukturierung der handelsrechtlichen GoB. Der Grundsatz der Bilanzwahrheit wird durch das *Vollständigkeitsprinzip* (§ 246 Abs. 1 Satz 1 HGB) konkretisiert. Demnach muss der Jahresabschluss alle dem Unternehmen zuzurechnenden Vermögensgegenstände, Schulden, Rechnungsabgrenzungsposten sowie sämtliche Aufwendungen und Erträge enthalten, soweit gesetzlich nichts anderes bestimmt ist. Hierbei sind wertaufhellende Tatsachen am Ab-

---

3 Vgl. hierzu den Beitrag „Unternehmenssteuern" in diesem Buch.

schlussstichtag zu berücksichtigen (§ 252 Abs. 1 Nr. 4 HGB). Zudem ist der wirtschaftlichen Betrachtungsweise bei einem Auseinanderfallen von wirtschaftlichem und juristischem Eigentum (§ 246 Abs. 1 Satz 2 HGB) zu folgen. Die nicht kodifizierten Grundsätze der Richtigkeit und Willkürfreiheit zielen auf die korrekte Ableitung des Jahresabschlusses aus der Buchführung[4] und dem Inventar ab. Das *Prinzip der Klarheit und Übersichtlichkeit* (§ 243 Abs. 2 HGB) bringt zum Ausdruck, dass die einzelnen Bilanz- und GuV-Posten eindeutig bezeichnet und geordnet sein müssen. Das *Vorsichtsprinzip* (§ 252 Abs. 1 Nr. 4 1. HS HGB) impliziert prinzipiell eine „Unterbewertung" der Vermögensgegenstände und „Überbewertung" der Schulden. Dem Vorsichtsprinzip lassen sich verschiedene spezielle Grundsätze, z.b. das Realisations-, Imparitäts- und Einzelbewertungsprinzip, unterordnen.

Das Realisationsprinzip (§ 252 Abs. 1 Nr. 4 2. HS und § 253 Abs. 1 HGB) besagt, dass Erträge erst vereinnahmt werden, wenn ein Gefahrenübergang stattgefunden hat und die Hauptleistung erbracht ist. Mit dem Realisationsprinzip eng verbunden ist das Anschaffungskostenprinzip, welches bis zum Realisationsakt gilt und eine höhere Zeitbewertung ausschließt. Das Imparitätsprinzip ergänzt das Realisationsprinzip hinsichtlich des Vorsichtsgebots. Eingetretene, aber noch nicht realisierte Vermögensminderungen sind gegenüber den Vermögensmehrungen (Erträgen) „imparitätisch" zu behandeln (§ 252 Abs. 1 Nr. 4 1. HS HGB) und frühzeitig als Aufwand zu erfassen. Das Imparitätsprinzip kommt insbesondere im Niederstwertprinzip bei den Aktiva bzw. im Höchstwertprinzip bei den Passiva zum Ausdruck. Das Vorsichtsprinzip findet schließlich auch in der Einzelbewertung der Aktiva und Passiva (§ 252 Abs. 1 Nr. 3 HGB) seinen Niederschlag, wobei diesem auch eine Objektivierungsfunktion zukommt.

Zur Sicherstellung der zeitlichen und sachlichen Vergleichbarkeit des Jahresabschlusses existiert der Grundsatz der Bilanzkontinuität. Zunächst ist auf die in § 252 Abs. 1 Nr. 1 HGB kodifizierte Übereinstimmung der Wertansätze und Postenbezeichnungen in der Eröffnungsbilanz des laufenden Geschäftsjahres und der Schlussbilanz des Vorjahres hinzuweisen (sog. Bilanzidentität). Überdies ist der Grundsatz der materiellen und formellen Stetigkeit zu beachten (§ 246 Abs. 3; § 252 Abs. 1 Nr. 6; § 265 Abs. 1 HGB). Während die materielle Stetigkeit eine grundsätzliche Beibehaltung der auf den vorhergehenden Jahresabschluss angewandten Ansatz- und Bewertungsmethoden beinhaltet,

---

4 Vgl. hierzu den Beitrag „Rechnungswesen" in diesem Buch.

stellt die formelle Stetigkeit auf die Beibehaltung der Gliederungs- und Ausweismethoden bei der Bilanz und GuV ab.

1.3.2 Rahmenkonzept der IFRS

Das Rahmenkonzept ist das konzeptionelle Fundament *der International Financial Reporting Standards* (IFRS). Der primäre Rechnungslegungszweck besteht in der Bereitstellung entscheidungsnützlicher Informationen. Die zudem beschriebene Rechenschaftsfunktion stellt keinen eigenständigen Rechnungslegungszweck dar, sondern lässt sich aus dem Ziel der Entscheidungsnützlichkeit ableiten. Die (impliziten) Basisannahmen der IFRS-Rechnungslegung sind die Unternehmensfortführung und die periodengerechte Erfolgsermittlung. Innerhalb der qualitativen Prinzipien erfolgt eine Trennung in Primär- und Sekundärgrundsätze. Die Rechnungslegung soll einerseits den Grundsatz der Entscheidungsrelevanz und andererseits das Prinzip der glaubwürdigen Darstellung erfüllen. Letzteres soll durch die Vollständigkeit, Neutralität und Genauigkeit der Informationen gewährleistet werden. Während die Vergleichbarkeit, Nachprüfbarkeit, Zeitnähe und Verständlichkeit Sekundärgrundsätze darstellen, fungieren das Wesentlichkeitsprinzip sowie das Kosten- und Nutzenprinzip als Nebenbedingungen. Das Vorsichtprinzip findet trotz seiner Bedeutung für die kaufmännische Rechnungslegung keine explizite Berücksichtigung.

1.4 Bestandteile der Rechnungslegung

1.4.1 Bilanz

Die Bilanz informiert über das Vermögen und die Bestände des Eigen- und Fremdkapitals des Unternehmens in Kontoform (§ 266 Abs. 1 Satz 1 HGB). Für nicht publizitätspflichtige Einzelunternehmen und Personenhandelsgesellschaften sind im Rahmen der Bilanzgliederung lediglich die in § 247 HGB genannten Positionen verpflichtend darzustellen.

Für Kapitalgesellschaften und ihnen gesetzlich gleichgestellte Unternehmen sind in § 266 HGB dagegen detailliertere Gliederungsvorschriften vorgegeben. Für kleine Kapitalgesellschaften und Kleinstkapitalgesellschaften bestehen Erleichterungen zur verkürzten Bilanzerstellung (§ 266 Abs. 1 Satz 3, Satz 4 HGB).

Abweichend zum HGB ist nach den IFRS kein rechtsformabhängiges Bilanzgliederungsschema vorgesehen. Vielmehr sind für alle Unternehmen zumindest die in den *International Accounting Standards* (IAS) 1.54 aufgeführten Bilanzposten maßgebend. Im Gegensatz zum Handelsrecht ist neben dem Ausweis in Form eines Kontos auch eine gestaffelte Darstellung oder eine sonstige Form möglich, wobei die Staffelform präferiert wird. Auch bezüglich der Gliederung der Bilanz besteht nach IAS 1.60 die Möglichkeit, die Vermögenswerte und Schulden neben der Fristigkeit als Regelvariante nach der Liquidierbarkeit (z.B. bei Banken oder Versicherungen) anzuordnen.

1.4.2 Gewinn- und Verlustrechnung (GuV)/Gesamtergebnisrechnung

Die GuV fasst sämtliche Aufwendungen und Erträge im Laufe eines Geschäftsjahres in Staffelform zusammen (§ 275 HGB). Analog zur rechtsformspezifischen Bilanzgliederung wird die GuV-Gliederung in § 275 HGB lediglich für Kapitalgesellschaften konkretisiert. Es besteht ein Wahlrecht zur Anwendung des Gesamtkostenverfahrens (GKV) oder Umsatzkostenverfahrens (UKV) nach § 275 Abs. 2, 3 HGB. Für kleine und mittelgroße Kapitalgesellschaften sowie für Kleinstkapitalgesellschaften bestehen Erleichterungen zur verkürzten GuV nach § 276 und § 275 Abs. 5 HGB. Für sonstige Unternehmen existiert kein gesetzlich vorgeschriebenes Mindestgliederungsschema (§ 242 Abs. 2 HGB).

Analog zum HGB wird die IFRS-Erfolgsrechnung nach dem Gesamt- oder Umsatzkostenverfahren vorgenommen (IAS 1.101-105). Die Mindestinhalte sind in IAS 1.82 aufgeführt. Analog zur Bilanz ist neben der Staffel- auch die Kontoform oder eine sonstige Alternative möglich, wobei das *International Accounting Standards Board* (IASB) die Staffelform präferiert. Im Gegensatz zur handelsrechtlichen GuV enthält die Gesamterfolgsrechnung nach den IFRS neben den ergebniswirksamen Aufwendungen und Erträge (GuV) auch ergebnisneutrale Bestandteile (sonstiges Ergebnis bzw. OCI = Other Comprehensive Income). Dabei sind neben den bereits realisierten Erträgen auch lediglich realisierbare Erträge zu erfassen.

Für die Gesamterfolgsrechnung bestehen nach IAS 1.81A zwei Darstellungsmöglichkeiten. Nach dem *Single Statement Approach* werden die ergebniswirksamen und -neutralen Erfolge zusammenhängend ausgewiesen, wobei das Periodenergebnis die Zwischensumme der Aufwendungen und Erträge repräsentiert. Dagegen werden nach dem *Two Statement Approach* zwei separate Rechenwerke erstellt. In einem ersten

Schritt wird das Periodenergebnis mithilfe der GuV ermittelt. In einem zweiten Rechenwerk erfolgt die Überleitung des Periodenergebnisses durch Berücksichtigung der ergebnisneutralen Komponenten auf den Periodengesamterfolg. Der IASB präferiert den Single Statement Approach.

1.4.3 Anhang

Der Anhang ist bei Kapitalgesellschaften (Ausnahme: Kleinstkapitalgesellschaften) und ihnen gesetzlich gleichgestellten Unternehmen Pflichtbestandteil des Jahresabschlusses (§ 264 Abs. 1 Satz 1 HGB). Er dient primär der Erläuterung und Entlastung von Bilanz und GuV (§§ 284-288 HGB). Für kleine und mittelgroße Kapitalgesellschaften bestehen Erleichterungen (§ 288 Abs. 1, 2 HGB). Kleinstkapitalgesellschaften brauchen keinen Anhang zu erstellen, wenn bestimmte Angaben nach § 264 Abs. 1 Satz 5 HGB unter der Bilanz gemacht werden.

Nach den IFRS ist der Anhang unabhängig von der Rechtsform Pflichtbestandteil des Abschlusses. Er soll die Vermögens- und Erfolgsrechnung ergänzen. Aufgrund der dominanten Informationsfunktion sind die Angaben im IFRS-Anhang im Vergleich zum HGB wesentlich detaillierter. Postenübergreifende Relevanz besitzen vor allem die Informationen zu den Erstellungsgrundlagen des IFRS-Abschlusses und den spezifischen Ansatz- und Bewertungsgrundsätzen.

1.4.4 Lagebericht/Management Commentary

Ergänzend zum Jahresabschluss müssen mittelgroße und große Kapitalgesellschaften einen Lagebericht erstellen (§ 264 Abs. 1 Satz 1 HGB). Der Lagebericht stellt ein zukunftsorientiertes Rechnungslegungsinstrument dar, das um freiwillige Angaben (z.B. Nachhaltigkeits- oder Umweltberichterstattung) ergänzt werden kann. Kleine Kapitalgesellschaften und Kleinstkapitalgesellschaften können auf die Erstellung eines Lageberichts verzichten (§ 264 Abs. 1 Satz 4 i.V.m. § 267a Abs. 2 HGB). Die Vorschriften zum Lagebericht sind in § 289 und § 289a HGB geregelt. Die Pflichtangaben sind in § 289 Abs. 1 und Abs. 3 HGB enthalten (Geschäftsverlauf, Lage, voraussichtliche Entwicklung mit den wesentlichen Chancen und Risiken), während in § 289 Abs. 2 HGB Soll-Angaben benannt sind (z.B. Nachtragsbericht, Forschungs- und Entwicklungsbericht). Eine Unterlassung der betreffenden Angaben darf nur dann erfolgen, wenn hierdurch dem Leser keine bedeutsamen Informationen verlorengehen.

Im Gegensatz zum Handelsrecht ist nach IFRS kein lageberichtsähnliches Publizitätsmedium vorgeschrieben. Der IASB empfiehlt jedoch die Erstellung eines *Management Commentary*. Er dient der Ergänzung und Erläuterung des IFRS-Abschlusses. Themengebiete sind die Art der Geschäftstätigkeit und die Rahmenbedingungen, die Ziele und Strategien des Managements, wesentliche Ressourcen, Risiken und Beziehungen, das Geschäftsergebnis und die -aussichten sowie kritische Leistungsmaßstäbe und -indikatoren. Die Strategieberichterstattung stellt den wesentlichen Unterschied zur handelsrechtlichen Lageberichterstattung dar.

1.4.5 Kapitalflussrechnung

Kapitalmarktorientierte Kapitalgesellschaften, die keinen IFRS-Konzernabschluss erstellen, und Konzernunternehmen müssen zusätzlich eine Kapitalflussrechnung erstellen (§ 264 Abs. 1. Satz 2; § 297 Abs. 1 Satz 1 HGB). Da keine Vorgaben zu Inhalt und Struktur der Kapitalflussrechnung im Handelsrecht existieren, erfolgt ein Rückgriff auf den Deutschen Rechnungslegungsstandard 21 (DRS 21). Der DRS 21 ist wiederum stark an IAS 7 angelehnt.

Die Kapitalflussrechnung ist nach IFRS rechtsformunabhängig Pflichtbestandteil des Abschlusses und soll den Unternehmensadressaten finanzielle Informationen vermitteln, die der Bilanz nicht oder nur mittelbar entnommen werden können. Insbesondere sollen sich die Adressaten über die Möglichkeiten des Unternehmens ein Bild verschaffen, Zahlungsüberschüsse (Cashflows) zu erwirtschaften, Investitionen zu tätigen, Schulden zu tilgen, Ausschüttungen vorzunehmen und kreditwürdig zu bleiben.

Die Zahlungsströme sind getrennt nach den Cashflows aus der laufenden Geschäfts-, der Investitions- und Finanzierungstätigkeit darzustellen. Für die Darstellung der Mittelzuflüsse/-abflüsse aus laufender Geschäftstätigkeit besteht ein Wahlrecht zwischen der direkten und indirekten Methode, wobei Letztere aufgrund ihrer Verbindung zum Jahresabschluss und der einfacheren Erstellung in der Unternehmenspraxis geläufig ist. Ansonsten ist die direkte Methode zwingend. Beim Ausweis wird die Staffelform empfohlen.

1.4.6 Eigenkapitalspiegel/-veränderungsrechnung

Kapitalmarktorientierte Kapitalgesellschaften, die keinen IFRS-Konzernabschluss erstellen, und Konzernunternehmen müssen neben der Kapitalflussrechnung auch einen Eigenkapitalspiegel erstellen (§ 264 Abs. 1. Satz 2; § 297 Abs. 1 Satz 1 HGB). Da keine Vorgaben zu Inhalt und Struktur der Eigenkapitalveränderungsrechnung existieren, erfolgt ein Rückgriff auf DRS 7 (künftig E-DRS 29). Der DRS 7 ist wiederum stark an die Vorgaben in IAS 1 angelehnt.

Der Eigenkapitalspiegel ist nach IFRS Pflichtbestandteil des Abschlusses über alle Rechtsformen und soll die Investoren über die Veränderungen des Eigenkapitals während des Geschäftsjahres informieren (IAS 1). Neben erfolgsneutralen Eigenkapitalveränderungen durch Transaktionen zwischen Unternehmen und Anteilseignern werden bestimmte Sachverhalte ergebnisneutral als sonstiges Ergebnis (OCI) erfasst. Als Mindestangaben der Eigenkapitalveränderungsrechnung werden in IAS 1.106
- der Periodengesamterfolg (erfolgsneutrale und -erfolgswirksame Erträge und Aufwendungen),
- die Auswirkungen der gemäß IAS 8 erfassten Änderungen der Bilanzierungs- und Bewertungsmethoden sowie der Fehlerberichtigungen und
- die Überleitung sämtlicher Eigenkapitalkomponenten von Periodenbeginn zum -ende angeführt.

Eine spezielle Darstellungsform ist nicht vorgeschrieben.

1.4.7 Segmentbericht

In Abgrenzung zu den anderen Elementen des HGB-Abschlusses und mit Ausnahme der Umsatzsegmentierung im Anhang ist der Segmentbericht für alle Unternehmen freiwillig (§ 264 Abs. 1 Satz 2; § 297 Abs. 1 Satz 2 HGB). Da keine Vorgaben zu Inhalt und Struktur der Segmentberichterstattung im Handelsrecht existieren, erfolgt ein Rückgriff auf den DRS 3, der wiederum an IFRS 8 angelehnt ist.

In Abgrenzung zu den sonstigen IFRS-Pflichtelementen müssen lediglich kapitalmarktorientierte Unternehmen einen Segmentbericht nach IFRS 8 erstellen. Die Segmentberichterstattung soll zur Information der Adressaten über die Art und finanziellen Auswirkungen der einzelnen Geschäftstätigkeiten sowie des wirtschaftlichen Umfelds beitragen.

Ein Geschäftssegment ist nach IFRS 8.5 ein Unternehmensbestandteil, in dem Geschäftätigkeiten betrieben werden, die Erträge und Aufwendungen generieren. Die betreffenden Segmentergebnisse müssen weiterhin in der Verantwortung des Managements liegen und durch separate Finanzinformationen gesteuert werden. Als Schwellenwerte der Segmentabgrenzung sind jeweils 10 Prozent der Gesamterträge, des Gesamtergebnisses sowie des Gesamtvermögens in IFRS 8.13 kodifiziert.

Die Segmentinformation betrifft die Art der Produkte oder Dienstleistungen jedes berichtspflichtigen Segments (allgemeine Informationen), externe und intersegmentäre Erträge (Informationen zur Ertrags- und Vermögenslage des Segments) sowie wichtige Kunden (segmentübergreifende Informationen).

1.5 Grundlegende bilanzielle Bewertungsbegriffe

1.5.1 Anschaffungskosten

Anschaffungskosten sind der Bewertungsmaßstab für von Dritten erworbene Vermögensgegenstände. Sie enthalten alle Aufwendungen, um den Vermögensgegenstand zu erwerben und ihn in einen betriebsbereiten Zustand zu versetzen (§ 255 Abs. 1 Satz 1 HGB). Anschaffungsnebenkosten (z.B. Frachtgebühren) sowie nachträgliche Anschaffungskosten sind hinzuzuziehen, Anschaffungspreisminderungen (z.B. Boni) abzuziehen. Fremdkapitalzinsen dürfen grundsätzlich nicht einbezogen werden.

Vergleichbar zum HGB gehören zu den Anschaffungskosten nach IFRS neben dem Erwerbspreis die Einfuhrzölle und nicht erstattungsfähige (Erwerbs-)Steuern, Transport- und Verbringungskosten sowie alle sonstigen Kosten (Anschaffungsnebenkosten), die sich dem Anschaffungsvorgang direkt zurechnen lassen und dazu dienen, den Vermögenswert in einen betriebsbereiten Zustand zu versetzen (IAS 2.10 f.; 16.16 f.). Preisnachlässe sind als Anschaffungskostenminderungen abzuziehen (IAS 2.11; 16.16; 38.27). Ferner kann unter bestimmten Bedingungen nach IAS 20 eine Minderung der Anschaffungskosten um staatliche Zuschüsse erfolgen (IAS 16.28; 38.44). Aufwendungen, die im Zusammenhang mit betriebsbereiten oder erworbenen Vermögenswerten anfallen, sind nachträgliche Anschaffungskosten, wenn sie verlässlich bestimmbar und dem Vermögenswert direkt zurechenbar sind

(IAS 16.13; 38.68). Finanzierungskosten[5] sind nach IAS 23 zwingend als Bestandteil der Anschaffungskosten anzusetzen, sofern Erstere direkt der Anschaffung eines qualifizierten Vermögenswerts dienen und bei denen das Versetzen in einen betriebs- oder verkaufsbereiten Zustand einen längeren Zeitraum erfordert. Zudem muss ein zukünftiger wirtschaftlicher Nutzen für das Unternehmen wahrscheinlich und der Kostenfaktor zuverlässig kalkulierbar sein (IAS 23.8). Erwartete Aufwendungen für Abbruch, Rückbau oder Entsorgung eines Vermögenswertes erhöhen deren Anschaffungskosten [IAS 16.16 (c)], soweit eine entsprechende Verpflichtung besteht, für die nach IAS 37 eine Rückstellung zu bilden ist.

1.5.2 Herstellungskosten

Die Herstellungskosten sind Bewertungsmaßstab für unfertige und fertige Erzeugnisse bzw. Leistungen sowie für sonstige selbsterstellte Vermögensgegenstände. Sie umfassen Aufwendungen, die durch den Güterverbrauch und die Inanspruchnahme von Diensten für die Herstellung eines Vermögensgegenstands, für die Erweiterung oder für eine wesentliche Verbesserung entstehen (§ 255 Abs. 2 Satz 1 HGB). Es wird in Einzel- und Gemeinkosten einerseits und in Material-, Fertigungs-, Verwaltungs- und Vertriebskosten andererseits unterschieden. Pflichtbestandteile der Herstellungskosten sind die Material- und Fertigungskosten (sowohl (Sonder-)Einzel- als auch Gemeinkosten), zu denen auch der Werteverzehr des Anlagevermögens zählt (§ 255 Abs. 2 Satz 2 HGB). Wahlweise können überdies die Kosten der allgemeinen Verwaltung, der Altersversorgung und der freiwilligen Sozialleistungen einbezogen werden (§ 255 Abs. 2 Satz 3 HGB). Ein bedingtes Einbeziehungswahlrecht besteht für Fremdkapitalzinsen nach § 255 Abs. 3 Satz 2 HGB, sofern diese direkt zurechenbar sind. Einbeziehungsverbote sind in § 255 Abs. 2 Satz 4 i.V.m. § 255 Abs. 3 Satz 1 HGB für Forschungs- und Vertriebskosten kodifiziert. Bei wahlweise nach § 248 Abs. 2 Satz 1 HGB aktivierten, selbst geschaffenen immateriellen Anlagegütern bilden die auf die Entwicklungsphase entfallenden Aufwendungen die bilanziellen Herstellungskosten (§ 255 Abs. 2a Satz 1 HGB), sofern die Forschungs- und Entwicklungsphase verlässlich voneinander getrennt werden können.

Die Herstellungskosten umfassen nach IFRS sämtliche Kosten, die in direkter Beziehung zum Produktionsvorgang stehen, sowie sonstige

---

5 Vgl. hierzu den Beitrag „Unternehmensfinanzierung" in diesem Buch.

Kosten, die zur Versetzung des Vermögenswerts an seinen gegenwärtigen Ort und Zustand anfallen (IAS 2.10; 16.22; 38.66). Die IFRS folgen dem produktionsbezogenen Vollkostenprinzip. Neben den Material- und Fertigungseinzelkosten sowie Sondereinzelkosten der Fertigung, die dem Produkt direkt zugerechnet werden können, müssen auch die Material- und Fertigungsgemeinkosten einbezogen werden (IAS 2.12). Dies setzt voraus, dass die Kosten einen direkten Bezug zur Produktion aufweisen; andernfalls ist keine Berücksichtigung im Rahmen der Herstellungskosten möglich. Die Verwaltungskosten sowie die Kosten für Sozialleistungen, Sozialeinrichtungen und die betriebliche Altersversorgung müssen in einen produktionsbezogenen Teil, für den ein Aktivierungsgebot gilt, und in einen nicht produktionsbezogenen Teil, der außer Ansatz bleibt, differenziert werden (IAS 2.15). Fremdkapitalkosten müssen in die Herstellungskosten einbezogen werden (IAS 2.17 i.V.m. 23.9), wenn sie direkt zur Herstellung eines qualifizierten Vermögenswerts zugerechnet werden können und es wahrscheinlich ist, dass dem Unternehmen aus den Fremdkapitalkosten ein künftiger Nutzen zufließt. Ein grundsätzliches Ansatzverbot ergibt sich aus IAS 2.16 (a) – (d) vor allem für Vertriebskosten, überhöhte Ausschussmengen sowie überhöhte Arbeits- und sonstige Produktionskosten und Lagerkosten, soweit sie nicht für notwendige Zwischenlager vor einer nachgelagerten Produktionsstufe anfallen. Sofern langfristige immaterielle Vermögenswerte hergestellt werden, sind die auf die Entwicklungsphase entfallenden Aufwendungen unter besonderer Berücksichtigung der Ansatzkriterien nach IAS 38 ansatzpflichtig, wobei für Forschungsaufwendungen ein Einbeziehungsverbot besteht.

1.5.3 Beizulegender Zeitwert (Fair Value)

Im Handelsrecht wird der beizulegende Zeitwert (Fair Value), von wenigen Ausnahmen abgesehen, vor dem Hintergrund des Vorsichtsprinzips lediglich als Vergleichswert zur außerplanmäßigen Abschreibung im Anlage- und Umlaufvermögen herangezogen.

In der IFRS-Rechnungslegung wird der Bewertung von Vermögenswerten und Schulden zum Fair Value eine höhere Bedeutung beigemessen. Der Fair Value ist u.a. relevant für die erfolgsneutrale Neubewertung von Sachanlagen (IAS 16), von immateriellen Vermögenswerten (IAS 38) sowie die erfolgswirksame Bewertung von Financial Instruments (IFRS 9), von als Finanzinvestition gehaltenen Immobilien (IAS 40) und biologischen Vermögenswerten (IAS 41). Eine einheitliche definitorische Abgrenzung und Ableitungskonzeption liegt mit IFRS 13 vor. Im

Zuge einer sog. Fair-Value-Hierarchie soll der Fair Value einheitlich aus einer Marktperspektive heraus geschätzt werden.

Die erste Stufe beinhaltet nach IFRS 13.76 Preise, die an einem aktiven und für das Unternehmen am Bewertungsstichtag zugänglichen Markt für mit dem Bewertungsgegenstand identische Vermögenswerte oder Schulden vorliegen (z.b. Aktienkurse). Auf der zweiten Stufe sind als Inputfaktoren für die Bewertung alle sonstigen Marktinformationen heranzuziehen, die auf einem Markt (direkt oder indirekt) beobachtbar sind (IFRS 13.81). Für viele der zum Fair Value bewerteten Abschlussposten wird mangels Marktnähe ein Rückgriff auf die dritte Stufe erforderlich sein. Hierunter fallen alle auf einem Markt nicht beobachtbaren Bewertungsfaktoren, welche z.b. im Rahmen einer Unternehmensbewertung Verwendung finden (IFRS 13.86). Sofern der Fair Value auf den Stufen 1 bis 3 nicht verlässlich zu ermitteln ist, werden je nach Bilanzposten nach den Einzelstandards ersatzweise die (fortgeführten) Anschaffungs- oder Herstellungskosten herangezogen (z.b. nach IAS 38.75).

2. Rechnungslegung auf Einzelabschlussebene

2.1 Bilanzierung von Vermögensgegenständen/Vermögenswerten

2.1.1 Sachanlagevermögen

Sachanlagen sind materielle Vermögensgegenstände, die dazu bestimmt sind, dauerhaft dem Geschäftsbetrieb zu dienen; ansonsten zählen sie zum Umlaufvermögen. Die Erstbewertung von Sachanlagen erfolgt im Handelsrecht zu Anschaffungs- und Herstellungskosten. Handelt es sich um einen abnutzbaren Vermögensgegenstand des Anlagevermögens (z.b. um eine Maschine; Gegenbeispiel: Grundstück) ist dieser planmäßig über die betriebswirtschaftliche Nutzungsdauer abzuschreiben (§ 253 Abs. 3 HGB). Je nach vermutetem Entwertungsverlauf kommt wahlweise eine Abschreibung mit fallenden Beträgen (degressive Abschreibung), mit steigenden Beträgen (progressive Abschreibung) oder nach der Leistungsabgabe (z.b. gefahrene Kilometer beim Pkw) in Betracht. Anderenfalls wird ein linearer Abschreibungsverlauf mit konstanten Abschreibungsbeträgen unterstellt. Auch Kombinationen der Methoden sind möglich.

Zum Bilanzstichtag ist das Vermögen hinsichtlich seiner Werthaltigkeit zu überprüfen. Liegt der beizulegende Wert einer Sachanlage dauerhaft unter dem Buchwert, ist nach dem strengen Niederstwertprinzip in Höhe der Differenz eine außerplanmäßige Abschreibung erforderlich (§ 253 Abs. 3 HGB). Ist die Wertminderung voraussichtlich nur vorübergehend, ist der (höhere) Buchwert beizubehalten.

Soweit die Gründe für eine außerplanmäßige Abschreibung entfallen sind, besteht nach § 253 Abs. 5 Satz 1 HGB eine Zuschreibungspflicht, wobei der Buchwert nach Wertaufholung weder den beizulegenden Wert zum Bilanzstichtag noch die fortgeführten Anschaffungs- oder Herstellungskosten gemäß dem ursprünglichem Abschreibungsplan überschreiten darf.

Strittig ist, ob eine Zerlegung in Komponenten mit unterschiedlicher Abschreibung zulässig ist. Obgleich etwa beim Austausch eines Daches eine Erweiterung des Nutzungspotentials, die eine Aktivierung als nachträgliche Anschaffungs- oder Herstellungskosten rechtfertigt, nicht stattfindet, soll nach Auffassung des Instituts der Wirtschaftsprüfer in Deutschland e.V. (IDW) der Komponentenansatz unter bestimmten Bedingungen handelsrechtlich zulässig sein (IDW [RH HFA 1.016] Tz. 5). Voraussetzung ist lediglich, dass der Austausch einer physischen Komponente erfolgt.

Sachanlagen sind auch nach IFRS materielle Vermögenswerte, die (dauerhaft) für Zwecke der Herstellung oder Lieferung von Gütern und Dienstleistungen, zur Vermietung an Dritte oder für Verwaltungszwecke gehalten werden und die erwartungsgemäß länger als eine Periode genutzt werden (IAS 16.6). Die Erstbewertung von Sachanlagen erfolgt zu Anschaffungs- und Herstellungskosten. Nach IAS 16.13 i.V.m. 16.43 ist bei der Bewertung von Sachanlagen eine Aufteilung in die einzelnen Komponenten (Komponentenansatz) erforderlich, sofern der Vermögenswert aus Komponenten mit unterschiedlichen Nutzungsdauern besteht, die regelmäßig und ggf. mehrmals während der Gesamtnutzungsdauer eines Vermögenswerts ausgetauscht werden und jede Komponente einen signifikanten Teil der Anschaffungs- oder Herstellungskosten ausmacht.

Sachanlagen können im Rahmen der Folgewertung entweder nach dem Anschaffungs- oder Herstellungskostenmodell oder zum beizulegenden Zeitwert bewertet werden (Neubewertungsmethode). Im Rahmen der planmäßigen Abschreibung kommen die lineare, geometrischdegressive und leistungsabhängige Abschreibung sowie Kombinationsformen in Betracht (IAS 16.60). Die Neubewertungsmethode führt zur erfolgsneutralen Erfassung einer positiven Wertdifferenz zwischen dem beizulegenden Zeitwert und dem Buchwert im sonstigen Ergebnis (OCI) bzw. in einer Neubewertungsrücklage, vorausgesetzt, es ist in der Vergangenheit kein Neubewertungsverlust erfolgswirksam verrechnet worden (IAS 16.39), denn gemäß IAS 36.9 besteht eine grundsätzliche Verpflichtung, an jedem Bewertungsstichtag zu überprüfen, ob Anzeichen für eine Wertminderung vorliegen. Liegen entsprechende Indikatoren für eine Wertminderung vor, muss ein Wertminderungstest durchgeführt werden (IAS 36.9). Eine außerplanmäßige Abschreibung ist vorzunehmen, falls der erzielbare Betrag geringer als der Buchwert des betreffenden Vermögenswertes ist. Soweit der Grund für die Wertminderung entfallen ist, ist eine Zuschreibung des Buchwerts auf den erzielbaren Betrag vorzunehmen (IAS 36.104). Die Wertobergrenze der Wertaufholung stellt derjenige Betrag dar, welcher sich bei Vornahme planmäßiger Abschreibungen ohne zwischenzeitliche Abwertung ergeben hätte (IAS 36.117). Soweit einzelne Vermögenswerte nur im Verbund mit anderen Vermögenswerten Einzahlungen generieren können, findet dementsprechend der Wertminderungstest auf der Ebene einer sogenannten zahlungsmittelgenerierenden Einheit (Cash Generating Unit = CGU) statt.

2.1.2 Immaterielle Vermögensgegenstände/-werte

Immaterielle Anlagegüter sind selbständig verwertbare Güter, die keine oder nur eine unwesentliche physische Substanz aufweisen und dauerhaft dem Geschäftsbetrieb dienen; bei nicht dauerhafter Zweckbestimmung zählen sie zum Umlaufvermögen. Die bilanzielle Behandlung von immateriellen Anlagegütern entspricht weitgehend dem Vorgehen bei Sachanlagen. Ein wesentlicher Unterschied besteht bei selbst geschaffenen Gütern. Nur bestimmte selbsterstellte immaterielle Vermögensgegenstände des Anlagevermögens sind bilanzierungsfähig (Wahlrecht nach § 248 Abs. 2 Satz 1 HGB). Schwer greifbare Güter, wie z.B. Markennamen oder Kundenlisten, sind von einem Bilanzansatz ausgeschlossen (§ 248 Abs. 2 Satz 2 HGB). Zur Ermittlung der Herstellungskosten muss bei selbsterstellten immateriellen Anlagegütern eine verlässliche Abgrenzung zwischen Forschungs- und Entwicklungsphase möglich sein (§ 255 Abs. 2a HGB), ansonsten sind sämtliche Ausgaben für Forschung- und Entwicklung aufwandswirksam zu erfassen. Aktivierungsfähig sind nur die in der Entwicklungsphase angefallenen Aufwendungen, die bei Kapitalgesellschaften eine Ausschüttungssperre nach sich ziehen (§ 268 Abs. 8 HGB).

Immaterielle Vermögenswerte sind auch nach IFRS langfristige Vermögenswerte, die im Gegensatz zu Sachanlagen keine oder nur eine unwesentliche physische Substanz aufweisen (IAS 38.8 und 38.4). Der Ansatz eines immateriellen Vermögenswerts setzt die Identifizierbarkeit voraus, d.h. das Gut muss vom Goodwill separierbar oder mit einem Rechtsanspruch verbunden sein. Die Bewertung von entgeltlich erworbenen immateriellen Vermögenswerten erfolgt weitgehend analog zu den Sachanlagen nach IAS 16. Als Besonderheiten des IAS 38 sind zu nennen:

- Die Neubewertungsmethode setzt das Vorhandensein eines aktives Marktes voraus (IAS 38.75). Da dieser nur vorliegt, wenn homogene Güter auf einem preistransparenten und liquiden Markt gehandelt werden, kommt eine Neubewertung nur etwa für Taxi- und Fischereilizenzen in Betracht. Patente u.a. immaterielle Werte sind gerade durch ihre Individualität gekennzeichnet und keinesfalls homogen.
- Bei immateriellen Vermögenswerten stellt eine lineare Abschreibung den Regelfall dar, während die Anwendung sonstiger Abschreibungsverfahren nach IAS 38.98 nur ausnahmsweise angewendet werden kann.
- Immaterielle Vermögenswerte mit unbestimmbarer Nutzungsdauer dürfen nicht planmäßig abgeschrieben werden (IAS 38.88). Stattdessen ist ein jährlicher Wertminderungstest unabhängig vom Vorliegen eines Wertminderungsindikators obligatorisch durchzuführen (IAS 38.108).

Selbsterstellte immaterielle Anlagegüter unterliegen zusätzlichen Ansatzbedingungen: Zunächst muss der Erstellungsprozess eines immateriellen Vermögenswerts analog zum HGB in eine Forschungs- und Entwicklungsphase unterteilt werden (IAS 38.52). Nur die im Rahmen der Entwicklungsphase anfallenden Herstellungskosten sind potentiell zu aktivieren (IAS 38.57). Ist eine verlässliche Abgrenzung der Entwicklungs- von der Forschungsphase nicht möglich, sind sämtliche Herstellungskosten ergebnismindernd zu verbuchen (IAS 38.53). Die in der Entwicklungsphase anfallenden Kosten sind trotz Vorliegen der allgemeinen Ansatzkriterien nur aktivierungsfähig, soweit weitergehende spezielle Ansatzkriterien nachgewiesen werden (IAS 38.57 (a) – (f)). „Goodwill-nahe" selbstentwickelte immaterielle Vermögenswerte, z.B. Markennamen oder Kundenlisten, unterliegen einem generellen Aktivierungsverbot (IAS 38.63).

2.1.3 Geschäfts- oder Firmenwert/Goodwill

Der derivative Geschäfts- oder Firmenwert (Goodwill) stellt den Unterschiedsbetrag zwischen dem Kaufpreis eines (Teil-)Unternehmens und dem Wertansatz des übernommenen Nettovermögens dar. In Abgrenzung zum selbsterstellten Goodwill, der nicht ansatzfähig ist (Umkehrschluss aus § 246 Abs. 1 HGB), gilt der derivative Geschäfts- oder Firmenwert im Handelsrecht als abnutzbarer Vermögensgegenstand (§ 246 Abs. 1 Satz 4 HGB).

Nach § 246 Abs. 1 Satz 4 i.V.m. § 253 Abs. 3 Satz 1 HGB ist eine planmäßige Abschreibung über die betriebsgewöhnliche Nutzungsdauer zwingend. Aus der Anhangangabe gem. § 285 Nr. 13 HGB ist zu folgern, dass der Gesetzgeber eine widerlegbare fünfjährige Nutzungsdauer unterstellt. Bei einer dauerhaften Wertminderung ist eine außerplanmäßige Abschreibung zwingend (§ 253 Abs. 3 Satz 3 HGB). Nach § 253 Abs. 5 Satz 2 HGB darf der derivative Geschäfts- oder Firmenwert auch zur Wertaufholung nach einer außerplanmäßigen Abschreibung nicht wieder zugeschrieben werden.

Analog zum HGB besteht auch nach IFRS für einen selbsterstellten (originären) Geschäfts- oder Firmenwert ein Aktivierungsverbot und für den derivativen Goodwill ein Aktivierungsgebot. Der derivative Geschäfts- oder Firmenwert stellt im Rahmen eines Unternehmenserwerbs die Differenz zwischen der erbrachten Gegenleistung und dem Fair Value des übernommenen Nettovermögens dar. Dabei sieht IFRS 3.19 ein Wahlrecht zwischen einer Aktivierung des beteiligungsproportionalen Goodwill, der auf den Mehrheitsgesellschafter eines Tochterunternehmens entfällt, und dem sog. Full Goodwill vor, welcher auf die Mehrheits- und Minderheitengesellschafter zugerechnet wird.

Der derivative Goodwill wird nach IFRS 3.54 als nicht abnutzbarer Vermögenswert angesehen und ist daher nur außerplanmäßig abzuschreiben (Impairment-Only-Approach) Zur Vermeidung einer Nachaktivierung eines originären Goodwill besteht nach IAS 36.114 ein Zuschreibungsverbot.

Im Rahmen des Wertminderungstests ist nach IAS 36.66 eine Durchbrechung des Einzelbewertungsgrundsatzes erforderlich, wenn eine verlässliche Bestimmung des erzielbaren Betrags für einen einzelnen Vermögenswert nicht möglich ist. Dies gilt insbesondere für den derivativen Goodwill; daher ist der Wertminderungstest des Goodwill auf der Ebene einer oder mehrerer zahlungsmittelgenerierenden Einheiten (CGU) vorzunehmen (sog. Goodwill-tragende CGU). Soweit der erzielbare Betrag den Buchwert des Eigenkapitals unterschreitet, muss eine außerplanmäßige Abschreibung erfolgen. Ferner muss zusätzlich ein unterjähriger Test vorgenommen werden, wenn gemäß IFRS 3.55 i.V.m. IAS 36.10 konkrete Anhaltspunkte für eine Wertminderung bestehen. Der Goodwill ist auf diejenigen CGUs zu verteilen, die erwartungsgemäß von den Synergieeffekten eines Unternehmenszusammenschlusses in Form von Cashflows profitieren werden und deren Cashflows weitgehend unabhängig von denen anderer Vermögenswerte sind. Als Höchstgrenze wird bei der Bildung von CGUs gefordert, dass diese die Größe eines Segments nicht überschreiten dürfen (Segmentrestriktion).

2.1.4 Vorratsvermögen

Zu den Vorräten gehören Handelswaren, Roh-, Hilfs- und Betriebsstoffe, unfertige Erzeugnisse und Fertigerzeugnisse. Bei der Bewertung des Umlaufvermögens ist handelsrechtlich das strenge Niederstwertprinzip einzuhalten, so dass zum Bilanzstichtag das Minimum aus Anschaffungs- oder Herstellungskosten und einem niedrigeren Börsen- oder Marktpreis zum Ausweis gelangt. Soweit „ein Börsen- oder Marktpreis nicht festzustellen" ist, hat eine Abschreibung auf den beizulegenden Wert zu erfolgen. Bei Wegfall des Abschreibungsgrunds besteht eine Zuschreibungspflicht (§ 253 Abs. 5 Satz 1 HGB). Im Vorratsvermögen ist stets der niedrigere Wert aus Anschaffungs- bzw. Herstellungskosten und Stichtagswert anzusetzen. Zur Erleichterung der Bestandsbewertung können spezielle Bewertungsvereinfachungsmethoden (Durchschnittsmethode, Festbewertung, LiFo und FiFo) eingesetzt werden (§ 256 i.V.m. § 240 Abs. 3, 4 HGB).

Vorräte sind auch nach IFRS Vermögenswerte, die zum Verkauf im normalen Geschäftsgang gehalten werden, sich in der Herstellung für einen solchen Verkauf befinden oder die als Roh-, Hilfs- und Betriebsstoffe dazu bestimmt sind, bei der Herstellung oder der Erbringung von Dienstleistungen verbraucht zu werden (IAS 2.6). Im Vorratsvermögen muss stets der niedrigere Wert aus Anschaffungs- bzw. Herstellungskosten und Nettoveräußerungswert angesetzt werden (IAS 2.9). Im Vorratsvermögen können auch bestimmte Bewertungsvereinfachungsmethoden angewendet werden (IAS 2.24-27; Durchschnittsmethode und FiFo). Eine Festbewertung ist grds. unzulässig, kann allerdings ggf. mit dem Wesentlichkeitsprinzip begründet werden.

2.1.5 Finanzinstrumente

Im Gegensatz zum HGB ist nach IFRS für Finanzanlagen kein eigenständiger Bilanzposten vorgesehen; vielmehr stellen diese eine Teilmenge der finanziellen Vermögenswerte (Finanzinstrumente) dar. IAS 32.11 definiert ein Finanzinstrument als „Vertrag, der gleichzeitig bei dem einen Unternehmen zu einem finanziellen Vermögenswert und bei dem anderen Unternehmen zu einer finanziellen Verbindlichkeit oder einem Eigenkapitalinstrument führt." Die finanziellen Vermögenswerte umfassen nach IAS 32.11 z.b. folgende Sachverhalte:
- Eigenkapitalinstrumente eines anderen Unternehmens (z.b. Aktien),
- vertragliche Rechte zum Erhalt flüssiger Mittel oder anderer finanzieller Vermögenswerte von einem anderen Unternehmen oder
- vertragliche Rechte auf Tausch von finanziellen Vermögenswerten oder Schulden mit einem anderen Unternehmen zu potentiell vorteilhaften Bedingungen (z.B. Wandelschuldverschreibung).

Die für die Bewertung maßgebliche Klassifizierung erfolgt nach IFRS 9.4, der sowohl die Behandlung finanzieller Vermögenswerte als auch finanzieller Schulden regelt. Dabei wird in Eigenkapitalinstrumente, Derivaten und Schuldinstrumente unterschieden. Die Vermögenswerte und Schulden werden anhand bestimmter Kriterien in die beiden Bewertungskategorien „Amortised Cost" und „Fair Value" eingeteilt. Eine Anschaffungskostenbewertung kommt nur bei Fremdkapitalinstrumenten in Betracht, wobei diese dann bestimmten Wertminderungsregeln unterliegen. Für Derivate und Eigenkapitalinstrumente hat eine Bewertung zum Fair Value zu erfolgen, wobei nach IFRS 9.5.7.5 „beim erstmaligen Ansatz einer Finanzinvestition in ein Eigenkapitalinstrument (…), das nicht zu Handelszwecken gehalten wird, das unwiderrufliche Wahlrecht besteht, im Rahmen der Folgebewertung die Änderungen des beizulegenden Zeitwerts dieses Eigenkapitalinstruments im sonstigen Ergebnis darzustellen". Damit ist zumindest außerhalb des Handelsbestands eine erfolgsneutrale Fair-Value-Bewertung möglich. Die Bewertung von Handelsinstrumenten und Derivaten erfolgt hingegen erfolgswirksam.

2.2 Bilanzierung von Schulden

2.2.1 Verbindlichkeiten

Verbindlichkeiten zählen wie die Rückstellungen zu den Schulden und sind nach dem Vollständigkeitsprinzip (§ 246 Abs. 1 Satz 1 HGB) passivierungspflichtig. Der handelsrechtliche Bewertungsmaßstab für Verbindlichkeit ist analog zu den Rückstellungen der Erfüllungsbetrag (§ 253 Abs. 1 Satz 2 HGB).

Verbindlichkeiten ohne Zinsanteil dürfen handelsrechtlich nicht abgezinst werden. Eine Ausnahme besteht für auf Rentenverpflichtungen beruhende Verbindlichkeiten, für die eine Gegenleistung nicht mehr zu erwarten ist. In Abhängigkeit von der Art der Geschäftstätigkeit sind die Verbindlichkeiten nach IFRS in ihre kurz- und langfristigen Komponenten aufzuspalten. Nach IAS 1.69-76 liegen in den nachfolgenden Fällen kurzfristige Verbindlichkeiten vor:
- Erfüllung der Schuld innerhalb des normalen Geschäftszyklus,
- primär für Handelszwecke gehalten,
- Erfüllung der Schuld innerhalb von zwölf Monaten nach dem Bilanzstichtag,
- kein uneingeschränktes Recht, die Erfüllung der Schuld um mindestens zwölf Monate nach dem Bilanzstichtag zu verschieben.

Zudem wird zwischen finanziellen und sonstigen Verbindlichkeiten unterschieden. Die finanziellen Verbindlichkeiten umfassen als Teilmenge der Finanzinstrumente folgende Sachverhalte (IAS 32.11):
- vertragliche Verpflichtungen, einem anderen Unternehmen flüssige Mittel oder einen anderen finanziellen Vermögenswert zu liefern oder mit einem anderen Unternehmen finanzielle Vermögenswerte oder Verbindlichkeiten zu potentiell nachteiligen Bedingungen zu tauschen, oder
- einen Vertrag, der in Eigenkapitalinstrumenten des Unternehmens erfüllbar ist.

Finanzielle Verbindlichkeiten sind gemäß dem erhaltenen Gegenwert der Verbindlichkeit zum Fair Value zu bewerten. Den sonstigen Verbindlichkeiten werden als Residualgröße sämtliche nicht finanzielle Verbindlichkeiten subsumiert. Hierzu zählen in erster Linie Sach- und Dienstleistungsverpflichtungen sowie erhaltene Anzahlungen. Sonstige Verbindlichkeiten sind zu ihrem Rückzahlungsbetrag zu bewerten, der sich aus dem zukünftig zu erwartenden Ressourcenabfluss ergibt.

2.2.2 Sonstige Rückstellungen

Rückstellungen unterscheiden sich von den Verbindlichkeiten dadurch, dass sie im Hinblick auf das Bestehen oder der Höhe nach ungewiss sind (§ 249 Abs. 1 HGB). Neben zivil- bzw. öffentlich-rechtlichen Obliegenheiten existieren als Außenverpflichtungen auch wirtschaftliche (faktische) Verpflichtungen gegenüber Dritten, denen sich der Kaufmann nicht entziehen kann (z.b. Kulanzrückstellungen nach § 249 Abs. 1 Nr. 2 HGB). Der Zeitpunkt der Passivierung bestimmt sich nach der wirtschaftlichen Verursachung. Neben den Verbindlichkeitsrückstellungen sind handelsrechtlich Rückstellungen für drohende Verluste aus schwebenden Geschäften (Drohverlustrückstellungen) zu bilden (§ 249 Abs. 1 Satz 1 HGB), bei denen ein Verpflichtungsüberschuss besteht. Ferner müssen bei unterlassener Abraumbeseitigung und Instandhaltung sog. Aufwandsrückstellungen gebildet werden (§ 249 Abs. 1 Satz 2 Nr. 1 HGB). Diese Sachverhalte müssen jedoch innerhalb von einem Jahr bzw. drei Monaten nach dem Abschlussstichtag nachgeholt worden sein.

Die Auflösung von Rückstellungen ergibt sich zwangsläufig im Zeitpunkt der effektiven Inanspruchnahme des Unternehmens. Sofern die Rückstellung zu niedrig bzw. zu hoch dotiert war, ist eine erfolgswirksame Erfassung der Differenz zu verbuchen.

Nach IFRS dürfen als Rückstellungen nur Außenverpflichtungen (gegenüber Dritten) bilanziert werden (IAS 37.17 und 20), z.B. Rückstellungen für ungewisse Verbindlichkeiten und für drohende Verluste aus schwebenden Geschäften (IAS 37.14 i. V. m. 66–69). In IAS 37.14 wird vorausgesetzt, dass zum Stichtag eine gegenwärtige rechtliche oder faktische Außenverpflichtung vorliegt, die aus einem vergangenen Ereignis resultiert, einen wahrscheinlichen zukünftigen Abfluss von Ressourcen generiert und die eine verlässliche Schätzung der Rückstellungshöhe gewährleistet (IAS 37.15 i.V.m. IAS 37.23 und 26).

Rückstellungen sind mit ihrem bestmöglichen Schätzwert zu bewerten (IAS 37. 36). Eine Bewertung zum Barwert ist immer dann vorzunehmen, wenn gemäß IAS 37.45 ein wesentlicher Abzinsungseffekt anzunehmen ist. Bei Einzelverpflichtungen ist die wahrscheinlichste Ergebnisalternative anzusetzen (IAS 37.40). Bei einer Bandbreite möglicher gleichwahrscheinlicher Ergebnisse ist der Mittelwert zu passivieren. Eine differenzierte Vorgehensweise ergibt sich bei der Bewertung von Massenverpflichtungen, für die eine Wahrscheinlichkeitsverteilung möglicher Ergebnisse vorliegt. Hierbei ist nach dem „Gesetz der großen Zahl" der Erwartungswert heranzuziehen (IAS 37.39).

2.2.3 Pensionsrückstellungen

Bei Pensionsrückstellungen erfolgt eine handelsrechtliche Differenzierung in unmittelbare, mittelbare und pensionsähnliche Verpflichtungen. Unmittelbare Pensionsverpflichtungen mit ab dem 1. Januar 1987 erteilten Direktzusagen (Neuzusagen) unterliegen einer Passivierungspflicht (§ 249 Abs. 1 Satz 1 HGB i.V.m. Art. 28 Abs. 1 Satz 1 EGHGB). Bei Altzusagen, die vor dem 1. Januar 1987 gegeben wurden, sowie bei mittelbaren oder pensionsähnlichen Verpflichtungen besteht ein Passivierungswahlrecht (Art. 28 Abs. 1 Satz 2 EGHGB).

Da die Höhe der künftigen Inanspruchnahme nicht genau bestimmbar ist, schreibt § 253 Abs. 1 Satz 2 HGB vor, dass der Bewertungsmaßstab bei Rückstellungen der Erfüllungsbetrag der entsprechenden Verpflichtungen unter Berücksichtigung vernünftiger kaufmännischer Beurteilung ist. Bei Einzelverpflichtungen ist bei mehreren Schätzalternativen eher pessimistisch zu bewerten, so dass der ausgewiesene Betrag mit hoher Wahrscheinlichkeit die Verpflichtung abdecken wird. Liegen Massenverpflichtungen (z. B. Portfolien gleichartiger Garantieverpflichtungen) vor, erfolgt nach dem „Gesetz der großen Zahl" eine Orientierung am erwarteten Wert, wobei auch hier das Vorsichtsprinzip zu beachten ist.

Bei einer Restlaufzeit von über einem Jahr wird ein Barwert ausgewiesen. Die langfristigen Rückstellungen müssen nach § 253 Abs. 2 Satz 1 HGB grds. mit dem ihrer Restlaufzeit entsprechenden durchschnittlichen Marktzins der vergangenen sieben Geschäftsjahre diskontiert werden. Bei Pensionsrückstellungen besteht die handelsrechtliche Option, einheitlich mit einem für die Restlaufzeit von 15 Jahren gültigen Zinssatz über die tatsächliche Laufzeit abzuzinsen. Eine Besonderheit besteht, wenn Vermögensgegenstände speziell der Deckung einer Pensionszusage dienen und dem Zugriff der übrigen Gläubiger rechtlich entzogen sind. Das hierfür verwendete Deckungs- oder Planvermögen ist mit den Pensionsrückstellungen zu saldieren und zum beizulegenden Zeitwert zu bewerten (§ 246 Abs. 2 Satz 2; § 253 Abs. 1 Satz 4 HGB).

Nach IFRS gilt bei Pensionsrückstellungen ein Ansatzgebot für alle Verpflichtungen, für die das Unternehmen (in)direkt leistungspflichtig ist. Gemäß IAS 19.27 hat eine Unterscheidung in beitrags- und leistungsorientierte Vertragsgestaltungen zu erfolgen. Beitragsorientierte Pensionspläne sehen lediglich eine aufwandswirksame Verbuchung der anfallenden Zahlungsverpflichtungen an den externen Versorgungsträger vor, z.b. einen Pensionsfonds. Eine Rückstellungspassivierung scheidet im Regelfall aus. Leistungsorientierte Pensionsgestaltungen erfüllen hingegen die Tatbestandsvoraussetzungen einer ungewissen Verbindlichkeit nach IFRS (Rückstellungsgebot). Es besteht eine Passivierungspflicht in Höhe der leistungsorientierten Pensionsverpflichtung, sofern keine Deckung durch Planvermögen vorliegt.

Nach IAS 19.67 ist bei Pensionsrückstellungen die Methode der laufenden Einmalprämien verbindlich, wobei zur Abzinsung nach IAS 19.83 ein Marktzins für erstrangige, festverzinsliche Industrieanleihen herangezogen wird. Demografische und finanzielle Faktoren sind zwingend zu berücksichtigen, welche sich auf die Höhe der Rückstellungen auswirken. Dabei wird das Planvermögen mit den Pensionsrückstellungen verrechnet und der Saldo zum beizulegenden Zeitwert ausgewiesen.

2.3 Bilanzierung von Eigenkapital

Das Eigenkapital zeigt den (Residual-)Anspruch der Eigentümer am Gesellschaftsvermögen. Bei Kapitalgesellschaften setzt sich das Eigenkapital aus den handelsrechtlichen Hauptkomponenten Gezeichnetes Kapital, Kapitalrücklage, Gewinnrücklagen, Gewinn-/Verlustvortrag sowie Jahresüberschuss/-fehlbetrag zusammen (§ 266 Abs. 3A, § 268 Abs. 1 Satz 2 und § 272 Abs. 1-3 HGB). Sofern das Eigenkapital bei Kapitalgesellschaften vollständig aufgezehrt ist, liegt eine bilanzielle Überschuldungssituation des Unternehmens vor, die durch die Bezeichnung „Nicht durch Eigenkapital gedeckter Fehlbetrag" bilanziell gezeigt werden muss (§ 268 Abs. 3 HGB). Das Gezeichnete Kapital ist zum Nennbetrag zu bewerten (§ 272 Abs. 1 Satz 2 HGB), der dem Nennwert des Grund- (AG) bzw. des Stammkapitals (GmbH) entspricht. Laut § 9 Abs. 2 AktG ist aber die Ausgabe von Aktien zu einem höheren Betrag als dem Nennwert möglich. Die Differenz zwischen dem höheren Betrag und dem Nennwert (Agio) ist in die Kapitalrücklage einzustellen (§ 272 Abs. 2 Nr. 1 HGB), wodurch das Grundkapital auch in diesem Fall zum Nennwert ausgewiesen wird. Einbehaltene Gewinne werden in die Gewinnrücklagen eingestellt (§ 272 Abs. 3 HGB). Während eigene Anteile (§ 272 Abs. 1a HGB) und noch nicht eingeforderte ausstehende Einlagen offen vom Gezeichneten Kapital abzusetzen sind, werden eingeforderte ausstehende Einlagen gesondert unter den Forderungen erfasst (§ 272 Abs. 1 Satz 3 HGB).

Nach den IFRS ist ein Eigenkapitalinstrument ein Vertrag, der einen Residualanspruch an den Vermögenswerten eines Unternehmens nach Abzug aller Schulden begründet (IAS 32.11). Dabei dürfen insbesondere keine vertraglichen Verpflichtungen bestehen, flüssige Mittel oder finanzielle Verpflichtungen zu übertragen (IAS 32.16). Das Gezeichnete Kapital bei Kapitalgesellschaften wird auch nach IFRS zum Nennwert bewertet. Hinsichtlich der Zugangsbewertung von Eigenkapitalinstrumenten enthalten die IFRS keine spezifischen Regelungen. Aus der Perspektive des Emittenten fallen diese nicht in den Anwendungsbereich von IFRS 9. Vor diesem Hintergrund ist bei Eigenkapitalinstrumenten im Emissionszeitpunkt eine Bewertung zum beizulegenden Zeitwert der Gegenleistung vorzunehmen, wobei eine dem Fremdkapital vergleichbare Folgebewertung entfällt.

2.4 Bilanzierung von Rechnungsabgrenzungsposten (RAP)

Neben den Vermögensgegenständen und Schulden unterscheidet das Handelsrecht zwischen aktiven und passiven sowie zwischen transitorischen und antizipativen Rechnungsabgrenzungsposten (RAP). Die Bildung von RAP ist auf transitorische Fälle beschränkt, während bei antizipativen Fällen ein Ausweis als sonstige Forderungen oder Verbindlichkeiten erfolgt. Bei einem aktiven RAP sind Ausgaben vor dem Bilanzstichtag entstanden, die Aufwand für eine bestimmte Zeit nach diesem Tag darstellen (§ 250 Abs. 1 Satz 1 HGB). Bei einem passivem RAP sind Einnahmen vor dem Bilanzstichtag entstanden, die Ertrag für eine bestimmte Zeit nach diesem Tag darstellen (§ 250 Abs. 2 HGB).

Sofern bei einer Kreditaufnahme eine Differenz zwischen höherem Rückzahlungsbetrag und niedrigerem Ausgabebetrag (sog. Disagio) resultiert, darf ein aktiver RAP gebildet werden (§ 250 Abs. 3 HGB) und über die Kreditlaufzeit aufgelöst werden.

In der IFRS-Rechnungslegung ist ein eigenständiger Bilanzausweis von RAP i.d.R. nicht vorgesehen, da ein entsprechender Ausweis unter den Vermögenswerten und Schulden grds. erfolgt.

Literatur

Freidank, C.-Chr./Velte, P.: Rechnungslegung und Rechnungslegungspolitik, 2. Aufl., München, 2013.
Freidank, C.-Chr./Lachnit, L./Tesch, J. (Hrsg.): Vahlens Großes Auditing Lexikon, München, 2007.

Risikomanagement

Carl-Christian Freidank

> **Abstract**
>
> Unter Auslegung von § 91 Abs. 2 AktG hat sich in Wissenschaft und Praxis die Auffassung durchgesetzt, dass das Risikomanagementsystem (RMS) aus den Aufbaukomponenten Internes Überwachungs-, Controlling- und Früherkennungssystem besteht und der Ablaufprozess des RMS innerhalb des Unternehmens unter Berücksichtigung der Identifikation, Analyse, Bewertung, Steuerung, Controlling und Berichterstattung von Risiken erfolgen muss. Hieraus ergeben sich wichtige Hinweise für den Aufsichtsrat und den Abschlussprüfer, die gemäß § 111 Abs. 1 AktG und § 317 Abs. 4 HGB verpflichtet sind, das vom Vorstand eingerichtete RMS auf seine Recht-, Ordnungsmäßigkeit sowie Zweckmäßig- und Wirtschaftlichkeit zu prüfen.

10 Fragen

1. Aus welchen Komponenten setzt sich das Interne Überwachungssystem eines Unternehmens zusammen?
2. Warum hat der Aufsichtsrat kein unmittelbares Zugriffsrecht auf die Interne Revision?
3. Welche Aufgaben hat das Interne Kontrollsystems eines Unternehmens zu erfüllen?
4. Wie würden Sie den Begriff des unternehmerischen Risikos umschreiben und welche Bedeutung besitzt dieser Terminus im Rahmen der Unternehmenspolitik?
5. Was verstehen Sie unter der Kennzahl „Value at Risk"?
6. Welche Methoden der Risikoanalyse und Risikobewertung sind Ihnen bekannt?
7. Was verstehen Sie unter einer sog. „Risk Map" und welche Struktur sollte dieses Instrument aufweisen?
8. Welche grundlegenden Methoden der Risikosteuerung sind Ihnen bekannt?
9. Wie könnten Risikocontrolling und Risikoreporting innerhalb eines Unternehmens IT-gestützt organisiert werden?
10. Wie unterscheiden sich die Ordnungs-, Recht-, Zweckmäßigkeits- und Wirtschaftprüfung des Risikomanagementsystems durch den Aufsichtsrat? Hat der Abschlussprüfer ähnliche Aufgaben?

1. Überblick

1.1 Rechtliche Rahmenbedingungen

Der Gesetzgeber hat mit der Kodifizierung des Gesetzes zur Kontrolle und Transparenz im Unternehmensbereich (KonTraG) vom 27. 04. 1998 auf die Defizite im Überwachungssystem deutscher Unternehmen reagiert. In diesem Zusammenhang kommt dem eingefügten § 91 Abs. 2 AktG besondere Bedeutung zu, nach dem der Vorstand von Aktiengesellschaften ein sog. Risikomanagementsystem (RMS) einzurichten hat, „ damit den Fortbestand der Gesellschaft gefährdende Entwicklungen früh erkannt werden".[1] Zudem muss der Abschlussprüfer bei börsennotierten Aktiengesellschaften zusätzlich im Rahmen der Abschlussprüfung beurteilen, ob der Vorstand das RMS nach § 91 Abs. 2 AktG installiert hat und ob dieses Überwachungssystem seine Aufgaben erfüllen kann (§ 317 Abs. 4 HGB). Im Rahmen der 6. Novelle zum Gesetz über das Kreditwesen ist bereits im Jahre 1997 ebenfalls ein neuer § 25 a KWG eingefügt worden, der mit § 91 Abs. 2 AktG vergleichbare organisatorische Überwachungsvorkehrungen von allen Kredit- und Finanzdienstleistungsinstituten verlangt. Diese Normierungen sind durch das Capital Requirement Directive VI-Umsetzungsgesetz vom 28.08.2013 vollständig novelliert worden.

Die Vorschrift des § 91 Abs. 2 AktG ist im Zusammenhang mit der Regelung von § 76 Abs. 1 AktG zu sehen, nach der der Vorstand die Gesellschaft unter eigener Verantwortung leitet. Hieraus ergeben sich für die Vorstandsmitglieder bestimmte Organisationspflichten, die zum Zwecke der Sicherung des Unternehmensfortbestandes erfüllt werden müssen. Vor diesem Hintergrund könnte die Auffassung vertreten werden, dass die Installation eines RMS schon immer zu den Pflichten des Vorstands gehört hat und § 91 Abs. 2 AktG mithin lediglich eine Verdeutlichung bzw. Konkretisierung von Überwachungsaufgaben der Unternehmensleitung beabsichtigt und damit Selbstverständliches und Entbehrliches enthält. Wie aber zu zeigen sein wird, führt genannte Erweiterung zu elementaren Änderungen der Aufgaben aller unternehmerischen Überwachungsträger (Vorstand, Aufsichtsrat, Abschlussprüfer).

---

[1] Diese aktienrechtliche Regelung hat auch Ausstrahlungswirkung auf andere Unternehmensformen.

Allerdings hat der Gesetzgeber darauf verzichtet festzulegen, welche Maßnahmen der Vorstand im Einzelnen in Bezug auf die Ausgestaltung des in Rede stehenden RMS treffen muss. Es ist zu vermuten, dass eine Konkretisierung der Struktur und auch der Funktionen eines solchen Systems den Grundsätzen ordnungsmäßiger Unternehmensüberwachung unter Berücksichtigung internationaler Entwicklungen überlassen werden sollte. Zudem wäre mit einer abschließenden gesetzlichen Regelung nicht die Möglichkeit der laufenden Anpassung an neuere Überwachungsgrundsätze verbunden gewesen.

In Wissenschaft und Praxis hat sich die Auffassung durchgesetzt, dass das RMS aus den Aufbaukomponenten Internes Überwachungs-, Früherkennungs- und Controllingsystem besteht und der Prozess des RMS, wie Abbildung 1 verdeutlicht, innerhalb des Unternehmens stufenweise unter Berücksichtigung der Identifikation, Analyse, Bewertung, Steuerung, Controlling und Berichterstattung von Risiken erfolgen sollte.[2]

Zum Internen Überwachungssystem gehören sowohl das Interne Kontrollsystem (IKS) als auch die Interne Revision (IR). Während das IKS sie Summe aller prozessabhängigen, permanenten Kontrollen umfasst, die üblicherweise innerhalb einer Gesellschaft zu installieren sind (z.B. organisatorische Sicherungs-, Kosten-, Leistungs-, Investitions-, Finanzierungs-, Liquiditäts- und Qualitätskontrollen sowie buchhalterische Kontrollen), bezieht sich die Aufgabe der IR als i.d.R. unternehmenseigene (Stabs-)Abteilung auf Prüfungen und Beratungen auf sämtlichen Unternehmensebenen. Mit der Einrichtung einer IR delegiert der Vorstand seine Überwachungsaufgabe auf eine prozessunabhängige Institution, die aufgrund ihrer spezifischen Ausrichtung und Fachkompetenz besonders geeignet ist, die Geschäftsführung wirkungsvoll zu unterstützen.

Unter dem Controlling als zweite wichtige Aufbaukomponente des RMS ist ein Instrument zur Wirkungsverbesserung des Vorstands zu verstehen, das Führungshilfe bei der Zielbildung, Planung, Kontrolle, Koordination und Information (dazu gehört auch der IT-Aufbau mit der Installation von Managementinformationssystemen) leisten soll. Hieraus folgt, dass sich die Aufgabe des Controllings keineswegs in der Kontrolle (z.B. in der Pflege des IKS) erschöpft, sondern insbesondere unter Rückgriff auf die Planung in der Erarbeitung von IT-gestützten

---

2 Vgl. Lück 1998a, S. 8 – 14; Lück 1989b, S. 1925 – 1930.

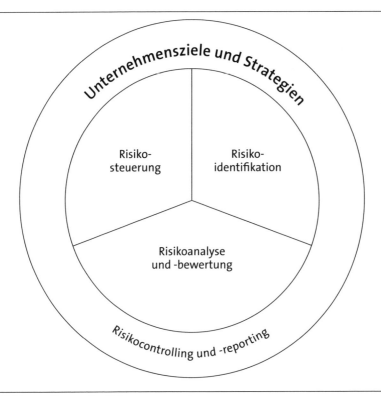

Abbildung 1: Prozess des Risikomanagements

Lenkungs- und Steuerungsmaßnahmen (z.B. Bestimmung von Preisgrenzen im Beschaffungs- und Absatzbereich) für die Unternehmensleitung besteht.

Das Früherkennungssystem stellt ein spezielles Informationssystem des Vorstands dar, mit dessen Hilfe latente Risiken und Chancen durch Früherkennungsindikatoren im zeitlichen Vorlauf sichtbar gemacht und ggf. analysiert werden können (z.b. das Wegbrechen bestimmter osteuropäischer Absatzmärkte mit den hieraus resultierenden erfolgs- und liquiditätsbezogenen Konsequenzen). Die frühzeitige Identifizierung von Gefahren- und Chancenpotentialen eröffnet dem Vorstand die Möglichkeit, rechtzeitig geeignete Maßnahmen einzuleiten, durch die Risiken abgewehrt oder gemildert bzw. Chancen genutzt werden können [z.B. Entwicklung innovativer Neuprodukte, um auf anderen – (westeuropäischen) – Absatzmärkten die drohenden Verluste zu kompensieren].

Es ist bei der Einrichtung des RMS darauf zu achten, dass seine Aufbaukomponenten miteinander vernetzt sind, da nur dann das RMS seine volle Wirkung entfalten kann. So muss etwa mit der Ausdehnung des Prüfungsobjekts der IR auf alle Unternehmensebenen auch das Controlling (einschließlich des IKS) und das Früherkennungssystem Prüfungsobjekt der IR sein. Ferner ergibt sich aus der Begriffsbestimmung des Controllings, dass die Aufbau- und Ablauforganisation des RMS mit den Stufen Ziel- und Strategieformulierung, Identifikation und Analyse, Bewertung, Steuerung und schließlich Berichterstattung von Risiken und Chancen aus strategischer und operativer Sicht unzweifelhaft in den Aufgabenbereich des Controllings fällt.

Aus dieser Strukturierung ergeben sich wiederum wichtige Hinweise nicht nur für die Einrichtung des RMS, sondern auch für seine Prüfung durch die IR, den Aufsichtsrat und den Abschlussprüfer sowie seiner Aufbau- und Ablauforganisation bzw. für die Berichterstattung der Chancen- und Risikopolitik im (Konzern-)Lagebericht gem. § 289 Abs. 1 Satz 4, Abs. 5 HGB bzw. § 315 Abs. 1 Satz 5, Abs. 2 Nr. 5 HGB.

Jedoch finden sich im Schrifttum auch andere Systematisierungen. Diese fassen die Gesamtheit der „geeigneten Maßnahmen" nach dem Wortlaut von § 91 Abs. 2 AktG, die für den Vorstand Organisationspflichten darstellen, unter dem Terminus Risikofrüherkennungssystem zusammen. Gemeinsam mit den risikobewältigenden Maßnahmen, die vom Gesetzgeber nicht explizit gefordert werden, formt das Risikofrüherkennungssystem demnach das RMS. Dieser Begriffsbestimmung, die der heutigen Auffassung widerspricht, wird hier nicht gefolgt.

1.2 Risikomanagement und Unternehmenspolitik

Der Begriff des Risikos wird in der Betriebswirtschaftslehre allgemein als Unkenntnis der in Zukunft zu realisierenden Umweltzustände definiert. Risiken beschreiben mithin durch Ungewissheit bedingte, mögliche negative oder positive Abweichungen zwischen Handlungsergebnissen und gesetzten Zielen. Hieraus folgt, dass das Risiko nicht nur als Verlustgefahr zu sehen ist, sondern auch mögliche Gewinnchancen zu berücksichtigen hat.

Vor diesem Hintergrund zielt das vom Vorstand betriebene Risikomanagement (Risikopolitik) eines Unternehmens grundsätzlich darauf ab, in allen Funktionsbereichen und sämtlichen Prozessen Verlustpotentiale zu begrenzen und Gewinnpotentiale auszuschöpfen. Während sich das Unternehmen gegen die Konsequenzen bestimmter (Verlust-)Risiken versichern kann (z.b. Brand-, Diebstahl-, Haftungs- und Betriebsunterbrechungsrisiken), muss das Markt- und Kapitalrisiko in jedem Fall selbst getragen werden. Allerdings erfolgt eine Entschädigung für die zuletzt genannten Risikoarten im unternehmerischen Gewinn.

Die Risikopolitik ist mithin Bestandteil der Unternehmenspolitik, die sich aus einem Spektrum interdependenter Teilpolitiken (z.b. Beschaffungs-, Absatz-, Finanzierungs-, Investitions-, Kosten- und Rechnungslegungspolitik) zusammensetzt. Erkannte und bewertete Risiken innerhalb der Unternehmensbereiche und -prozesse sind Gegenstände allgemeiner, strategischer und operativer Entscheidungen, die geplant, koordiniert, gesteuert, realisiert und kontrolliert werden. Der Risikopolitik kommt in diesem Zusammenhang zunächst die Aufgabe zu, unter Berücksichtigung der Risikobereitschaft des Managements Sicherheitsziele zu formulieren und sie im Rahmen der Unternehmenshierarchie aufeinander abzustimmen. Anschließend bedarf es der Entwicklung eines risikopolitischen Instrumentalspektrums, durch dessen Einsatz die angestrebten Sicherheitsziele erreicht werden können (z.B. das Halten einer bestimmten Liquiditätsreserve, um die Zahlungsbereitschaft in jeder betrieblichen Situation sichern zu können). Permanente allgemeine, strategische und operative Risikokontrollen müssen dabei den Prozess der Zielrealisation ergänzen, um Anhaltspunkte für die Risikoregelungen zu erhalten. Die Risikopolitik hat in der unternehmerischen Praxis durch das Risk Management, dem die Handhabung grundsätzlich versicherbarer Risiken durch Schadensverhütungs- und Schadensausgleichsinstrumente zugewiesen wird, eine spezifische Ausformung erfahren.

1.3 Überwachungsfunktion des Aufsichtsrats

Neben dem Abschlussprüfer obliegt dem Aufsichtsrat im Kontext seiner allgemeinen Überwachungsaufgabe nach § 111 Abs. 1 AktG die Pflicht, das RMS auf seine Ordnungs-, Recht-, Zweckmäßigkeit und Wirtschaftlichkeit hin zu überprüfen.

Hierbei darf er sich grundsätzlich aber nicht der IR bedienen, die im deutschen (dualistischen) System der Unternehmensverfassung in aller Regel als Stabsstelle den Weisungen des Vorstandes unterliegt und ausschließlich an diesen berichtet. Allerdings kann der Aufsichtsrat im Rahmen seiner Pflicht zur Überwachung des RMS bei Bedarf Sachverständige und Auskunftspersonen zur Beratung in der Aufsichtsratssitzung heranziehen (§ 109 Abs. 1 Satz 2 AktG), wobei auf Angestellte der Gesellschaft bzw. des Konzerns nur auf Vermittlung des Vorstandes zurückgegriffen werden darf.

Mit Blick auf das RMS kann hier der Leiter des (Konzern-)Controllings – [daneben auch die Leiter (Konzern-)Revision oder Leiter (Konzern-)Rechnungswesen] – gefragt sein. Eine Pflicht, diese im Rahmen der Überwachung des RMS hinzuzuziehen, wird nur bei festgestellten Mängeln in den Regelberichten (§ 90 AktG) oder beim Bestehen von Zweifeln an der ordnungsgemäßen Berichterstattung des Vorstands zu erkennen sein. Mit diesem Recht sollte der Aufsichtsrat – auch wenn die Bedeutung des Risikomanagements noch so hoch ist – sehr behutsam umgehen. Es ist gegenüber dem (konzern-)internen Sachverständigen – hier dem Leiter (Konzern-)Controlling – ein unberechtigter Eindruck zu vermeiden, es läge ein Misstrauen gegenüber dem Vorstand vor, weshalb die Auskunftsperson über den Vorstand geladen werden sollte.

Der deutsche Gesetzgeber ist mit dem Bilanzrechtsmodernisierungsgesetz (BilMoG) vom 25.05.2009, nach dem sich u.a. gemäß § 107 Abs. 3 Satz 2 AktG ein ggf. installierter Prüfungsausschuss auch mit der Wirksamkeit des internen RMS zu befassen hat, den europäischen Vorgaben entsprechend gefolgt. Zudem ist auch der Informationsaustausch zwischen Aufsichtsrat bzw. Prüfungsausschuss und Abschlussprüfer über die Prüfungsergebnisse des RMS durch die Novellierung von § 171 Abs. 1 Satz 2 AktG konkretisiert worden. Sofern der Leiter des (Konzern-)Controllings für das Risikomanagement als zuständig gelten kann, ist mithin ein unmittelbarer Kontakt zwischen Controlling und Aufsichtsrat bzw. Audit Committee gegeben, der zudem nicht sporadisch, sondern quartalsweise erfolgt. Hierdurch leistet das Controlling einen institutionalisierten Beitrag zur Verbesserung der Corporate Governance auf einer Ebene oberhalb des Vorstands; es wird gar zu einem Bindeglied zwischen Vorstand und Aufsichtsrat.

Allerdings kann der Aufsichtsrat seine Überwachungsaufgabe nur dann hinreichend erfüllen, wenn er mit entsprechenden Informationen durch den Vorstand versorgt wird. § 90 AktG regelt im Einzelnen die ordentlichen und außerordentlichen Berichtspflichten des Vorstandes, die er gegenüber dem Aufsichtsrat zu erfüllen hat. Insbesondere sieht § 90 Abs. 1 Nr. 1 AktG vor, dass grundsätzliche Fragen der Unternehmensplanung (insbesondere der Finanz-, Investitions- und Personalplanung) sowie Abweichungen der tatsächlichen Entwicklung von früher berichteten Zielen unter Angabe von Gründen der Berichtspflicht des Vorstandes unterliegen. Ferner muss der Aufsichtsrat laut § 90 Abs. 1 Nr. 2 und Nr. 3 AktG über die Rentabilität, den Umsatz und die Lage der Gesellschaft unterrichtet werden. Eine derartige Informationsbereitstellung setzt die Existenz eines umfassenden Controllingsystems voraus, aus dem die geforderten Planungs-, Kontroll- und Steuerungsgrößen zu entnehmen sind.

In jüngerer Zeit gewinnen wertorientierte Steuerungskonzepte und deren Kommunikation insbesondere in börsennotierten Unternehmen zunehmend an Bedeutung. Ziel der wertorientierten Berichterstattung (Value Reporting) ist der Abbau von Informationsasymmetrien zwischen den Investoren und dem Management sowie die damit einhergehende Vermeidung von Wertlücken am Kapitalmarkt. Das Value Reporting soll durch eine auf den Kapitalmarkt ausgerichtete Kommunikation der im Rahmen des wertorientierten Controllings formulierten Ziele, der Instrumente zu deren Umsetzung sowie der bedeutenden externen Einflüsse erfolgen. Im Kern umfasst eine wertorientierte Steuerung die in- und externe Berichterstattung über wesentliche den Unternehmenswert verändernde Einflüsse und Maßnahmen. Die bereitzustellenden Informationen sollten sowohl vergangenheits- als auch zukunftsbezogen und insbesondere nur partiell durch Rechnungslegungsnormen beeinflusst sein. Durch die Entwicklungen im Bereich des Value Reporting wird der Aufsichtsrat über die gesetzlich verankerte Berichterstattungspflicht der Leitung in die Lage versetzt, die Performance des Vorstandes mit Blick auf die Steigerung des Unternehmenswertes beurteilen zu können. Dies bedingt die Existenz eines entsprechenden (wertorientierten) Controllingsystems im Unternehmen.

Da der Vorstand einer Konzernmuttergesellschaft nicht nur über wesentliche Risiken im eigenen Unternehmen informiert sein sollte, sondern darüber hinaus auch die Risikolage des Gesamtkonzerns im Auge haben muss, lässt sich für die Konzernleitung die Verpflichtung ableiten, in das RMS ebenfalls sämtliche Tochtergesellschaften mit einzubeziehen. Hierdurch wird es möglich, bestandsgefährdende Risiken des Gesamtkonzerns frühzeitig zu erkennen und ggf. konzerninterne

Risikoausgleichsstrategien zu entwickeln. In Analogie zu § 111 Abs. 1 AktG bzw. § 317 Abs. 4 HGB ist das konzernweite RMS und damit auch das konzernweite Controllingsystem sowohl vom Aufsichtsrat der Konzernmuttergesellschaft als auch vom Konzernabschlussprüfer (§ 316 Abs. 2 HGB) zu prüfen, sofern es sich bei der Konzernmuttergesellschaft um eine börsennotierte Aktiengesellschaft handelt.

2. Ablauforganisation

2.1 Risikoidentifikation

Im Rahmen der Risikoidentifikation ist in einer Art Inventur zu untersuchen, welche Einzelrisiken das Unternehmen in seiner Existenz bedrohen und welche Einzelchancen genutzt werden können. Dies führt zu einem komplexen System von Einzelrisiken (z.b. Standort-, Lieferanten-, Kunden-, Kredit- und Steuerrisiken), deren Zusammenfassung die Gesamtrisikolage (Value at Risk) zum Ausdruck bringt. Hierdurch wird es möglich, Aussagen über die Risikosituation abgrenzbarer unternehmerischer Bezugsobjekte (z.b. das Unternehmen, Tochtergesellschaften, Teilbetriebe, Profitcenter) vornehmen zu können. Da sich die Lage bezüglich der einzelnen und verdichteten Risiken laufend ändert, hat der Vorstand durch entsprechende Arbeitsanweisungen sicherzustellen, dass ihre Identifikation als rollierender Prozess auf sämtlichen Unternehmensebenen organisiert wird.

2.2 Risikoanalyse

Die Risikoanalyse greift auf die zuvor für Einzelrisiken und Gesamtrisiken festgestellten Gefährdungs- und Erfolgspotentiale zurück und untersucht sowohl deren Ursachen als auch deren Wirkungen. So schließt sich etwa an die Ursachenermittlung bestimmter Kostenrisiken (z.B. durch erwartete Tarifverhandlungen oder Preissteigerungen auf den Beschaffungsmärkten für Rohstoffe) stets die Frage nach ihren Auswirkungen an (z.B. auf die Preiskalkulation absatzbestimmter Erzeugnisse). In diesem Zusammenhang sollte sich der Vorstand vor allem durch Befragung der Manager und leitenden Mitarbeiter in den einzelnen Unternehmensbereichen zunächst ein Bild über die Risiken- und Chancenquellen verschaffen, da bei diesem Personenkreis infolge der permanenten Beschäftigung mit der Thematik im Rahmen des Tagesgeschäftes eine hohe Fachkompetenz vorliegt. Ferner können weitere Methoden zur Gewinnung von Informationen über Unsicherheiten genannt werden:[3]

- Besichtigungsanalyse: Sie bietet sich als wirksame Methode zur Informationsgewinnung durch Inaugenscheinnahme des realen Geschehens zur Ermittlung von Elementarrisiken (z.b. Brand-, Beschädigungs- und Diebstahlrisiken) an.
- Dokumentenanalyse: Hier wird zur Ermittlung von Risiken und Chancen auf Verträge, Bescheide, Pläne und sonstige Sekundärdokumente (z.b. die in der Bilanz ausgewiesenen Drohverlust- und Garantierückstellungen) zurückgegriffen.
- Organisationsanalyse: Risiken, die aus einer unzureichenden Aufbau- und Ablauforganisation des Unternehmens resultieren (z.b. Kompetenzlücken, Kompetenzüberschneidungen, Mängel im IKS), können durch derartige Untersuchungen erkannt werden.
- Analyse des unternehmerischen Umfelds: Hierzu zählen Konjunktur-, Branchen-, Konkurrenten- und Marktrecherchen zum Zwecke der Identifizierung strategischer Unsicherheiten. Eine Einschätzung der Qualitäten des Managements in den einzelnen Funktionsbereichen und Prozessen des Unternehmens kann diese Risiko- und Chancenanalyse sinnvoll ergänzen.

Um Anhaltspunkte für den Einsatz der risikopolitischen Instrumente im Rahmen der Risikosteuerung zu erhalten, sollten die Bestimmungsfaktoren der vorliegenden Unsicherheiten in durch das Management beeinflussbare (z.B. Kostenrisiken infolge unqualifizierter Mitarbeiter) und nicht beeinflussbare (z.b. Verlustrisiken aufgrund einer weltweiten Finanzkrise) unterschieden werden.

2.3 Risikobewertung

Die zielführende Steuerung identifizierter und analysierter Risiken setzt ihre Bewertung voraus, damit die verantwortlichen Mitarbeiter im Rahmen des RMS erkennen können, wann Handlungsbedarf besteht. Aufgrund des mangelnden Wissens über zukünftige Entwicklungen ist häufig eine Quantifizierung von Risiken und Chancen auf der Basis von Erwartungswerten in der Praxis nicht möglich. In diesen Fällen bietet es sich an, eine Einschätzung der Risikolage durch Rückgriff auf die sog. Portfoliotechnik vorzunehmen, in dem die Eintritts-

---

3 Vgl. Coopers & Lybrand 1998, S. 12.

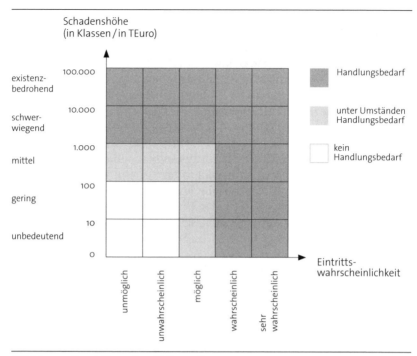

Abbildung 2: Darstellung eines Risikoprofils

wahrscheinlichkeit qualitativ (subjektiv) anhand von Klassifizierungen wie „sehr wahrscheinlich" bis „unmöglich" vorgenommen wird. Im Hinblick auf die Fokussierung von Verlustrisiken kann etwa die Schadenshöhe bei unzureichender Bewertbarkeit von den Kategorien „existenzbedrohend" bis „unbedeutend" reichen.

Wie Abbildung 2 zeigt, bietet es sich zum Zwecke der Ermittlung eines Risikoprofils an, die geschätzten Eintrittswahrscheinlichkeiten und die gebildeten Schadensklassifizierungen im Rahmen eines Koordinatensystems zueinander in Beziehung zu setzen. Sofern es möglich ist, sollte im Rahmen einer mittelbaren Quantifizierung zuvor allgemeingültig festgelegt werden, welche qualitativen Klassen auf einer Intervallskala abzubilden sind (z.B. Schadenshöhe in Euro). Um konkrete Ansatzpunkte für die Risikosteuerung zu erhalten, liegt es zudem nahe, festzulegen, welche Felder innerhalb des Koordinatensystems für die Verantwortlichen Handlungsbedarf auslösen.

Diese Technik der Risikobewertung ist für einzelne Risiken, Funktionen, Prozesse, Projekte und auch zur Erfassung von Gewinnpotentialen einsetzbar. Allerdings muss zur Beurteilung der Gesamtrisikolage des Unternehmens berücksichtigt werden, dass die identifizierten, analysierten und bewerteten Teilrisiken und -chancen unter Beachtung ihrer wechselseitigen Abhängigkeiten bezügliches eines übergeordneten Oberziels bewertet werden müssen. So kann etwa das Verlustrisiko aufgrund der Möglichkeit eines Maschinenausfalls infolge überalterter Aggregate vom Leiter der Fertigungskostenstelle im Hinblick auf die Eintrittswahrscheinlichkeit als möglich und bezüglich der Schadenshöhe als existenzbedrohend eingestuft werden. Die aus dieser Risikobewertung abgeleitete Auffassung eines Handlungsbedarfs wird von der Geschäftsführung aber nicht geteilt, weil ggf. eintretende Produktionsausfälle mittelfristig durch den Abbau von Lagerbeständen oder Fremdbezug aufgefangen werden können.

Es bietet sich an, die Resultate aus der Identifikation, Analyse und Bewertung von Risiken und Chancen für abgrenzbare organisatorische Einheiten (z.B. Rechnungswesen) übersichtlich und systematisch in einer Risk Map bzw. einem Risk Trading Sheet darzustellen. In diese ggf. IT-gestützten Dokumentationen sollten aber auch Vorschläge für sinnvolle Risikoabwehr- bzw. Chancennutzungsmaßnahmen (z.B. Versetzung überforderter Mitarbeiter im Rechnungswesen, wenn gravierende Mängel bei der Erstellung des Jahresabschlusses festgestellt werden), die ggf. bereits eingeleitete Aktivitäten (z.B. Schulungsmaßnahmen für den Leiter des Rechnungswesens) sowie die organisatorischen Zuständigkeiten (z.B. Finanzvorstand) enthalten, aufgenommen werden. Hierdurch wird die Verbindung der Bewertung und Steuerung von Risiken und Chancen verdeutlicht. Abbildung 3 (S. 134) zeigt beispielhaft anhand der Funktionsbereiche „Einkauf" und „Personal" den Aufbau einer derartigen Risk Map zur Erfassung von Verlustrisiken.[4]

2.4 Risikosteuerung

Im Rahmen der Risikosteuerung ist von den Verantwortlichen des RMS zu entscheiden, welche Risiken und Chancen wesentlichen Charakter tragen und damit unmittelbaren Handlungsbedarf auslösen. Zu diesem Zwecke sind die bewerteten Risiken und Chancen mit den formulierten Sicherheitszielen unter Beachtung der festgelegten

---

4 Vgl. Coopers & Lybrand 1998, S. 15.

Risiko-kategorie	Einfluss-größe	Aus-prägung	Verant-wortlich	Schadens-höhe (Risikoaus-wirkung)	Eintritts-wahrschein-lichkeit	Risikoklasse (Klasse 1 bis Klasse 3)	etablierte Maßnahmen	Handlungs-bedarf	zu ergreifende Maßnahmen
Einkauf	Lieferan-tenaus-wahl	Qualität	Abtei-lungsleiter Einkauf	gering	möglich	3 = keine über-prüfung der Absicherung erforderlich (durch allge-meine Risiko-management-Maßnahmen abgedeckt)	Begutachtung von Warenpro-ben durch den Produktions-manager vor Bestellung	keine Handlungs-bedarf	Überwachung der allgemei-nen Risiko-management-Maßnahmen
Personal	Personal-verwal-tung	Fehlzeiten	Abtei-lungsleiter Personal	mittel	wahr-scheinlich	2 = detaillierte Überprü-fung der Absicherung erforderlich	Personal-gespräche	Handlungs-bedarf	weitere Ursa-chenanalyse, Versetzung überforderter Mitarbeiter, Analyse des Führungsstils

Abbildung 3: Funktionsbezogener Aufbau einer Risk Map zur Erfassung des Verlustrisikos

Toleranzgrenzen zu vergleichen (z.b. ist die Produktion aus erfolgswirtschaftlicher Sicht zur Vermeidung eines Verlustrisikos erst dann einzustellen, wenn der aufgrund aggressiver Konkurrenzkonstellationen sinkende Absatzpreis für ein Erzeugnis die kurzfristige Preisuntergrenze in Gestalt seiner variablen Selbstkosten unterschreitet). Diese vom Vorstand installierten Maßnahmen der Risikosteuerung sind vom Aufsichtsrat im Rahmen seiner allgemeinen Überwachungsaufgaben nach § 111 Abs. 1 AktG zumindest stichprobenweise zu überprüfen.

Ältere Auffassungen zum RMS beschäftigen sich lediglich mit der Akzeptanz (z.B. wenn die betreffenden Eintrittswahrscheinlichkeiten und ihre Auswirkungen auf die Finanz-, Vermögens- und Ertragslage gering sind) und Überwälzung von Verlustrisiken (z.B. durch den Einkauf von Sach-, Personen-, Unterbrechungs- und Haftpflichtversicherungen − Risk Management − oder die Verlagerung von Lager-, Transport-, Entwicklungs- und Abnahmerisiken auf Vertragspartner). Das neuere, ursachenbezogene (aktive) Risikomanagement bezieht sich darüber hinaus auf die Vermeidung und Reduzierung von Verlustrisiken (z.B. Installation von Sprinkleranlagen zum Zwecke der Brandverhütung, Einrichtung von Materialeingangs- und Erzeugnisausgangskontrollen zur Vermeidung des Gewährleistungsrisikos gegenüber den Abnehmern im Rahmen einer Erweiterung des IKS oder Eingehen von Gegenpositionen im Rahmen währungsbezogener Spekulationsgeschäfte) bzw. auf das Erkennen und den Aufbau von strategischen Erfolgspotentialen (z.B. das Eingehen von Kooperationen, Konzentrationen oder Fusionen, um die Existenz der eigenen Gesellschaft mit dem Ziel einer nachhaltigen Unternehmenswertsteigerung langfristig zu sichern).

Allerdings hat der Aufsichtsrat im Rahmen seiner Wirtschaftlichkeitsprüfung auch darauf zu achten, dass die Kosten der zum Einsatz kommenden risikopolitischen Instrumente vom Vorstand nicht unberücksichtigt bleiben dürfen. Diese sind entweder unmittelbar erfassbar (z.B. in Form von Versicherungsprämien, Kosten für Reservehaltungen oder Erweiterungen des IKS) oder ergeben sich mittelbar in Gestalt von Minderungen der Gewinnpotentiale (z.B. beim Verzicht auf den Eintritt in wettbewerbsintensive Märkte als alternative Absicherungsstrategie). Hieraus resultiert die Forderung des Aufsichtsrats nach einer Optimierung der Risikopolitik durch den Vorstand, um möglichst günstige Kosten-Nutzen-Relationen zu erreichen.

2.5 Risikocontrolling und Risikoreporting

Von zentraler Bedeutung ist im Kontext des RMS die dem Controlling übertragene Koordinationsfunktion, die sich sowohl auf die risikoorientierte Abstimmung von Planungs-, Steuerungs-, Kontroll-, Informations- und Kommunikationssystemen innerhalb des Unternehmens als auch die permanente Anpassung von Zielerreichungsprozessen und Risikostrategien bezieht. Deshalb wird auch von einem vernetzten Risikocontrolling und -reporting gesprochen. Vor diesem Hintergrund sollten vom Vorstand, der für die Einrichtung und Weiterentwicklung des RMS verantwortlich ist, dem Controlling etwa über das Ressort „Zentrales Risikomanagement" folgende Leitlinien an die Hand gegeben werden:[5]

- Vorgabe einheitlicher Richtlinien, Methoden und Instrumente für das Risikomanagement.
- Zusammenführung der Risiko- und Chancenmeldungen aus den einzelnen Unternehmensbereichen.
- Ermittlung des Risikoausgleichs und der Gesamtrisikolage.
- Ggf. Steuerung der Risikoabwehrmaßnahmen.
- Laufende allgemeine, strategische und operative Kontrolle der Wirksamkeit und Angemessenheit der realisierten Steuerungsmaßnahmen für Risiken und Chancen in allen Unternehmensbereichen.
- Erweiterung des innerbetrieblichen Berichtssystems um ein Risikoreporting, das in der Lage ist, auf höchster Ebene Informationen vor allem über bestandsgefährdende Risiken jederzeit an den Vorstand zu liefern.
- Fachliche Unterstützung bezüglich des RMS in allen Unternehmenseinheiten.
- Entwicklung von Maßnahmen zur Förderung des allgemeinen Risikobewusstseins auf sämtlichen Unternehmensebenen.

Die Voraussetzung für ein wirkungsvolles Risikomanagement besteht in der Einbindung der für die Risikosteuerung wesentlichen Informationen in ein IT-gestütztes integriertes Management-Informationssystem, das in Verbindung zu den anderen Subsystemen des Unternehmens steht (z.B. Rechnungswesen, Früherkennungs-, Planungs-, Steuerungs- und Kontrollsystemen). Die permanente Überwachung der aktuellen Zielerreichungsgrade ist dabei durch Verknüpfung dieser Subsysteme etwa über einen gemeinsamen Datenpool (Data Warehouse) zu errei-

---

5 Vgl. Coopers & Lybrand 1998, S. 29.

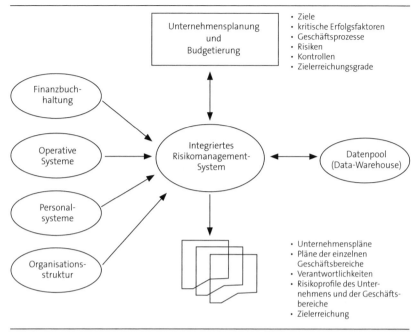

Abbildung 4: Struktur eines IT-gestützten RMS

chen. Abbildung 4 verdeutlicht die Struktur eines derartigen integrierten RMS. Infolge der kontinuierlichen, umfassenden und koordinierten Betrachtung der Risiken und Chancen sowie der Soll-Ist-Werte im Zeitablauf durch permanente Kontrollprozesse wird ein frühzeitiges Erkennen riskanter Entwicklungen möglich. Insbesondere sind Zielabweichungen infolge bestandsgefährdender Risiken schnell in Erfahrung zu bringen und unmittelbar gegensteuernde Maßnahmen einzuleiten. Sofern es gelingt, in das System automatische Verknüpfungen zu integrieren, die sich auf die Leistungsbeurteilung einzelner Mitarbeiter im Rahmen des Risikomanagementprozesses beziehen, können zusätzliche Indikatoren zur Quantifizierung von Anreiz- und Vergütungsmaßstäben gefunden werden.

Diese vom Vorstand aufgebauten Strukturen des RMS sind vom Aufsichtsrat zumindest im Rahmen einer Systemprüfung auf ihre Wirksamkeit hin zu untersuchen. Stellt der Aufsichtsrat im Rahmen seiner Prüfungshandlungen aber fest, dass die Aufbau- und Ablauforganisation wesentliche Komponenten und Prozesse des RMS nicht enthält und damit das System Aufgaben nicht erfüllen kann, hat er dies in seinen Bericht an die Hauptversammlung nach § 172 Abs. 2 Satz 2 AktG aufzunehmen.

3. Fazit

Obwohl der Gesetzgeber in § 91 Abs. 2 AktG seine Auffassung über die Aufbau- und Ablauforganisation des RMS nur ansatzweise formuliert hat, liegen zwischenzeitlich jedoch gesicherte Erkenntnisse über die Ausgestaltung eines solchen Systems vor. Unter der Prämisse, dass die Risikopolitik Bestandteil der Unternehmenspolitik ist, besteht die Möglichkeit, das gesamte Instrumentarium der Betriebswirtschaftslehre zur Konstruktion eines RMS zu nutzen.

Vor dem Hintergrund einer funktionsbezogenen Strukturierung konnte zunächst überblicksartig gezeigt werden, welche typischen Risiken und Chancen in den einzelnen Funktionsbereichen und Prozessen auftreten. Anschließend wurde der Prozess des Risikomanagements mit den Stufen Ziel- und Strategieformulierung, Identifikation und Analyse, Bewertung und Steuerung von Risiken und Chancen beispielhaft verdeutlicht. Die Analysen führten zu dem Ergebnis, dass die üblicherweise hier installierten Planungs-, Steuerungs- und Kontrollsysteme wirkungsvoll zum Zwecke des Risikomanagements einzusetzen sind.

Der gesamte Prozess des Risikomanagements, der auch das Reporting mit einschließt, ist aus strategischer und operativer Sicht in die Hand des Controllings zu legen, wobei der Vorstand, der letztendlich die Verantwortung für seine Einrichtung trägt, grundlegende Leitlinien im Hinblick auf die Systembildung, -pflege und -überwachung formulieren sollte.

In diesem Zusammenhang kommt dem Controlling im Kontext der ihm übertragenen Informations- und Koordinationsfunktion die Aufgabe zu, durch den Aufbau eines IT-gestützten, integrierten Risikomanagements die Voraussetzung für eine funktions- und prozessübergreifende interne Kommunikationsbasis zu schaffen.

Die Unternehmensleitung muss hierdurch in die Lage versetzt werden, riskante (bestandsgefährdende) Entwicklungen möglichst frühzeitig zu erkennen, um sofortige Gegensteuerungsmaßnahmen einleiten zu können.

Sofern Vorstandsmitglieder ihre Verpflichtung zur Einrichtung eines RMS verletzen, sind sie gemäß § 93 Abs. 2 Satz 1 AktG grundsätzlich „… der Gesellschaft zum Ersatz des daraus entstehenden Schadens als Gesamtschuldner verpflichtet". Vor diesem Hintergrund sollte jedes Vorstandsmitglied die Methoden der Aufbau- und Ablauforganisation des RMS kennen, um nicht Gefahr zu laufen, gegen die ihnen auferlegten Sorgfaltspflichten und Verantwortlichkeiten zu verstoßen.

Dem Vorstand obliegt auf Grund der in § 76 Abs. 1 AktG verankerten Leitungskompetenz auch die Verpflichtung, die Überwachung der Aufbau- und Ablauforganisation des RMS vorzunehmen. In aller Regel wird diese Überwachungsaufgabe an die IR, die selbst Teil des RMS ist, delegiert. Deren Prüfungsergebnisse fließen u.a. in den Bericht des Vorstands an den Aufsichtsrat nach § 90 AktG ein und stellen wichtige Informationen für die Durchführung seiner Überwachungs- und Beratungsaufgaben dar. Dem Aufsichtsrat obliegt darüber hinaus die Verpflichtung, das RMS auf seine Ordnungs-, Recht-, Zweckmäßigkeit und Wirtschaftlichkeit zu überprüfen. Diese Aufgabe sollte einem ggf. nach § 107 Abs. 3 Satz 2 AktG installierten Prüfungsausschuss übertragen werden, der wiederum über seine Revisionsergebnisse nach § 107 Abs. 3 Satz 4 AktG dem Gesamtplenum zu berichten hat.

Als Soll-Objekte für die Prüfung sind die abgeleiteten Komponenten bzw. Prozesse der Aufbau- und Ablauforganisation des RMS zugrunde zu legen, wobei zur Planung, Durchführung und Berichterstattung der Prüfung auf die allgemeinen Grundsätze ordnungsmäßiger Abschlussprüfung unter Berücksichtigung des risikoorientierten Prüfungsansatzes zurückgegriffen werden kann.[6] Im Rahmen der Prüfungsplanung ist zu berücksichtigen, dass einzelne Informationen über das RMS auch Eingang in den (Konzern-)Lagebericht finden (z.B. nach § 289 Abs. 1 Satz 4, Abs. 2 Nr. 2 und Abs. 5 bzw. § 315 Abs. 1 Satz 5, Abs. 2 Nr. 2 und Nr. 5 HGB), so dass es sich im Hinblick auf die Prüfungspflicht des Aufsichtsrats nach § 171 Abs. 1 Satz 1 AktG anbietet, die Prüfung des RMS mit der von bestimmten, risikoorientierten Inhalten des (Konzern-)Lageberichts zu verknüpfen.

---

6 Vgl. hierzu im Einzelnen Freidank 2012, S. 314–316 m.w.N.

Literatur

Coopers & Lybrand Deutsche Revision (Hrsg.): Unternehmensweites Risikomanagement, Frankfurt a. M. 1998.
Freidank, C.-Chr.: Unternehmensüberwachung, München 2012.
Freidank, C.-Chr./Lachnit, L./Tesch, J. (Hrsg.): Vahlens Großes Auditing Lexikon, München 2007.
IDW PS 340: Die Prüfung des Risikofrüherkennungssystems nach § 317 Abs. 4 HGB, in: Institut der Wirtschaftsprüfer in Deutschland e.V. (Hrsg.), IDW Prüfungsstandards, IDW Stellungnahmen zur Rechnungslegung, Band I, Düsseldorf 2014, Loseblattausgabe (Stand: 49. Ergänzungslieferung, Juni 2014), S. 1 – 11.
IIR-Revisionsstandard Nr. 2: Prüfung des Risikomanagements durch die Interne Revision, Deutsches Institut für Interne Revision e. V. (Hrsg.), abrufbar unter http://www.diir.de/fachwissen.
Lentfer, T.: Die Überwachung des Risikomanagementsystems durch den Aufsichtsrat, Hamburg 2003.
Lück, W.: Elemente eines Risiko-Managementsystems. Die Notwendigkeit einer Risiko-Managementsystems durch den Entwurf eines Gesetzes zur Kontrolle und Transparenz im Unternehmensbereich (KonTraG), in: Der Betrieb, 51. Jg., 1998a, S. 8 – 14.
Lück, W.: Der Umgang mit unternehmerischen Risiken durch ein Risikomanagementsystem und durch ein Überwachungssystem, in: Der Betrieb, 51. Jg., 1998b, S. 1925 – 1930.

Compliance

Inga Hardeck, Remmer Sassen

> **Abstract**
>
> Der vorliegende Beitrag untersucht die Compliance aus betriebswirtschaftlicher und juristischer Perspektive. Im Kontext normativer Rahmenbedingungen werden Überlegungen zur Implementierung eines Compliance-Managementsystems in die Unternehmensorganisation vorgestellt. Vor diesem Hintergrund erfolgt eine nähere Analyse der Aufgaben des Aufsichtsrats im Zusammenhang mit der Compliance. Der Aufsichtsrat ist zwar nicht verantwortlich für die Einrichtung eines Compliance-Managementsystems, jedoch ist er verpflichtet, eine angemessene Überwachung des Vorstands in diesem Kontext vorzunehmen. Beispielhaft wird dieses anhand der bedeutsamen Tax Compliance veranschaulicht.

> **10 Fragen**
>
> 1. Was ist Compliance?
> 2. Ist Compliance ein Modephänomen?
> 3. Existieren gesetzliche Regelungen zur Compliance für alle Unternehmen?
> 4. Welche Rolle spielt der Deutsche Corporate Governance Kodex für die Compliance?
> 5. Existieren branchenspezifische Regelungen zur Compliance?
> 6. Wer ist für die Compliance verantwortlich?
> 7. Welche Verantwortung hat der Aufsichtsrat in Bezug auf die Compliance?
> 8. Wie kann ein Compliance Management System ausgestaltet sein?
> 9. Welche steuerstrafrechtlichen sowie Haftungsrisiken bestehen für Aufsichtsratsmitglieder?
> 10. Wie kann ein spezifisches Tax-Compliance-Managementsystem ausgestaltet sein?

1. Einleitung

Unter Compliance kann verkürzt etwa die Einhaltung von Regeln verstanden werden. Dieses Verständnis bedürfte nicht zwangsläufig eines eigenen Begriffs, nichtsdestotrotz hat die Bezeichnung Compliance Eingang in Normierungen gefunden. Über Compliance wird sowohl aus betriebswirtschaftlicher als auch juristischer Perspektive auf verschiedenen Ebenen diskutiert, wenngleich die Auffassungen hierüber nicht immer einheitlich bzw. eindeutig sind. So stellen Cauers et al. als Vertreter des Deutschen Instituts für Interne Revision e.V. (DIIR) etwa die provokante Frage, ob Compliance lediglich „alter Wein in neuen Schläuchen" ist.[1] Der Auffassung des Arbeitskreises „Externe und Interne Überwachung der Unternehmen" der Schmalenbach-Gesellschaft für Betriebswirtschaft e.V. folgend beinhaltet der Begriff Compliance „die Einhaltung aller für ein Unternehmen relevanten rechtlichen und ethischen, branchenspezifischen und organisationsinternen Handlungs- und Verhaltensregeln."[2]

Im Rahmen der (möglichen) Verantwortung des Aufsichtsrats für die Compliance haben drei Aspekte eine besondere Bedeutung. Dies betrifft in Anlehnung an Habersack den Inhalt und die Reichweite der präventiv verstandenen Compliance-Verantwortung des Aufsichtsrats, die Aufgaben des Aufsichtsrats bei Aufkommen eines Verdachts auf einen Compliance-Verstoß sowie mögliche Instrumente zur Wahrnehmung seiner Compliance-Verantwortung.[3] Vor diesem Hintergrund sind im Weiteren zunächst die normativen Rahmenbedingungen zu klären sowie organisatorische Überlegungen zur unternehmerischen Integration der Compliance vorzunehmen. Anschließend erfolgen die Analyse der Compliance-Verantwortung des Aufsichtsrats und eine exemplarische Konkretisierung dessen anhand der steuerlichen Compliance.

2. Normative Rahmenbedingungen

Explizite gesetzliche Vorgaben zur Compliance, die für alle Unternehmen gelten, existieren in Deutschland nicht. Vielmehr gilt der grundsätzlich freiwillig anwendbare Deutsche Corporate Governance Kodex (DCGK) als leitende Norm. Der DCGK enthält in erster Linie Empfehlun-

---

1 Cauers et al. 2008, S. 2717–2719.
2 Arbeitskreis „Externe und Interne Überwachung der Unternehmen" der Schmalenbach-Gesellschaft für Betriebswirtschaft e.V. 2010, S. 1510.
3 Vgl. Habersack 2012, S. 1–8.

gen und Anregungen für börsennotierte und kapitalmarktorientierte Gesellschaften, die jedoch prinzipiell nicht obligatorisch anzuwenden sind. Nicht kapitalmarkorientierten Gesellschaften wird die Anwendung des Kodex empfohlen.[4] Darüber hinaus ist von einer Ausstrahlwirkung des DCGK auf andere Unternehmensrechtsformen auszugehen.[5] Obwohl die Anwendung des Kodex grundsätzlich freiwillig ist, kann von einer impliziten Verpflichtung zur Beachtung des DCGK ausgegangen werden, da börsennotierte Aktiengesellschaften gem. §161 AktG eine sog. Entsprechenserklärung abzugeben haben, inwiefern sie den Empfehlungen des DCGK gefolgt sind. Im Falle der Nichtbeachtung ist eine Begründung anzugeben. Die Entsprechenserklärung ist gem. §289a HGB in die Erklärung zur Unternehmensführung als Bestandteil des handelsrechtlichen Lageberichts aufzunehmen.

Gem. Tz. 4.1.3 des DCGK hat der Vorstand „[...] für die Einhaltung der gesetzlichen Bestimmungen und der unternehmensinternen Richtlinien zu sorgen und wirkt auf deren Beachtung durch die Konzernunternehmen hin (Compliance)." Hiermit wird die Verantwortung des Vorstands für die Compliance bzw. die Einrichtung eines Compliance-Managementsystems (CMS) klargestellt. Der Aufsichtsrat hat insofern keine eigene Verantwortung für die Einrichtung eines CMS. Vielmehr muss der Aufsichtsrat gem. §111 Abs. 1 AktG die Geschäftsführung bzw. den Vorstand überwachen, so dass konsequenterweise auch die Einrichtung und Funktionsfähigkeit des CMS von der Überwachung des Aufsichtsrats betroffen ist. Zu diesem Zweck informiert der Vorstand gem. Tz. 3.4 des DCGK „den Aufsichtsrat regelmäßig, zeitnah und umfassend über alle für das Unternehmen relevanten Fragen der Strategie, der Planung, der Geschäftsentwicklung, der Risikolage, des Risikomanagements und der Compliance." Der Aufsichtsrat kann gem. §107 Abs. 3 AktG Ausschüsse bestellen. Explizit genannt wird der Prüfungsausschuss. Tz. 5.3.2 des DCGK konkretisiert die Aufgaben des Prüfungsausschusses, der unter anderem auch für die Überwachung der Compliance zuständig ist. Falls kein Prüfungsausschuss gebildet wurde, ist der Gesamtaufsichtsrat selbst für die Überwachung der Compliance verantwortlich.

Obwohl keine expliziten gesetzlichen Normierungen zur Compliance vorliegen, sind insbesondere börsennotierte und kapitalmarktorientiere Gesellschaften, aber auch nicht kapitalmarkorientierte Gesell-

---

4 Vgl. Präambel des DCGK.
5 Vgl. Freidank/Sassen 2012, S. 169.

schaften und andere Unternehmensrechtsformen zumindest implizit verpflichtet, ein CMS einzurichten. Darüber hinaus ist es nach Habersack auch ohne explizite gesetzliche Normierung empfehlenswert, ein CMS aufzubauen, da dessen Existenz nach dem Recht zahlreicher Staaten und der behördlichen Verwaltungspraxis im Falle von etwaigen Regelverstößen durch Mitarbeiter sanktionsmindernd wirken und auch bei der Bemessung von Bußgeldern berücksichtigt werden kann.[6] Zudem kann die Gefahr einer Organhaftung gegenüber der Gesellschaft reduziert bzw. ausgeschlossen und eine Außenhaftung der Gesellschaft begrenzt werden.[7] Die Nichteinrichtung eines CMS kann ein Grund für die außerordentliche Kündigung des Vorstands durch den Aufsichtsrat sein.[8]

Ergänzende Regelungen existieren in spezifischen Branchen. So fordert etwa § 25a KWG Abs. 1 Nr. 3c für Banken die Einrichtung einer Compliance-Funktion, welche in AT 4.4.2 der Mindestanforderungen an das Risikomanagement (MaRisk BA) näher konkretisiert wird. Für Versicherungsunternehmen ist § 64 Abs. 1 Satz 1 VAG maßgeblich. Hiernach müssen Versicherungsunternehmen „[...] über eine ordnungsgemäße Geschäftsorganisation verfügen, welche die Einhaltung der von ihnen zu beachtenden Gesetze und Verordnungen sowie der aufsichtsbehördlichen Anforderungen gewährleistet." Auf diese branchenspezifischen Anforderungen wird nachfolgend nicht näher eingegangen.

3. Organisatorische Überlegungen zur unternehmerischen Integration der Compliance

Obwohl keine einheitliche Auffassung über die Compliance existiert, können mit der Vermeidung, der Aufdeckung und der Reaktion von bzw. auf Fehlverhalten drei Grundfunktionen unterschieden werden.[9] Bezüglich eines dahingehend einzurichtenden CMS sind Ziele und Instrumente zu subsumieren, „die auf die Sicherstellung eines regelkon-

---

6 Vgl. Habersack 2012, S. 2.
7 Vgl. Habersack 2012, S. 2, zu einem Haftungsmanagementsystem für den Aufsichtsrat Freidank./Dürr/Sassen, 2013, S. 2283–2288.
8 Nach einer Entscheidung des Landgerichts Berlin kann ein wichtiger Grund zur außerordentlichen Kündigung des Vorstands ein unzureichendes Risikomanagement sein, Vgl. LG Berlin, Urt. v. 3. 7. 2002, Az.: 2 O 358/01. Eine analoge Argumentation ist ebenfalls bezogen auf das CMS denkbar.
9 Vgl. Habersack 2012, S. 3.

formen Verhaltens der gesetzlichen Vertreter und der Mitarbeiter des Unternehmens sowie gegebenenfalls von Dritten abzielen, d.h. auf die Einhaltung bestimmter Regeln und damit auf die Verhinderung von wesentlichen Verstößen (Regelverstöße)"[10].

In der Literatur existieren ebenfalls verschiedene Auffassungen, wie die Compliance in die unternehmerische Organisation integriert sein sollte.[11] So ist es bspw. denkbar, die Compliance als Stabsstelle, als Teil der Rechtsabteilung oder als Teil der Internen Revision zu organisieren. Demgegenüber identifiziert Freidank das Risikomanagementsystem (RMS)[12] als Bezugspunkt und leitet drei mögliche Auffassungen bezüglich der organisatorischen Ausgestaltung eines CMS ab.[13] Alternativ könnte hiernach (1) das CMS Bestandteil des RMS nach § 91 Abs. 2 AktG sein, (2) das CMS ein eigenständiges Organisationselement ohne Verbindungen zum RMS darstellen oder (3) das CMS und RMS Schnittmengen aufweisen, jedoch auch jeweils eigenständige Ziele verfolgen und unterschiedliche Instrumente einsetzen.

Eine weitere Möglichkeit, sich dem Thema Compliance zu nähern, besteht darin, eine eher juristische Perspektive einzunehmen und organisatorische Überlegungen im Hinblick auf häufig in Unternehmen vorkommende Straftaten vorzunehmen.[14] Harz et al. gliedern etwa Compliance-relevante Themen nach den Tatbeständen Betrug (§ 263 StGB), Untreue (§ 266 StGB), Insolvenzdelikte des StGB, Insolvenzverschleppung (§ 15a InsO), Korruptionsdelikte (§§ 299ff. StGB) oder Steuerhinterziehung (§ 370 AO). Aus diesen Überlegungen heraus werden in der Praxis häufig Compliance-Beauftragte für spezifische Themengebiete eingesetzt. Dies kann z.B. die steuerliche Compliance, Datenschutz- und IT Compliance, Human-Resources-Compliance, Vertriebs-Compliance, Kartellrechts-Compliance oder kapitalmarktrechtliche Compliance betreffen.

Die vorstehenden Überlegungen machen deutlich, dass in der Praxis kein einheitliches Organisationsmodell vorzufinden sein dürfte. Dennoch ist der Vorstand verpflichtet, geeignete Compliance-Maßnahmen zu ergreifen, und der Aufsichtsrat muss die Aktivitäten des Vorstands in angemessener Form überwachen.

---

10 IDW PS 980, Tz. 6.
11 Vgl. weiterführend Cauers et al. 2008, S. 2717–2719.
12 Vgl. hierzu den Beitrag „Risikomanagement" in diesem Buch.
13 Vgl. Freidank 2012, S. 406.
14 Vgl. weiterführend Harz et al. 2012.

4. Verantwortung des Aufsichtsrats[15]

Im Rahmen seiner Überwachungspflicht muss der Aufsichtsrat konsequenterweise prüfen, ob ein CMS eingerichtet und inwieweit es funktionsfähig ist. Insofern stellt sich die Frage nach dem Inhalt und der Reichweite der präventiven Compliance-Verantwortung des Aufsichtsrats. Der Vorstand ist für die Einrichtung geeigneter Compliance-Maßnahmen zuständig und muss im Rahmen seiner Informationspflichten den Aufsichtsrat hierüber informieren. Dennoch ist im Kontext der gesetzlichen Informationspflichten des Vorstands darüber hinaus auch von einer Holschuld des Aufsichtsrats auszugehen, so dass dieser im Rahmen seiner Selbstverantwortung ggf. Sonderberichte über die Compliance-bezogenen Tätigkeiten des Vorstands anfordern sollte, wenn Anzeichen vorliegen, dass eine Überwachung durch die Regelberichte nicht in ausreichendem Maß möglich ist oder wenn Zweifelsfragen oder Unklarheiten im Rahmen der Regelberichte aufkommen. Ferner sollte der Aufsichtsrat in regelmäßigen Abständen auch anlassunabhängig überprüfen, ob der Vorstand seiner Compliance-Verantwortung angemessen nachkommt.

Bei Aufkommen eines Verdachts auf einen Compliance-Verstoß ist zunächst grundsätzlich der Vorstand gefordert, geeignete Maßnahmen zu treffen. Gegebenenfalls ist in diesem Fall auch das CMS anzupassen, um entsprechendes Fehlverhalten für die Zukunft zu vermeiden, je nachdem, ob es sich um einmaliges oder regelmäßiges Fehlverhalten handelt. Die Aufgabe des Aufsichtsrats besteht in diesem Fall darin, zu überprüfen, ob der Vorstand angemessen auf das Fehlverhalten reagiert und ggf. einen Optimierungsprozess eingeleitet hat. Im äußersten Fall kann der Aufsichtsrat Personalmaßnahmen ergreifen und den Vorstand entlassen, wobei diese Maßnahme sicherlich nur in Ausnahmefällen greifen sollte, etwa wenn der Vorstand selbst ein Fehlverhalten begangen hat.

Insbesondere im Falle des Verdachts auf ein Fehlverhalten durch den Vorstand sollte der Aufsichtsrat zur Wahrnehmung seiner Compliance-Verantwortung in Erwägung ziehen, ohne Vermittlung des Vorstands, direkten Kontakt zu Angestellten der Gesellschaft (z.B. Chief Compliance Officer) aufzunehmen, um die entsprechenden Sachverhalte aufzuklären, auch wenn hierdurch einerseits das Vertrauensverhältnis

---

15 Vgl. zu diesem Abschnitt insbesondere Habersack 2012, S. 4−7.

zwischen Vorstand und Aufsichtsrat gefährdet und andererseits der betroffene Mitarbeiter Loyalitätskonflikten ausgesetzt wird.

Unter Umständen sollte der Aufsichtsrat eine externe Compliance-Prüfung beauftragen. Die Überprüfung der Wirksamkeit des CMS dient in diesem Fall dazu, einen objektivierten Nachweis der angemessenen Ausübung der Leitungspflicht des Vorstands und der Überwachungspflicht des Aufsichtsrats zu erlangen. Hiermit besteht für Vorstand und Aufsichtsrat die Möglichkeit, das Haftungsrisiko in Bezug auf Pflichtverletzungen zu reduzieren bzw. zu vermeiden.[16]

5. Steuerliche Compliance

5.1 Abgrenzung von Tax Compliance und Tax-Compliance-Managementsystem (TCMS)

Im Folgenden soll ein Fokus auf der Tax Compliance liegen. Steuern sind ein hochrelevantes Themengebiet im Zusammenhang mit Compliance, da sie erstens einen erheblichen Kostenfaktor in Unternehmen darstellen und zweitens die Nichtbefolgung steuerlicher Pflichten ein hohes Haftungspotential beinhaltet. Vor dem Hintergrund der hohen Komplexität des Steuerrechts und der sich laufend ändernden steuerlichen Rahmenbedingungen stellt dies Unternehmen regelmäßig vor große Herausforderungen. Schließlich bieten sich Unternehmen erhebliche steuerliche Gestaltungspielräume, deren Nutzung eine genaue Kenntnis des Steuerrechts sowie aller einschlägigen steuerlich relevanten unternehmensspezifischen Informationen voraussetzt. Eine Optimierung der Steuerbelastung hängt demnach auch von einer adäquaten Tax Compliance ab.[17]

Die Implementierung eines Tax-Compliance-Managementsystems (TCMS) als Bestandteil eines CMS ist auf diese Weise in Aktiengesellschaften aus Sicht der Geschäftsleitung und der Aufsichtsorgane dringend anzuraten. Die Intensität des Systems hängt von zahlreichen Determinanten wie Unternehmensgröße, Unternehmenszweck, Internationalisierung und Grad der Konzernierung ab.[18]

---

16 Vgl. Freidank 2012, S. 406–407.
17 Vgl. Besch/Starck 2010, § 34, Tz. 88.
18 Vgl. Besch/Starck 2010, § 34, Tz. 12.

Der Begriff Tax Compliance bezieht sich auf sämtliche Steuern und Abgaben, wie sie in § 3 der Abgabenordnung definiert sind. Neben den Ertragsteuern und der Umsatzsteuer fallen demnach auch die übrigen Verkehr-, Verbrauch- und Substanzsteuern, mit denen das Unternehmen konfrontiert ist, unter die Tax Compliance. Darüber hinaus werden regelmäßig Zölle, d.h. Einfuhr- und Ausfuhrabgaben unter diesen Begriff subsumiert. Der persönliche Anwendungsbereich der Tax Compliance bezieht sich auf alle Steuersubjekte und somit auch auf die Kapitalgesellschaft, welche nach § 1 KStG ein Steuersubjekt darstellt.

Im Einklang mit der obengenannten Definition des Compliance-Begriffs dient Tax Compliance der Einhaltung und Befolgung der dem Steuerpflichtigen obliegenden Pflichten. Anders als der Begriff seitens der Finanzverwaltung interpretiert wird,[19] stehen bei der Tax Compliance die Interessen des Unternehmens im Mittelpunkt. Tax Compliance erfordert nicht, den Kontrollbedarf der Finanzverwaltung zu senken oder auf rechtlich zulässige gesetzgeberische Spielräume zur Optimierung der Steuerbelastung zu verzichten.[20] Das heißt, ein TCMS verfolgt die Aufgabe, unter Beachtung der rechtlichen Verpflichtungen die Steuerbelastung zu optimieren. Das Verhältnis des Tax-RMS zum TCMS ist in Literatur und Praxis nicht eindeutig. Unabhängig von der konkreten organisatorischen Ausgestaltung im Unternehmen zielt ein effektives TCMS infolge der Erfüllung steuerlicher Pflichten auch auf eine Vermeidung steuerlicher, einschließlich steuerstrafrechtlicher Risiken ab.

5.2 Steuerliche Pflichten

Die zu erfüllenden steuerlichen Pflichten ergeben sich aus Gesetzen, Verordnungen, Urteilen sowie Erlassen der Finanzverwaltung. Die Komplexität erhöht sich bei Auslandssachverhalten, da in diesem Fall neben den ausländischen Rechtsnormen auch mögliche Doppelbesteuerungsabkommen sowie Interdependenzen zwischen den Steuerrechtsordnungen zu berücksichtigen sind.

Die Grundlagen des Besteuerungsverfahrens sind in der Abgabenordnung geregelt, welche den Rahmen für die einzelnen materiellen Steuergesetze wie beispielsweise das Körperschaftsteuergesetz vorgibt.

---

19 Vgl. z.B. Hardeck 2013, S. 156–172.
20 Vgl. Streck/Binnewies 2009, S. 230.

Sie enthält die allgemeinen Regeln zur Ermittlung der Besteuerungsgrundlagen, Festsetzung und Erhebung der Steuern, Vollstreckung, zu den außergerichtlichen Rechtsbehelfen sowie zum steuerlichen Straf- und Ordnungsrecht.

Es besteht eine Verpflichtung zur fristgerechten Begleichung der Steuerschuld, wobei die Fälligkeit regelmäßig in den Einzelsteuergesetzen geregelt ist. Hinzu kommen Verpflichtungen zum Einbehalt und zur Abführung von Quellensteuern. Insbesondere die Lohnsteuer ist an dieser Stelle zu nennen, bei der das Unternehmen als Haftungsschuldner für nicht abgeführte Lohnsteuer herangezogen werden kann (§ 42d Abs. 1 EStG). Kapitalgesellschaften haben auf ihre Ausschüttungen Kapitalertragsteuer einzubehalten (§§ 43 Abs. 1 Nr. 1, 43a Abs. 1 Nr. 1 EStG).

Weitere Verpflichtungen ergeben sich aus den allgemeinen Verfahrensvorschriften, z.B. die steuerlichen Mitwirkungspflichten. Da die Finanzverwaltungen zur Erfüllung ihres Amtsermittlungsauftrages (§ 88 AO) auf den Steuerpflichtigen angewiesen sind, verpflichtet § 90 AO den Steuerpflichtigen zur Mitwirkung. Nach. § 90 Abs. 1 AO erfordert diese die vollständige und wahrheitsgemäße Offenlegung der für die Besteuerung erheblichen Tatsachen sowie die Angabe der ihnen bekannten Beweismittel. Bei Auslandssachverhalten liegen gem. § 90 Abs. 2 AO erhöhte Mitwirkungspflichten sowie weitere Verpflichtungen, wie Tabelle 1 zeigt, vor. Problembereiche sind in diesem Zusammenhang insbesondere die Festlegung und Dokumentation angemessener Verrechnungspreise. Eine Verletzung der Mitwirkungspflichten kann gem. § 162 Abs. 1 AO eine Schätzung der Besteuerungsgrundlagen nach sich ziehen.

Mitwirkungspflichten bei Auslandssachverhalten	Rechtsgrundlage
Erhöhte Mitwirkungspflichten bei Auslandssachverhalten	§ 90 Abs. 2 AO
Dokumentationserfordernisse und Strafzuschläge bei Verrechnungspreisen	§ 90 Abs. 3 AO i. V. m. GAufzV, § 162 AO
Genaue Empfängerbenennung für den Abzug von Betriebsausgaben	§ 160 AO
Nachweis über die Voraussetzung der Quellensteuerentlastung	§ 50d EStG
Mitwirkungspflichten für Niedrigsteuergebiete	§ 16 AStG

Tabelle 1: Mitwirkungspflichten bei Auslandssachverhalten[21]

Zu den Mitwirkungspflichten zählen auch Anzeigepflichten. Beispielsweise sind nach § 137 AO die Gründung, der Erwerb der Rechtsfähigkeit, die Änderung der Rechtsform, die Verlegung der Geschäftsleitung oder des Sitzes und die Auflösung anzuzeigen. § 138 Abs. 2 AO verlangt eine Anzeige der Gründung und des Erwerbs von Betrieben und Betriebstätten im Ausland sowie der Beteiligung an ausländischen Personengesellschaften oder deren Aufgabe oder Änderung sowie des Erwerbs einer nennenswerten (mindestens 10 Prozent) ausländischen Kapitalbeteiligung.

Ferner sind die derivativen Buchführungs- und Aufzeichnungspflichten nach § 140 AO zu nennen, welche eine sich aus anderen Gesetzen wie dem Handelsgesetz ergebende Buchführungs- und Aufzeichnungspflicht auch zu einer steuerlichen Pflicht erklärt. Nach § 238 HGB ist jeder Kaufmann verpflichtet, nach den Grundsätzen einer ordnungsgemäßen Buchführung (GoB) Bücher zu führen, wobei Kapitalgesellschaften Kaufmannseigenschaften kraft Rechtsform besitzen. Aufbauend auf den handelsrechtlichen Regelungen sind der Gewinn und das zu versteuernde Einkommen zu ermitteln. Hierbei sind die steuerlichen Spezialvorschriften nach §§ 4 bis 7k EStG sowie für Kapitalgesellschaften zusätzlich §§ 8 – 10 KStG zu beachten. Dabei handelt es sich beispielsweise um spezielle steuerliche Vorschriften für Ansatz und Bewertung, nicht abzugsfähige Aufwendungen und die für Kapitalgesellschaften besonders relevanten Regelungen über verdeckte Gewinnausschüttungen und verdeckte Einlagen. Hinzu kommen Aufbewahrungspflichten von steuerrelevanten Unterlagen von sechs bis

---

21 Vgl. Hardeck 2011, S. 193.

zehn Jahren (§ 147 AO). Weiterhin treffen den Steuerpflichtigen nach §§ 149 ff. AO Erklärungspflichten. Diese besteht, soweit sie in den einzelnen Steuergesetzen, z. B. § 31 Abs. 1 KStG i.V.m. § 25 Abs. 3 EStG für die Körperschaftsteuererklärung, normiert ist. Zu beachten ist auch eine Berichtigungspflicht nach § 153 AO bei unvollständigen oder unrichtigen Angaben, welche eine Steuerverkürzung nach sich zieht.

§ 200 der Abgabenordnung definiert ferner Mitwirkungspflichten bei Außenprüfungen, wie die Erteilung von Auskünften, Dokumente zur Einsicht und Prüfung vorzulegen, hierzu Erläuterungen zu geben und einen Datenzugriff nach § 147 Abs. 6 AO zu erlauben.

Zahlreiche weitere Pflichten ergeben sich schließlich aus den einzelnen materiellen Steuergesetzen.[22]

5.3 Bestandteile eines TCMS

Tax Compliance ist ein Bestandteil der gesamten Corporate Compliance. Zahlreiche Überschneidungen mit anderen Bereichen der Compliance erfordern eine sorgfältige Abstimmung. Des Weiteren ist das Verhältnis zwischen dem TCMS sowie dem RMS zu fixieren. Beim Aufbau eines TCMS ist wie folgt vorzugehen:[23] Zunächst ist eine adäquate Informationsbasis zu schaffen. Hierzu gehört einerseits die Kenntnis der steuerlichen Pflichten unter Berücksichtigung der stetigen Rechtsänderungen. Andererseits sollte eine Beschaffung unternehmensspezifischer Informationen von in der Vergangenheit aufgetretenen Fehlern und allgemeinen steuerlichen Problembereichen erfolgen. Hierfür könnten folgende vergangenheitsorientierte Quellen dienlich sein:

- Ergebnisse von Due-Diligence-Prüfungen
- Ergebnisse von Betriebsprüfungen
- Abweichende Steuerbescheide
- Außergerichtliche Rechtsbehelfe (Einsprüche)
- Klageverfahren
- Nachzahlungen
- Steuerstrafrechtliche Vorwürfe oder Verurteilungen

Tabelle 2: Unternehmensspezifische Quellen

---

22 Streck/Mack/Schwedhelm 2010 geben einen Überblick über die wesentlichen Verpflichtungen und Risikobereiche im Zusammenhang mit den einzelnen Steuerarten.
23 Vgl. hierzu ausführlich Rogge 2014, S. 665 ff.

Darüber hinaus sind allgemeine steuerliche Problembereiche aus Sicht der Kapitalgesellschaft zu identifizieren, z.B.:

- Verdeckte Gewinnausschüttungen
- Verlustuntergang bei Gesellschafterwechseln (§ 8c KStG)
- Einschränkung der Abzugsfähigkeit von Zinsaufwendungen (Zinsschranke)
- Verrechnungspreise (einschl. Dokumentation)
- Gewerbesteuerliche Hinzurechnungen und Kürzungen (§§ 8, 9 GewStG)
- Vorhandensein ordnungsgemäßer Rechnungen nach §§ 14, 14a UStG für den Vorsteuerabzug
- Lohnsteuer, insb. bei Spesen, Aushilfen, freien Mitarbeitern, Subunternehmern
- Verlagerung der Buchhaltung ins Ausland
- Funktionsverlagerungen
- Umstrukturierungen
- Zahlungen an Personen im Ausland (§ 160 AO, § 5 Abs. 5 Nr. 10 EStG)

Tabelle 3: Steuerliche Problembereiche

Darauf aufbauend ist die Übernahme der verschiedenen Funktionen im Unternehmen zu fixieren, d.h. die verbindliche Festlegung der Zuständigkeiten einzelner Mitarbeiter, die Kommunikation der Aufgaben sowie die Ausstattung mit den notwendigen Ressourcen. Ggf. sind externe Berater auszuwählen. Weiterhin ist festzulegen, welcher Geschäftsführer bzw. Vorstand die Verantwortung für den Bereich Steuern übernimmt. Dies ist hochrelevant für Haftungsfragen.

Schließlich sollte ein Überwachungssystem eingerichtet werden, welches sicherstellt, dass die Funktionen ordnungsgemäß befolgt und Änderungen rechtlicher oder unternehmensspezifischer Art berücksichtigt werden.

Besch und Starck schlagen für ein effektives TCMS die Erstellung eines Tax Operating Manual vor, d.h. ein internes, auf die Bedürfnisse des Unternehmens angepasstes System verschiedener Richtlinien und Dienstanweisungen, welche die jeweiligen Ziele festlegen, Prozesse zur Zielerreichung beschreiben sowie Verantwortlichkeiten bestimmen.[24] In dem Manual werden verschiedene Einzelrichtlinien, z.B. zum Informationsbedarf, zu Fristen, dem steuerliches Risikomanagement und der steuerlichen Verteidigung festgelegt.[25]

---

24 Vgl. Besch/Starck 2010, § 34, Rz. 61.
25 Vgl. hierzu ausführlich Besch/Starck 2010, § 34, Rz. 61 ff.

6. Aufgaben und Problembereiche aus Sicht des Aufsichtsrates

Ein effektives TCMS zielt darauf ab, die Erfüllung steuerlicher Pflichten sicherzustellen, und trägt hiermit zu einer Vermeidung steuerlicher Risiken bei. Hierunter sind Gefahrenpotentiale zu verstehen, die im Wesentlichen daraus resultieren, dass Steuern nicht in zutreffender Höhe festgesetzt oder nicht fristgerecht gezahlt werden oder der Steuerpflichtige seinen Mitwirkungspflichten nicht oder unzureichend nachkommt.[26] Im Falle des Schadenseintritts können aus der Perspektive der Gesellschaft folgende Konsequenzen resultieren:

- Finanzielle Konsequenzen wie Steuernachzahlungen, Verzinsungen und Strafzuschläge. Bei einer Verzinsung von 6 Prozent p.a., verbunden mit einem steuerlichen Abzugsverbot, stellt gerade bei lange zurückliegenden Sachverhalten die Zinslast eine erhebliche Belastung dar.
- Reputationsschäden, sei es bei der Finanzverwaltung oder im Falle eines öffentlichen Bekanntwerdens bei weiteren Anspruchsgruppen des Unternehmens wie z.B. Geschäftspartnern. Angesichts eines gestiegenen öffentlichen Interesses an der Erfüllung steuerlicher Pflichten durch Unternehmen, sollte dieses „weiche" Risiko nicht ignoriert werden.
- Infolge von Offenlegungspflichten (IAS 12) haben gerade kapitalmarktorientierte Unternehmen ein gesteigertes Interesse an der Korrektheit ihrer steuerlichen Angaben in den Konzernabschlüssen, vor allem an einer frühzeitigen Gewissheit über die Höhe der latenten Steuern und einer Reduktion unsicherer Steuerpositionen. Unerwartet hohe Nachzahlungen können sich in diesem Zusammenhang negativ am Kapitalmarkt auswirken.
- Die Organe der Gesellschaft könnten infolge des Schadenseintritts mit Haftungsansprüchen konfrontiert werden. Hierzu gehören einerseits privatrechtliche und andererseits eigene haftungsrechtliche Tatbestände der Abgabenordnung.

Die Sorgfalt eines ordentlichen und gewissenhaften Geschäftsleiters erfordert i.d.R. die Implementierung eines den Bedürfnissen der Gesellschaft angemessenen TCMS durch den Vorstand. Der Aufsichtsrat hat seine Implementierung sowie Funktionsweise zu überwachen. Er muss nicht jedes Detail des TCMS überwachen, sondern vielmehr

---

26 Vgl. Obermayr 2006, S. 85; Freidank/Mammen 2008, S. 286.

prüfen, ob ein TCMS implementiert wurde, ggf. sollten stichprobenartige Kontrollen durchgeführt werden. Eine genauere Prüfung erfolgt grundsätzlich lediglich dann, wenn konkrete Anhaltspunkte für Mängel vorliegen. Zudem sollte der Aufsichtsrat auch anlassunabhängige Prüfungen durchführen.

Ist der Gesellschaft ein Schaden entstanden und dieser durch den Vorstand infolge einer Verletzung der Sorgfalt eines ordentlichen Kaufmanns zu verantworten, ist die Geltendmachung von Schadensersatzansprüchen der Gesellschaft gegen ihre Vorstandsmitglieder zunächst Aufgabe des Aufsichtsrats. Dies entspringt seinen auch vergangenheitsbezogenen Kontroll- und Überwachungsaufgaben, welche die Prüfung von Ansprüchen gegen Vorstandsmitglieder und die Entscheidung über eine Anspruchsverfolgung beinhalten.[27] Sollten beispielsweise der Gesellschaft Schäden infolge eines Versäumnisses bei der Implementierung adäquater TCMS-Strukturen entstanden sein, müsste der Aufsichtsrat diesem nachgehen. Darüber hinaus ist es seine Aufgabe, in schweren Fällen personelle Konsequenzen zu veranlassen. Im Innenverhältnis können auch Aufsichtsräte gegenüber der Gesellschaft schadensersatzpflichtig sein, insbesondere nach § 116 AktG, wenn der Aufsichtsrat die Geschäftsführung des Vorstands z.B. im Hinblick auf die Implementierung eines TCMS nicht mit der gebotenen Sorgfalt überwacht hat.

Aufsichtsräte selbst können dagegen im Außenverhältnis mit wenigen Ausnahmen grundsätzlich nicht als Haftungsschuldner für Steuern der Gesellschaft fungieren. Während der Vorstand infolge von §§ 69, 34 AO als Vertreter der Gesellschaft für Steuern der Gesellschaft haftet, die infolge vorsätzlicher oder grob fahrlässiger Verletzungen der ihnen auferlegten Pflichten nicht oder nicht rechtzeitig festgesetzt oder erfüllt worden sind, kommt diese Norm bei Aufsichtsräten grundsätzlich mangels Vertretungsmacht nicht in Betracht. Nur in Ausnahmefällen haben Aufsichtsräte nach dem Aktiengesetz eine Vertretungsmacht inne (z.B. § 105 Abs. 2 AktG). Im Außenverhältnis kommt lediglich eine Norm in Betracht, welche ein Haftungspotential der Aufsichtsräte für Steuern der Gesellschaft mit sich bringt. Konkret haften Aufsichtsräte für Steuern der Gesellschaft, wenn sie an einer Steuerstraftat, insbesondere der Steuerhinterziehung nach § 370 AO, beteiligt sind.

---

27 Vgl. BGH-Urteil vom 21.04.1997 – II ZR 175/95.

Neben Haftungstatbeständen sind die Organe einschließlich der Aufsichtsräte persönlich mit steuerstrafrechtlichen Risiken konfrontiert. Diese sind die Folge einer Steuerhinterziehung (§ 370 AO), leichtfertigen Steuerverkürzung (§378 AO) und der übrigen Steuer- und Zolldelikte. Eine Steuerhinterziehung liegt vor, wenn den Finanzbehörden oder anderen Behörden vorsätzlich über steuerlich erhebliche Tatsachen unrichtige oder unvollständige Angaben gemacht oder die Finanzbehörden pflichtwidrig über steuerlich erhebliche Tatsachen in Unkenntnis gelassen werden und dadurch Steuern verkürzt oder für sich oder einen anderen nicht gerechtfertigte Steuervorteile erlangt werden. Sollten Aufsichtsräte Teilnehmer einer Steuerstraftat sein, riskieren Sie bei einer Verurteilung Geld- und in gravierenden Fällen Gefängnisstrafen.

Angesichts dieser Problembereiche ist Aufsichtsräten dringend die sorgfältige Überwachung der Implementierung eines TCMS zu empfehlen.

Verpflichtung des Aufsichtsrates	Risiken aus Sicht des Aufsichtsrates
☑ Grundlegende Überwachung der Tax Compliance ☑ Eingehende Überprüfung bei Anhaltspunkten für Defizite ☑ Geltendmachung von Schadenersatzansprüchen gegen Vorstandsmitglieder ☑ Ggf. personelle Konsequenzen	⚖ Haftung im Innenverhältnis für entstandene Schäden
☑ Einhaltung der Gesetze	⚖ Steuerstrafrechtliche Konsequenzen (Geld- bzw. Gefängnisstrafen) ⚖ Haftung im Außenverhältnis, d.h. gegenüber den Finanzbehörden, bei Teilnahme an Steuerstraftaten

Tabelle 4: Checkliste für den Aufsichtsrat

7. Schlussbetrachtung

Der vorliegende Beitrag setzte sich mit Inhalt und Reichweite der präventiv verstandenen Compliance-Verantwortung des Aufsichtsrats, seinen Aufgaben sowie möglichen Instrumenten zur Wahrnehmung seiner Compliance-Verantwortung auseinander. Die Notwendigkeit des Einbezugs der Compliance in die Überwachungstätigkeit des Aufsichtsrats ergibt sich grundsätzlich schon aus der hohen unternehmerischen

Bedeutung. Zudem beziehen sich auch zunehmend Normen auf den Compliance-Begriff. In diesem Kontext ist der DCGK hervorzuheben, welcher zwar nicht gesetzlich verpflichtend anzuwenden ist, jedoch ist diesbezüglich von eine faktischen Verpflichtung auszugehen. Vor diesem Hintergrund erfolgte eine exemplarische Konkretisierung der Compliance-bezogenen Verantwortung des Aufsichtsrats anhand der steuerlichen Compliance. Es konnte gezeigt werden, dass die Compliance ein sehr relevantes Themengebiet für Unternehmen darstellt.

Die Sicherstellung der Compliance durch ein CMS ist im Rahmen seiner Leitungspflicht grundsätzlich alleinige Aufgabe des Vorstands. Der Aufsichtsrat hat allerdings die Implementierung und Funktionsweise zu überwachen und muss bei Verstößen tätig werden. Zudem sind anlassunabhängige Prüfungen zu empfehlen. Ein Versäumnis seiner Überwachungspflicht kann zu Haftungsansprüchen der Gesellschaft gegen den Aufsichtsrat führen. Vor diesem Hintergrund ist es Aufsichtsräten anzuraten, sich mit den Bereichen Compliance und CMS auseinanderzusetzen und diese aktiv in die Überwachung des Vorstands einzubeziehen.

Literatur

Arbeitskreis „Externe und Interne Überwachung der Unternehmen" der Schmalenbach-Gesellschaft für Betriebswirtschaft e.V., Compliance: 10 Thesen für die Unternehmenspraxis, in: Der Betrieb 2010, S. 1509–1518.
Besch, C./Starck, A.: § 34: Tax Compliance, in: Hauschka, C.E. (Hrsg.), Corporate Compliance, 2. Auflage 2010.
Cauers, L./Haas, K./Jakob, A., Kremer, F./Schartmann, B./Welp, O.: Ist der gegenwärtig viel diskutierte Begriff „Compliance" nur alter Wein in neuen Schläuchen?, in: Der Betrieb 2008, S. 2717–2719.
Freidank, C.-Chr.: Unternehmensüberwachung. Die Grundlagen betriebswirtschaftlicher Kontrolle, Prüfung und Aufsicht, München 2012.
Freidank, C.-Chr./Mammen, A.: Reporting steuerlicher Risiken im Konzernlagebericht als Instrument der Corporate Governance. Ableitungen möglicher Reportingstrukturen und –wirkungen, in: Zeitschrift für Corporate Governance 2008, S. 285–292.
Freidank, C.-Chr./Dürr, B./Sassen, R.: Entwicklung eines Haftungsmanagementsystems für den Aufsichtsrat, in: Betriebs-Berater 2013, S. 2283–2288.
Freidank, C.-Chr./Sassen, R.: Regulierungstheoretischer Ansatz des Controllings: Notwendigkeit einer Weiterentwicklung von Unternehmensführung und -überwachung, in: Freidank, C.-Chr./Velte, P. (Hrsg.): Corporate Governance, Abschlussprüfung und Compliance. Neue Entwicklungen aus nationaler und internationaler Sicht, Berlin 2012, S. 161–189.

Habersack, M.: Grund und Grenzen der Compliance-Verantwortung des Aufsichtsrats der AG, in: Die Aktiengesellschaft, 2014, S. 1–8.

Hardeck, I.: Risikoaspekte in der internationalen Steuerplanung infolge von staatlichen Abwehrmaßnahmen, in: Grotherr, Siegfried (Hrsg.), Handbuch der internationalen Steuerplanung, 3. Auflage, Herne 2011, S. 175–196.

Hardeck, I.: Kooperative Compliance Programme zwischen Finanzverwaltungen und Unternehmen – Zukunft oder Sackgasse? Eine international vergleichende Analyse, in: Steuer und Wirtschaft, 2013, S. 156–172.

IDW PS 980, Grundsätze ordnungsmäßiger Prüfung von Compliance Management Systemen, in: IDW Fachnachrichten 2011, S. 203–231.

Obermayr, A.: Managing Tax Risks, in: Ertl, P. (Hrsg.), Risikomanagement und Jahresabschluss, Wien 2006, S. 85–107.

Rogge, S.: Tax Compliance – Wahrung steuerlicher Pflichten und Kontrolle steuerlicher Risiken, in: Betriebs-Berater 2014, S. 664–669.

Streck, M./Binnewies, B.: Tax Compliance, in Deutsches Steuerrecht 2009, S. 229–234.

Streck, M./Mack, A./Schwedhelm, R. (Hrsg.): Tax Compliance. Risikominimierung durch Pflichtenbefolgung und Rechteverfolgung, Köln 2010.

Urteile

BGH-Urteil vom 21.04.1997 – II ZR 175/95.

LG Berlin, Urt. v. 3. 7. 2002, Az.: 2 O 358/01.

Unternehmenssteuern
Andreas Mammen

> **Abstract**
>
> Steuerbelastungen sowie Steuerrisiken können einen signifikanten Einfluss auf die Höhe des Unternehmenswertes nehmen und zählen somit zu den wesentlichen Untersuchungsbereichen eines Aufsichtsrates. Aufgrund der Komplexität und vor allem der bestehenden Heterogenität des nationalen und internationalen Steuerrechts ist eine systematische Schulung des Aufsichtsrates unabdingbar, um eine Überwachung im Sinne der Aktionäre gewährleisten zu können. Die nachfolgenden Ausführungen vermitteln lediglich ein Grundlagenwissen im Unternehmenssteuerrecht, mithilfe dessen der Aufsichtsrat ausgewählte steuerliche Risikopotentiale erkennen und darauf aufbauend ggf. weitere Untersuchungshandlungen, unter Zuhilfenahme von Sachverständigen, einleiten soll. Entsprechend der Tätigkeitsprofile des Aufsichtsrates erfolgt eine differenzierte Wissensvermittlung. Infolge einer bislang fehlenden inhaltlichen Konkretisierung bezüglich der Untersuchungsbereiche erfolgt eine Unterscheidung zwischen verpflichtenden und speziellen Wissensstandards, über die der Aufsichtsrat verfügen muss bzw. sollte. Erstere sind Gegenstände der nachfolgenden Ausführungen.

> **10 Fragen**
>
> Verpflichtende Standards für alle Aufsichtsratsmitglieder
>
> 1. Wie ist der Einfluss von Steuern auf den Unternehmenswert?
> 2. Können Sie eine Strukturierung von Steuern vornehmen und deren Einflussnahme auf den Gewinn beschreiben?
> 3. Was versteht man unter einer verdeckten Gewinnausschüttung, und wieso ist deren Überprüfung so wichtig?
> 4. In welchem Fall hat die Umsatzsteuer eine Gewinnauswirkung?
> 5. Welche Berichtselemente liefern Informationen über Steuern?
> 6. Warum ist die Konzernsteuerquote für kapitalmarktorientierte Unternehmen von Bedeutung?
> 7. Unter welcher Position werden Ertragsteueraufwendungen i.R. der Gewinn- und Verlustrechnung ausgewiesen?

> 8. In welchen Fällen werden noch ausstehende Ertragsteuerbelastungen unter der Position „Steuerrückstellungen" oder „Sonstige Verbindlichkeiten" ausgewiesen?
> 9. Welche Möglichkeiten offerieren Verrechnungspreise aus steuerlicher Sicht, und welche Risiken sind mit ihnen verbunden?
> 10. Wie hoch ist die relative Ertragsteuerbelastung einer inländischen Kapitalgesellschaft bei einem unterstellten Gewerbesteuerhebesatz von 400 Prozent?

1. Zielsetzung und Aufbau

Die Organisation von Kapitalgesellschaften kann nach dem sog. *One Tier-* oder *Two-Tier-System* erfolgen. Bei Letzterem ist die Geschäftsführung strikt institutionell von der Überwachung getrennt, wie es auch in Deutschland für Aktiengesellschaften vorgeschrieben ist (§ 30 AktG). Der Vorstand bildet dabei das ausführende, der Aufsichtsrat das überwachende Organ. Unter anderem in den USA findet für „corporation" das One Tier-System Anwendung. Das Board of Directors umfasst dabei sowohl das geschäftsführende als auch das überwachende Element zugleich. Letzteres ist somit unmittelbar in die operativen Geschäfte der Gesellschaft eingebunden. Zeitliche Verzögerungen sowie inhaltliche Beeinträchtigungen hinsichtlich der Informationsvermittlung vom Chief Executive Officer (CEO) zum Board of Directors lassen sich dadurch reduzieren. Der deutsche Gesetzgeber sowie der Deutsche Corporate Governance Kodex (DCGK) begegnet diesem im Two-Tier-System möglichem Informationsverlust mit Regelungen, die eine uneingeschränkte und unverzügliche Informationsversorgung des Überwachungsorgans gewährleisten sollen. Auf europäischer Ebene besteht indes die Möglichkeit der Gründung einer Europäischen Aktiengesellschaft (sog. Societas Europaea, SE), die bezüglich der Führungsstruktur ein Wahlrecht zwischen einem One-Tier- und Two-Tier-System offeriert. Unternehmen wie Fresenius, BP, Allianz, Axel Springer sowie Porsche Holding haben von dieser Rechtsform bereits Gebrauch gemacht. Die nachfolgenden Ausführungen basieren ausschließlich auf dem für deutsche Aktiengesellschaften gebotenen Two-Tier-System.

Die primäre Aufgabe des Aufsichtsrates besteht darin, „die Geschäftsführung [zum Wohle der Aktionäre] zu überwachen (§ 111 Abs. 1 AktG)." Zudem werden die Aufgaben und Pflichten sowie die Beziehungen zwischen Vorstand und Aufsichtsrat im DCGK konkretisiert. Unternehmerische Entscheidungen sind oft auch mit steuerlichen

Auswirkungen verbunden, die die Geschäftsführung (Vorstand, Geschäftsführer — nachfolgend als Top-Management bezeichnet) in ihren ökonomischen Überlegungen zu integrieren hat. Steuern haben einen unmittelbaren Einfluss auf die Höhe, der an die Aktionäre bzw. Gesellschafter auszuschüttenden Dividende.[1] Bemessungsgrundlage hierfür ist der Bilanzgewinn (§ 58 Abs. 4 AktG), der sich aus dem handelsrechtlichen Jahresüberschuss nach Steuern ableitet (§ 275 HGB). Eine Optimierung der Steuerabgabenlast liegt somit im unmittelbaren Interesse der Aktionäre bzw. Gesellschafter.

Die nachfolgenden Ausführungen beziehen sich ausschließlich auf Aktiengesellschaften, wobei auch GmbHs ggf. per Gesetz oder auf der Grundlage der Satzung bzw. des Gesellschaftsvertrages einen entsprechenden Aufsichtsrat einzurichten haben. Die Überwachungstätigkeit erfordert vom Aufsichtsrat einen gewissen Sachverstand, um eine adäquate Beurteilung der Tätigkeit der Geschäftsführung vornehmen zu können. Dieser Sachverstand wird zum einem determiniert von der Komplexität des Unternehmens, respektive seinen wirtschaftlichen und rechtlichen Rahmenbedingungen, und zum anderen von der Stellung des jeweiligen Aufsichtsrates selbst. Hinsichtlich der inneren Ordnung des Aufsichtsrates sieht § 107 Abs. 1 AktG vor, dass aus der Reihe aller Aufsichtsratsmitglieder mindestens ein Vorsitzender und ein Vertreter zu wählen ist.

Ein vollumfängliches steuerliches Wissen soll und kann mit den nachfolgenden Ausführungen nicht vermittelt werden. Vielmehr soll eine differenzierte Wissensvermittlung nach Maßgabe des § 107 Abs. 1 AktG, d.h. entsprechend der Tätigkeitsprofile der Aufsichtsratsmitglieder vorgenommen werden. Unterschieden wird nachfolgend zwischen 1. allgemeinen steuerlichen Standards, über die jedes Aufsichtsratsmitglied verfügen sollte und 2. speziellen steuerlichen, weitergehenden Standards, über die der Aufsichtsratsvorsitzende und sein Vertreter verfügen sollten. Diese Unterteilung ist zweckmäßig, da der Aufsichtsratsvorsitzende und sein Vertreter die Arbeit im Aufsichtsrat koordinieren, Sitzungen leiten und die Belange des Aufsichtsrates nach außen wahrnehmen.[2] Der direkte Kontakt zum Vorstand erfordert zudem ein umfangreicheres Wissen als das eines gewöhnlichen Aufsichtsratsmit-

---

1 Auch im Rahmen von Investitionsentscheidungen, wie z.B. Unternehmenskäufen oder Fusionen sind Steuerwirkungen in den Entscheidungswert zu integrieren, erste Ansätze vgl. etwa Brown 1948; Johanssen 1969; Steiner 1980 sowie mit Bezug auf M&A-Transaktionen Mammen 2015.
2 Vgl. DCGK 5.2.

gliedes. Aufgrund der Verknüpfung zwischen handelsrechtlicher und steuerrechtlicher Gewinnermittlung sind zudem rechnungslegungsspezifische Kenntnisse erforderlich, insbesondere hinsichtlich der Bilanzierung[3] und des Ausweises von Steuerwirkungen.

Handelt es sich dabei um einen Aufsichtsrat einer nichtbörsennotierten Muttergesellschaft, beschränken sich die Kenntnisse auf die handelsrechtliche Rechnungslegung. Ist die Muttergesellschaft hingegen börsennotiert, hat der Aufsichtsrat der Muttergesellschaft neben dem handelsrechtlichen Einzelabschluss auch den nach internationalen Rechnungslegungsvorschriften zu erstellenden Konzernabschluss (§ 315a HGB) zu überprüfen (§ 171 Abs. 1 AktG). Es sind daher neben den handelsrechtlichen Vorschriften die jeweiligen steuerrelevanten IFRS-Standards zu erörtern. Auf die US-amerikanischen Rechnungslegungsstandards wird nicht explizit eingegangen, da i.R. des noch andauernden Konvergenzprojektes langfristig eine Angleichung zwischen IFRS und US-GAAP-Standards zu erwarten ist und zudem das Untersuchungsobjekt an einer europäischen Börse gelistet sein soll, an der verpflichtend die IFRS zu befolgen sind. Zudem ist für das Listing einer europäischen Gesellschaft an einer US-amerikanischen Börse seit Dezember 2007 ein IFRS-Abschluss, ohne eine Überleitungsrechnung auf die US-GAAP, ausreichend. Aufgrund der Komplexität nationaler und internationaler Steuernormen kann die Überprüfung durch den Aufsichtsrat ohne Zuhilfenahme von Sachverständigen oft nicht erfolgen. Bei kapitalmarktorientierten Gesellschaften fordern die §§ 100 Abs. 5, 107 Abs. 4 AktG, dass mindestens ein Mitglied des Aufsichtsrates „über Sachverstand auf den Gebieten Rechnungslegung oder Abschlussprüfung verfügen muss (sog. Financial Expert)." Offen bleibt jedoch hier, wie detailliert der Kenntnisstand sein muss und inwieweit es erforderlich ist, diesen durch entsprechende Zertifizierungen oder Berufsexamina, wie etwa dem Steuerberater- und/oder Wirtschaftsprüferexamen nachzuweisen („…, auch eine dem Abschlussprüfer äquivalente Berufsausbildung ist nicht notwendig, sofern die erforderliche Sachkunde anderweitig erlangt wurde."[4]). Eine differenzierte Untersuchung kann ggf. durch einen durch den Aufsichtsrat dafür speziell eingerichteten Prüfungsausschuss ermöglicht werden (§ 107 Abs. 3 Satz 2 AktG), welcher sich z.B. mit „der Überwachung des Rechnungslegungsprozesses" beschäftigt. Bei besonders komplexen Einzelsachverhalten, wie etwa einer Umwandlung oder einem Unternehmenskauf, kann zudem die

---

3 Vgl. den Beitrag „Rechnungslegung" in diesem Buch.
4 ErfK/Oetker AktG § 100 Rn. 4.

Stellungnahme eines Sachverständigen eingeholt werden, um die von der Transaktionen ausgehenden Steuerwirkungen adäquat beurteilen und in die Unternehmensbewertung integrieren bzw. deren Einflussnahme abschätzen zu können (§ 111 Abs. 2 Satz 2 AktG). Der Umfang und die Intensität der steuerlichen Überwachungsaktivitäten hängen vom jeweiligen Einzelsachverhalt ab. Durch die rechtlichen und wirtschaftlichen Rahmenbedingungen der Gesellschaft lassen sich jedoch grundsätzliche Untersuchungsbereiche skizzieren, die die Inhalte für die *allgemeinen* und *speziellen Standards* bestimmen.

Als wesentliche Parameter gelten dabei:

- die *Rechtsform* (Personengesellschaft/Kapitalgesellschaft) und der *Sitz* der Gesellschaft (bestimmen das *Besteuerungskonzept*, die zu berücksichtigen Steuerarten und die zugrundeliegenden nationalen und ggf. internationalen Rechtsnormen),
- der *Gesellschaftszweck* (bestimmt die Bedeutung einzelner Steuerarten),
- die *Integration* in einen nationalen oder internationalen *Konzernverbund* (bestimmen das Ausmaß innerkonzernlicher Transaktionen und die davon ausgehenden Risikopotentiale),
- die *Art* des *Auslandsengagements* (Betriebsstätte oder rechtlich selbständige Gesellschaft) sowie
- *außerordentliche* Vorgänge, wie etwa Umwandlungen oder Unternehmenskäufe bzw. -verkäufe.

Zusammenfassend sind nachfolgende Punkte für den Aufsichtsrat relevant:

Allgemeine Standards – für jedes Aufsichtsratsmitglied verpflichtend
- Die Systematisierung und Bedeutung von Steuern für den Unternehmenswert (2.1),
- die Besteuerung von Kapitalgesellschaften (mit oder ohne Organschaftskonzept, 2.2, 2.3),
- die Besteuerung von Konzernen (mit oder ohne ausländischen Tochtergesellschaften, 2.2, 2.3),
- die Abbildung von Steuern in der Rechnungslegung von Kapitalgesellschaften (2.4).

Spezielle Standards – zusätzlich für den Aufsichtsratsvorsitzenden und seinen Vertreter verpflichtend
- Die Bedeutung von Steuern im Rahmen von Mergers & Acquisitions,
- die Bedeutung der Steuerquote und der steuerlichen Überleitungsrechnung,
- steuerliche Risikopotentiale – deren Identifikation, Bewertung, Steuerung und Haftung.

Die speziellen Standards setzen das vermittelte Wissen aus den allgemeinen Ausführungen voraus (Punkte 2.1 bis 2.4). Hierbei geht es in erster Linie um steuerstrategische Aspekte, wie etwa der Frage nach der steuerökonomisch vorteilhaftesten Transaktionsstruktur im Rahmen von Unternehmenskäufen[5], Möglichkeiten zur Reduktion von Steuerbelastungen und Haftungspotentialen durch einzuleitende Integrationsmaßnahmen sowie allgemein der Kommunikation von Steuern an den Kapitalmarkt, über die Berichtskomponenten „steuerliche Überleitungsrechnung" und „Konzernsteuerquote". Diese Inhalte sollten Gegenstand einer weiterführenden Fortbildung, insbesondere für den oder die Aufsichtsratsvorsitzenden zum Thema „Steuern und Aufsichtsrat", sein. Der nachfolgende Beitrag konzentriert sich auf die Vermittlung allgemeiner Wissensstandards.

Bevor auf die steuerspezifischen Ausführungen eingegangen wird, soll dem Aufsichtsrat aufgezeigt werden, welche Informationsquellen ihm – neben der direkten Informationsversorgung durch den Vorstand sowie dem Abschlussprüfer (Internes Management Reporting) – in Abhängigkeit zum zugrunde zu legenden Rechnungslegungssystem und Untersuchungsobjekt (Einzel- vs. Konzernabschluss) zur Beurteilung und Überwachung steuerrelevanter Informationen zur Verfügung stehen[6] (siehe Abbildung 1, S. 164). Das externe Management Reporting gilt als Informationslieferant der Öffentlichkeit, hierunter werden das Financial, Corporate Governance, Sustainability, Value und Integrated Reporting erfasst. Die einzelnen Berichtselemente liefern entsprechend den Informationsbedürfnissen der einzelnen Anspruchsgruppen (Stakeholder) unterschiedliche Informationen, die quantitativer oder qualitativer Natur sein können. Auch qualitative Informationen

---

5 Vgl. für eine mögliche Modellierung i.R. einer Investitionsentscheidung Mammen (2015).
6 Der Anhang[1] entspricht den internationalen Notes, wobei bezüglich des Umfangs und der Detailtiefe Unterschiede existieren. Vergleichbar dem handelsrechtlichen Lagebericht[2] ist der von der SEC geforderte MD&A-Report als Teil der 10k-Form und dem auf bislang nach den IFRS auf freiwilliger Basis erstelltem Management Commentary.

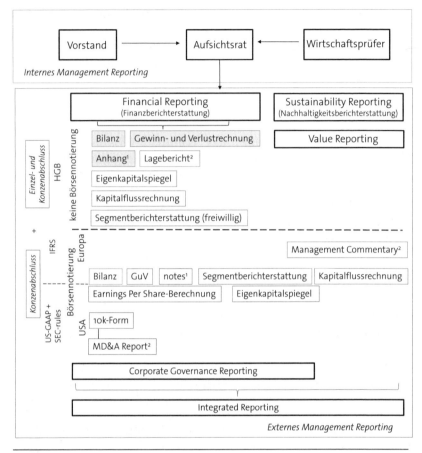

Abbildung 1: Steuerrelevante Informationsmedien

sind für die Beurteilung der steuerlichen Situation einer Gesellschaft bedeutsam, wie etwa die Ausgestaltung des Risikomanagementsystems, der grundsätzliche Umgang mit Risiken, deren Identifikation, Bewertung und Absicherung. Derartige Informationen lassen sich u.a. aus dem Lagebericht, dem Corporate Governance Reporting, dem Integrated Reporting, dem Management Commentary und dem MD&A-Report als Teil der 10k-Form für gelistete Unternehmen an der US-amerikanischen Börse entnehmen. Auf die beiden zuletzt genannten Informationsmedien kann der Aufsichtsrat zurückgreifen, wenn er zugleich Aufsichtsrat einer in der EU oder in den US gelisteten Muttergesellschaft ist, die zudem einen Konzernabschluss nach internationalen Rechnungslegungsvorschriften aufzustellen hat. Das Ausmaß der Informationsinhalte eines Value und Integrated Reporting kann schwanken,[7] da sie auf (grundsätzlich) freiwilliger Basis erfolgen, wobei sich Unternehmen bei dem Integrated Reporting i.d.R. an einen dafür errichteten Framework halten, dass spezielle Inhalte empfiehlt, wie etwa Ausführungen zur Strategie, zum Unternehmensmodell sowie den davon ausgehenden Chancen und Risiken. Informationen dieser Art sind auch für die Beurteilung der Steuerperspektive bedeutsam, um grundlegenden Untersuchungsbereiche zu skizzieren. Die nachfolgenden Ausführungen beschränken sich auf die vom Gesetzgeber für das Financial Reporting vorgesehenen Berichtselemente.

2. Verpflichtende Standards für alle Aufsichtsratsmitglieder

2.1 Systematisierung und Bedeutung von Steuern für den Unternehmenswert

Kapitalmarktorientierte Unternehmen verfolgen das Ziel der nachhaltigen Steigerung des Unternehmenswertes (Shareholder Value). Hierzu sind die unternehmerischen Entscheidungen des Top-Managements nach sorgfältiger Abwägung und auf der Grundlage angemessener Informationen zum Wohle der Gesellschaft zu treffen (sog. Business Judgement Rule, § 93 Abs. 1 AktG). Als Kontrollinstanz haben Aktiengesellschaften und ggf. auch GmbHs einen Aufsichtsrat einzurichten, dessen Kernaufgabe darin besteht, „die Geschäftsführung [im Interesse der Aktionäre] zu überwachen" (§ 111 Abs. 1 AktG). Das heißt, der Aufsichtsrat hat „die *Rechtmäßigkeit, Ordnungsmäßigkeit, Zweckmäßigkeit* und *Wirtschaftlichkeit* der Geschäftsführung" unter Berücksichtigung der Einhaltung der gesetzlichen Pflichten zu kontrollieren.[8] Eine detaillierte Einzelfallprüfung zählt nicht dazu. Vielmehr wird hierunter eine unter Berücksichtigung des Wesentlichkeitsgrundsatzes durchzuführende kritische Analyse der Handlungen des Top-Managements zu verstehen sein.

Die Steuerperspektive eines Unternehmens ist hierbei von immenser Bedeutung, da aus grds. allen unternehmerischen Entscheidungen steuerliche Wirkungen resultieren. Steuern und Steuerrisiken nehmen einen unmittelbaren bzw. mittelbaren Einfluss auf die Höhe des Unternehmenswertes und tangieren damit die Interessen der Aktionäre.

---

7 Vgl. weiterführend Mammen/Hinze 2015, S. 561–589.
8 Hambloch-Gesinn (2013), S 298.

		Unternehmenssteuern				Privatsteuern (bei Einzelunternehmung, Personengesellschaften)
Art		Aktivierungspflichtige Steuern	Nichtaktivierungspflichtige Steuern	(steuerlich) nicht abzugsfähige Betriebsausgaben	Steuern als durchlaufender Posten	ESt, Soli (Ertragsteuern), ErbSt
		GrewSt	KfZ-Steuer, Grundsteuer, LSt	KSt, GewSt, Soli (Ertragsteuern), ErbSt	USt	
Gewinnauswirkung	handelsrechtlich	Ja, anteilig über eine erhöhte Abschreibungsbemessungsgrundlage	Ja, sofortiger Abzug	Ja	grds. Nein	Nein
	steuerrechtlich	dito	dito	Nein	dito	Nein
Informationsquelle	Bilanz	x	–	ggf. als Steuerforderung oder Steuerrückstellung bzw. Steuerverbindlichkeit	ggf. als sonstige Forderung/sonstige Verbindlichkeit	über erhöhtes/vermindertes Eigenkapital
	GuV	Mittelbar über erhöhte Abschreibung	Ja, unter der Position „sonstige Steuern", § 275 HGB	Ja, unter der Position Steuern vom Einkommen und Ertrag, § 275 HGB	grds. Nein, Ausnahme, falls nicht abzugsfähig.	Nein
	Anhang	x	x	x	x	–

Abbildung 2: Systematisierung von Steuern

Eine erhöhte bzw. unvorhersehbare Steuerzahlung führt unmittelbar zu einer verminderten Dividendenausschüttung und zur Senkung des Unternehmenswertes. Darüber hinaus vermindern Steuern die Liquidität eines Unternehmens. Bereits marginale Veränderungen der relativen Ertragssteuerbelastung (Körperschaftsteuer, Gewerbesteuer und

Solidaritätszuschlag) eines Unternehmens haben dabei einen weitaus signifikanteren Einfluss auf die Höhe des Unternehmenswertes als jede andere vergleichbare unternehmerische Maßnahme, wie z.B. eine Umsatzsteigerung in gleicher Höhe. Die steuerliche Sphäre des Unternehmens bedarf daher der besonderen Aufmerksamkeit i.R. der Überwachung der Geschäftstätigkeit des Top-Managements durch den Aufsichtsrat (§ 111 Abs. 1 AktG).

Steuern lassen sich nach verschiedenen Kriterien systematisieren. Differenziert wird hier zwischen:
- Unternehmenssteuern[9] und
- Privatsteuern.

Zu differenzieren ist national zwischen einer *handelsrechtlichen* und *steuerrechtlichen Rechnungslegung*. Die beiden Rechnungslegungssysteme verfolgen unterschiedliche Zielsetzungen, woraus sich auch die ggf. abweichenden steuerrechtlichen Regelungen erklären lassen (sog. Ansatz- und Bewertungsvorbehalt). Während die handelsrechtliche Rechnungslegung primär Informationscharakter trägt und dem Gläubigerschutz dient, liefert die steuerrechtliche Rechnungslegung die Bemessungsgrundlage für die Besteuerung. Charakteristisch für das deutsche Ertragsteuerrecht ist die bestehende Verknüpfung zwischen handelsrechtlicher und steuerrechtlicher Rechnungslegung über den Grundsatz der *Maßgeblichkeit*:
- So existieren handelsrechtliche Ansatz- und Bewertungsvorschriften, die uneingeschränkt auch für die steuerrechtliche Gewinnermittlung gelten (direkte Maßgeblichkeit, § 5 Abs. 1 Satz 1 HS. 1 EStG),
- steuerrechtliche Ansatz- und Bewertungsvorschriften (Wahlrechte), die unabhängig von der Anwendung in der handelsrechtlichen Rechnungslegung steuerrechtlich Anwendung finden (eingeschränkte Maßgeblichkeit, § 5 Abs. 1 Satz 1 HS. 2 i.V.m. § 5 Abs. 1 Satz 2 EStG), und
- solche Regelungen, die abweichend von der handelsrechtlichen Rechnungslegung, i.R. der steuerrechtlichen Gewinnermittlung zu befolgen sind (Ansatz- und Bewertungsvorbehalte, § 5 Abs. 6 EStG.).

---

9 Der Gesetzgeber verwendet an einigen Stellen den Begriff „Betriebssteuern", wie etwa i.R. der Haftung von Steuerverbindlichkeiten (§ 75 AO). Der Umfang ist u.a. abhängig von der zugrunde gelegten Rechtsform. Da Kapitalgesellschaften über keine private Sphäre verfügen, zählen hier auch die Ertragsteuern zu den Unternehmenssteuern.

Unternehmenssteuern sind solche Steuern, die durch die betrieblichen Aktivitäten begründet werden. Sie sind als Betriebsausgaben abzugsfähig und mindern daher grundsätzlich[10] sowohl den handelsrechtlichen als auch den steuerrechtlichen Gewinn. Kapitalgesellschaften können ihre Gewinn- und Verlustrechnung nach dem Gesamtkosten- oder dem Umsatzkostenverfahren erstellen (§ 275 HGB). Während international das Umsatzkostenverfahren angewendet wird, findet national überwiegend das Gesamtkostenverfahren Anwendung, was im weiteren Verlauf zugrunde gelegt wird. Die Steuerbelastungen sind den Positionen 14, 15 bzw. der Position „Abschreibungen" (3a) aus dem für das Gesamtkostenverfahren vorgesehenen Gliederungsschema zu entnehmen (§ 275 Abs. 1 HGB).

Hinsichtlich des Umfangs bzw. des Zeitpunkts der Ergebnisbeeinflussung kann weiterhin differenziert werden zwischen aktivierungspflichtigen und nichtaktivierungspflichtigen Steuern. Erstere führen nicht unmittelbar in vollem Umfang zu einer Ergebnisbeeinflussung bzw. zu einer Minderung der Steuerbemessungsgrundlage, sondern erst sukzessive über eine erhöhte Abschreibungsbemessungsgrundlage (Position 3a in § 275 Abs. 1 HGB).[11]

Beispiel 1 (aktivierungspflichtige Steuer, Grunderwerbsteuer, Position 3a, § 275 Abs. 1 HGB):

Die Stahl AG kauft ein (bebautes) Grundstück im Wert von 1.000.000 Euro. Der Kaufpreis entfällt zu 30 Prozent auf den Grund und Boden und entsprechend zu 70 Prozent auf das Gebäude. Der Vorgang unterliegt der Grunderwerbsteuer, § 1 Abs. 1 Nr. 1 GrEStG. Die Steuer bemisst sich „nach dem Wert der Gegenleistung", § 8 Abs. 1 GrEStG somit 1.000.000 Euro. Die Steuer beträgt 3,5 Prozent der Bemessungsgrundlage, § 11 Abs. 1 GrEStG. Entgegen der zivilrechtlichen Qualifizierung stellt das bebaute Grundstück sowohl handels- als auch steuerrechtlich zwei selbständige Vermögensgegenstände (VG) bzw. Wirtschaftsgüter (WG) dar. Es wird dabei differenziert zwischen „abnutzbaren" und „nichtabnutzbaren Vermögens- bzw. Wirtschaftsgütern". Der Werteverzehr bzw. die Beanspruchung eines abnutzbaren VG/WG wird über die Abschreibung ergebniswirksam berücksichtigt. Dieser Ergebniseffekt

---

10 Die Umsatzsteuer hat nur dann eine Gewinnauswirkung, sofern ein Vorsteuerabzug ausgeschlossen ist, § 9b (1) EStG, Umkehrschluss.
11 Die Begriffe Abschreibungen (handelsrechtlich) und Absetzungen für Abnutzungen (AfA, steuerrechtlichen) werden hier einheitlich mit dem Begriff Abschreibungen beschrieben.

Alle Angaben in €		Gebäude (70 %)	Grund und Boden (30 %)
Kaufpreis	1.000.00	700.000	300.000
GrewSt	35.000	24.500	10.500
Bemessungsgrundlage	1.035.00	724.500	310.500
Abschreibungssatz	3 %	nur zulässig für abnutzbare VG, WG	–
Ergebnisbeeinflussung p.a.		21.735 (davon entfallend auf Steuer 735)	Erst z. Zeitpunkt der Veräußerung oder des Abgangs

Tabelle 1: Wirkung der Grunderwerbsteuer

tritt bei nichtabnutzbaren VG/WG erst im Rahmen der Veräußerung über einen verminderten Veräußerungsgewinn ein. Die Grunderwerbsteuer gehört bei beiden VG/WG zu den Anschaffungsnebenkosten und ist diesem jeweils im Verhältnis zuzuordnen (30 Prozent /70 Prozent).

Die Grunderwerbsteuer beeinflusst den Gewinn in 01 nicht in voller Höhe (24.500 Euro), sondern sukzessive über die Erfassung der auf das Gebäude entfallenden jährlichen Abschreibungen (35.000 € * 0,7 * 0,03 = 735 €).[12] Anders hingegen verhält es sich mit den nichtaktivierungspflichtigen betrieblichen Steuern, wie etwa der Kraftfahrzeugsteuer (KfZ-Steuer), Lohnsteuer (LSt) oder der Grundsteuer. Sie sind in voller Höhe als Betriebsausgaben abzugsfähig und mindern damit das handelsrechtliche sowie das steuerrechtliche Ergebnis.[13]

Die Umsatzsteuer (USt) ist ebenfalls eine Betriebssteuer, die jedoch grundsätzlich keine Auswirkung auf den handels- und steuerrechtlichen Gewinn entfaltet, sofern der Unternehmer zum vollständigen Vorsteuerabzug berechtigt ist (§§ 14, 15 UStG). Die Umsatzsteuerbelastung ist somit grundsätzlich nicht aus der Gewinn- und Verlustrechnung zu entnehmen. Sie wird deshalb auch als durchlaufender Posten bezeichnet. Ist ein Vorsteuerabzug ausgeschlossen, trägt sie wirtschaftlich das Unternehmen und hat damit Aufwandscharakter (§ 9b Abs. 1 EStG, Umkehrschluss). In solchen Fällen zählt die USt zu den Anschaf-

---

12 § 7 (4) S. 1 Nr. 1 EStG, 3 Prozent bei Zugehörigkeit zum Betriebsvermögen, unterstellte Nutzungsdauer damit 100/3 ≈ 33 Jahre. Abschreibung wird auch handelsrechtlich gefolgt.

13 I.R. der steuerrechtlichen Gewinnermittlung spricht man nicht vom Ergebnis, sondern vom zu versteuerndem Einkommen, § 2 Abs. 5 EStG.

fungskosten desjeweiligen VG/WG und spiegelt sich in diesen Fällen über einen erhöhten Aufwand bzw. Abschreibungsaufwand wider (Position 3a, § 275 Abs. 1 HGB).

Die USt wird auf bestimmte Umsätze (§ 1 i.V.m. § 4 UStG) erhoben, bei denen die Voraussetzungen für die Steuerbarkeit erfüllt und die nicht von der Steuer befreit sind. Die hier zu betrachtende Kapitalgesellschaft gilt als Unternehmer i.S. des UStG. Auf steuerpflichtige Umsätze hat der Unternehmer USt zu berechnen und diese in der Rechnung grundsätzlich getrennt auszuweisen (sog. Umsatzsteuertraglast), die er vom Endverbraucher oder einem anderen Unternehmer durch Erhalt des Bruttopreises (inkl. Umsatzsteuer) vereinnahmt. Diese Steuer hat der Unternehmer nach Abzug, der ihm in Rechnung gestellten Umsatzsteuer (Vorsteuer) in bestimmten Zeiträumen (Voranmeldungszeiträumen) an das Finanzamt abzuführen bzw. er hat einen entsprechenden Erstattungsanspruch (siehe Beispiel 2, Automobilhersteller M).
Vereinfacht gilt:
- Steuer aus Ausgangsrechnung (Umsatzsteuertraglast) > Vorsteuer = Umsatzsteuerzahllast
- Steuer aus Ausgangsrechnung (Umsatzsteuertraglast) < Vorsteuer = Vorsteuerguthaben (Erstattungsanspruch)

Beispiel 2a: Umsatzsteuer – als durchlaufender Posten

Die Stahl AG ist spezialisiert auf die Produktion von Stahlerzeugnissen für die Automobilindustrie. Für die Produktion der Stahlerzeugnisse erhält die Stahl AG Rohstoffe i.H.v. 100.000 Euro vom Lieferanten L. Nach der Verarbeitung veräußert die Stahl AG die Produkte an den Automobilhersteller M für 200.000 Euro. Alle Beteiligten sind Unternehmer i.S.d. § 2 UStG und zum Vorsteuerabzug berechtigt. Alle Umsätze unterliegen dem Regelsteuersatz i.H.v. 19 Prozent, § 12 Abs. 1 UStG. Der Abnehmer der Stahlerzeugnisse ist Inländer. Die Voraussetzungen für § 13b UStG sind annahmegemäß nicht erfüllt.

Die Stahl AG zahlt an den Lieferanten den Bruttopreis i.H.v. 119.000 Euro. Nach Verarbeitung der Rohstoffe veräußert sie den Stahl an den Automobilhersteller M für 200.000 Euro zzgl. 38.000 Euro USt. Die Stahl AG vereinnahmt den Bruttobetrag i.H.v. 238.000 Euro vom Automobilhersteller M und hat 38.000 Euro abzüglich der ihr von dem Lieferanten L in Rechnung gestellten Umsatzsteuer (Vorsteuer) i.H.v. 19.000 Euro an das (Betriebs-)Finanzamt abzuführen, somit 19.000 Euro (= Umsatzsteuerzahllast). Die Umsatzsteuer wird umgangssprach-

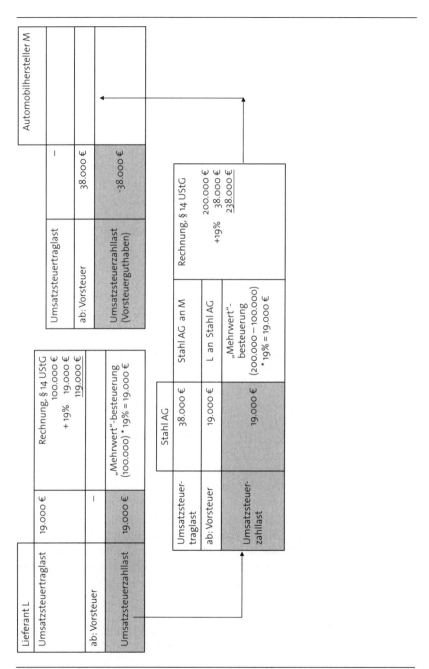

Abbildung 3: System der Umsatzsteuer

lich auch als Mehrwertsteuer bezeichnet. Damit ist gemeint, dass auf jeder Wirtschaftsstufe (hier Produzent, Stahl AG) nur der jeweilige Netto-Mehrwert (200.000 Euro minus 100.000 Euro) der Umsatzsteuer unterworfen wird (= 100.000 * 19% = 19.000 Euro).

Beispiel 2b – Umsatzsteuer mit Aufwandscharakter

Die Stahl AG bezieht Rohstoffe i.H.v. 100.000 € zzgl. 19.000 Euro USt von dem Lieferanten L (Unternehmer i.S.d. UStG). Die Rohstoffe werden für steuerfreie Lieferungen benötigt, für die der Vorsteuerabzug ausgeschlossen ist.[14] Da die vom Lieferanten L in Rechnung gestellte USt (Vorsteuer) i.H.v. 19.000 Euro nicht abzugsfähig ist, zählt sie zu den Anschaffungskosten und wirkt sich in voller Höhe aufwandswirksam über einen erhöhten Abschreibungsaufwand aus (Position 3a, § 275 Abs. 1 HGB).

Ferner gibt es Steuern, die als Betriebsausgaben für die steuerrechtliche Gewinnermittlung nicht abzugsfähig sind. Hierunter fallen in erster Linie Steuern, deren Höhe vom Einkommen und Ertrag abhängig ist (sog. Ertragsteuern). Zu nennen sind die Körperschaftsteuer (KSt), die Einkommensteuer (ESt), die Gewerbesteuer (GewSt) und als Annexsteuer der Solidaritätszuschlag (Soli). Die Abzugsfähigkeit und die Darstellung i.R. der handelsrechtlichen Rechnungslegung hängt von der jeweiligen Rechtsform der Gesellschaft ab. Zu differenzieren ist hier allgemeinhin zwischen Personenunternehmen und Kapitalgesellschaften. Die bei Personenunternehmen zu zahlende Einkommensteuer und der Solidaritätszuschlag entsprechen bei körperschaftlich organisierten Unternehmen, hier Kapitalgesellschaften (AG & GmbH), der Körperschaftsteuer und dem Solidaritätszuschlag (Ertragsteuern/Privatsteuern). Bei Personenunternehmen ist zwischen einer privaten und betrieblichen Sphäre zu differenzieren. Die Einkommensteuer und der Solidaritätszuschlag werden beim Einzelunternehmer bzw. den Gesellschaftern einer Personengesellschaft durch einen entsprechenden Steuerbescheid konkretisiert und sind von ihnen zu zahlen. Werden diese Steuerzahlungen durch ein betriebliches Konto gezahlt, ist der Gewinn entsprechend über eine Privatentnahme oder Privateinlage zu korrigieren.

Kapitalgesellschaften haben keine Privatsphäre, sie handeln durch ihre Organe. Werden die Körperschaftsteuer und der Solidaritätszuschlag

---

14 § 15 (2) S. 1 Nr. 1 UStG, kein Umsatz i.S.v. § 15 (3) Nr. 1 und Nr. 2 UStG.

über ein betriebliches Bankkonto gezahlt, stellen sie handelsrechtlich zunächst Betriebsausgaben dar. Im Rahmen der steuerrechtlichen Gewinnermittlung erfolgt über § 10 Nr. 2 KStG eine Hinzurechnung dieser Beträge. Die Aufwands- bzw. Ertragswirkung wird somit neutralisiert. Die Gewerbesteuer ist sowohl bei Personenunternehmen als auch bei Kapitalgesellschaften handelsrechtlich zunächst als Betriebsausgabe abzugsfähig; für steuerrechtliche Zwecke wird sie dem steuerrechtlichen Gewinn wieder hinzugerechnet, § 4 Abs. 5b EStG, § 8 Abs. 1 KStG.

2.2 Die Ertragsbesteuerung von Kapitalgesellschaften

2.2.1 Ermittlung und Einflussfaktoren der Körperschaftsteuer

Zu den Ertragsteuern zählen die Einkommensteuer, die Körperschaftsteuer und die Gewerbesteuer. Ihnen ist gemeinsam, dass die Besteuerungsgrundlage an das Einkommen geknüpft ist. Die Einkommensteuer ist nicht Gegenstand der nachfolgenden Ausführungen, da sie bei natürlichen und nicht bei juristischen Personen erhoben wird. Die einkommensteuerlichen Regelungen sind aber auch für die Besteuerung von Kapitalgesellschaften von Bedeutung, sofern das Körperschaftsteuerrecht keine Spezialregelungen enthält. So verweist § 8 Abs. 1 KStG i.R. der Ermittlung des zu versteuernden Einkommens auf die „Vorschriften des Einkommensteuergesetzes". R 32 Abs. 1 Nr. 1 KStR nennt ferner abschließend die einkommensteuerrechtlichen Regelungen, die auch bei der Besteuerung von Kapitalgesellschaften anzuwenden sind. Fokussiert werden in diesem Abschnitt lediglich die Grundzüge der Körperschaft- und Gewerbesteuer.

Körperschaftsteuerpflichtig sind Kapitalgesellschaften, „die ihre Geschäftsleitung oder ihren Sitz (§§ 10, 11 AO) im Inland haben", § 1 Abs. 1 Nr. 1 KStG. Kapitalgesellschaften durchlaufen zu ihrer Gründung verschiedene Phasen. Diese bestimmen deren steuerliche Behandlung:
- Vorgründungsgesellschaft,
- Vorgesellschaft,
- Gründung der Kapitalgesellschaft durch Eintragung ins Handelsregister.

Vor Abschluss des Gesellschaftervertrages ist der Zusammenschluss als Personengesellschaft zu qualifizieren (Vorgründungsgesellschaft) und damit *nicht körperschaftsteuerpflichtig*. Lediglich die Gesellschafter werden über eine gesonderte und einheitliche Gewinn- bzw. Einkommensfeststellung zur persönlichen Einkommensteuer veranlagt (§§ 179, 180 AO). Durch den Abschluss eines Gesellschaftsvertrages erlangt die Gesellschaft „eine körperschaftsteuerliche Organisation" (Vorgesellschaft).[15]

Die Körperschaftsteuerpflicht wird allgemeinhin vom Bundesfinanzhof (BFH) mit dem Abschluss des Gesellschaftsvertrages angenommen. Die Körperschaftsteuerpflicht endet nicht mit „dem Auflösungsbeschluss", sondern erst „mit der Verteilung des Vermögens und Ablauf des Sperrjahres".[16] Neben der unbeschränkten Steuerpflicht existiert eine unbeschränkte Steuerpflicht für ausländische Gesellschaften, die spezielle inländische, in § 49 Abs. 1 EStG, genannte Einkünfte erzielen, § 2 Nr. 1 KStG.

Die nachfolgenden Ausführungen konzentrieren sich ausschließlich auf die unbeschränkte Körperschaftsteuerpflicht. Zudem enthält das Körperschaftsteuerrecht für bestimmte Körperschaften Steuerbefreiungen oder Steuerbegünstigungen. Bemessungsgrundlage der Körperschaftsteuer ist das nach einkommensteuerrechtlichen und körperschaftsteuerrechtlichen Vorschriften zu ermittelnde zu versteuernde Einkommen (§§ 7, 8 KStG). Das Einkommensteuerrecht differenziert in § 2 Abs. 1 EStG zwischen sieben Einkommensarten, den sogenannten Gewinn- (1 bis 3) und den Überschusseinkünften (4 bis 7). Bei unbeschränkt steuerpflichtigen Körperschaften werden alle Einkünfte, als Einkünfte aus Gewerbebetrieb, § 8 Abs. 2 KStG, qualifiziert. Die Gewinnermittlung erfolgt durch den Bestandsvergleich (§ 4 Abs. 1 Satz 1 i.V.m. § 5 EStG). Kapitalgesellschaften sind als Formkaufleute, sowohl handelsrechtlich als steuerrechtlich zur Buchführung verpflichtet, § 238 HGB, § 6 HGB. Ausgangspunkt für die steuerrechtliche Gewinnermittlung bildet der Handelsbilanzgewinn. Die Überleitung vom handelsrechtlichen Gewinn zum zu versteuernden Einkommen erfolgt nach dem in R 29 KStR aufgeführten Schema[17]:

Da der ausgewiesene Handelsbilanzgewinn u.U. Gewinne bzw. Verluste aus vorangegangenen Perioden enthält, die bereits versteuert wurden (Gewinnvortrag), bzw. Verluste, die vorgetragen werden, aber den Periodengewinn nicht beeinflussen dürfen, sind entsprechende

---

15 Maurer (2011), S. 554.
16 Maurer (2011), S. 554.
17 Leicht abgeändert entnommen aus Maurer (2011), S. 571, basierend hier auf R 29 KStR.

		Handelsbilanz-Gewinn
	./.	Gewinnvortrag [bereits versteuert]
	+	Verlustvortrag
	./.	Entnahmen aus Rücklagen
	+	Einstellungen in Rücklagen
		Handelsrechtliches Jahresergebnis (Jahresüberschuss)
	+/./.	Anpassungskorrekturen zwischen HB und StB
		StB-Gewinn [körperschaftsteuerliche Korrekturen]
	+	steuerlich nicht abzugsfähige Gewinnminderungen
	+	nicht abzugsfähige Betriebsausgaben, § 10 KStG
	+	steuerlich nicht ausgleichsfähige Verluste, z.B. § 8c KStG
	+	Spenden
(1)	+	Verdeckte Gewinnausschüttungen, § 8 Abs. 3 S. 2 KStG
(2)	+	Hinzurechnungsbeträge nach dem AStG
	./.	Steuerfreie Dividenden und Veräußerungsgewinne, § 8b Abs. 1 und 2 KStG
(3)	./.	verdeckte Einlagen
(4)	+/./.	Verlustübernahme/Gewinnabführung in Organschaftsverhältnissen
		Summe der Einkünfte
	./.	abzugsfähige Spenden und Beiträge
(4)	+/./.	Einkommenszurechnung in Organschaftsfällen
		Gesamtbetrag der Einkünfte
	./.	Verlustabzug, § 10d EStG, § 8c KStG
		Einkommen
	./.	Freibetrag, §§ 24, 25 KStG
		zu versteuerndes Einkommen (z.v.E.)

u.a. relevant für das Steuermanagement im Hinblick auf die Konzernsteuerquote [für (1)–(4)]

u.a. relevant für das Steuermanagement im Hinblick auf die Konzernsteuerquote

Tabelle 2: Berechnungsschema des zu versteuernden Einkommens

Korrekturen vorzunehmen. Analog ist mit den eingestellten Rücklagen zu verfahren. Der Handelsbilanzgewinn ist sodann um die in der Steuerbilanz abweichenden, zulässig in Anspruch genommenen Ansatz- und Bewertungswahlrechte — § 5 Abs. 1 S. 1 HS 2, § 5 Abs. 1 S. 2 EStG, § 60 EStDV — und um die jeweiligen steuerlichen Bewertungsvorbehalte — § 5 Abs. 4 EStG — zu korrigieren. In einem weiteren Schritt sind ggf. körperschaftsteuerliche Korrekturen vorzunehmen (§ 8 Abs. 3 KStG). Hervorzuheben sind hier die verdeckten Gewinnausschüttungen und die verdeckten Einlagen,[18] die aus dem Verhältnis zwischen Gesellschaft und Gesellschafter resultieren, sowie die Korrekturen nach dem Außensteuergesetz, welche die Höhe des zu versteuernden Einkommens beeinflussen und damit die Steuerbelastung. Die grau unterlegten Positionen in Tabelle 2 sind insbesondere im Hinblick auf die Konzernsteuerquote relevant.[19] Sie setzt den tatsächlichen Ertragsteueraufwand zzgl. des latenten Steueraufwands (bzw. abzgl. eines latenten Steuerertrags) in Relation zum handelsrechtlichen Vorsteuerergebnis bzw. IFRS-Ergebnis. Die Steuerquote gilt als wichtiger Steuerindikator eines Unternehmens und wird von Finanzanalysten i.R. von Multiplikatorverfahren zur Prognose langfristiger Ertragsteuerwirkungen i.r. der Unternehmensbewertung herangezogen. Aufgrund der zunehmenden Harmonisierung zwischen handelsrechtlicher und internationaler Rechnungslegung dürfte die Bedeutung der Steuerquote auch für die nationale Rechnungslegung zunehmen, respektive des Steuermanagements. Sie determiniert den Teil des Ergebnisses je Aktie, der nicht an die Aktionäre ausgeschüttet werden kann und ist daher insbesondere bei kapitalmarktorientierten Unternehmen von strategischer Bedeutung. Relevanz entfaltet das Management der Steuerquote auch i.R. von Unternehmenstransaktionen. Auch hier gilt es, nach erfolgter Transaktion einen Anstieg der Steuerquote zu vermeiden.[20] Nachfolgend werden ausgewählte (körperschaftsteuerliche) Korrekturen und deren Auswirkungen erläutert.

a) Verdeckte Gewinnausschüttungen

Eine *verdeckte Gewinnausschüttung* (vGA) ist durch nachfolgende Merkmale charakterisiert. Es handelt sich hierbei, um eine
- „Vermögensminderung oder verhinderte Vermögensmehrung bei einer Körperschaft,
- die durch das Gesellschaftsverhältnis veranlasst ist und die sich
- auf die Höhe des Unterschiedsbetrags i.S.d. § 4 Abs. 1 Satz 1 EStG auswirkt und
- nicht auf einen Gesellschafterbeschluss beruht."[21]

---

18 Zu möglichen Ausprägungen einer vGA vgl. weiterführend R 36 KStR.
19 Inhalt der speziellen Standards für die/den Aufsichtsratsvorsitzende(n).
20 Vgl. etwa Gröger 2011, S. 5–10.
21 R 36 Abs. 1 Satz 1 KStR.

		Fälle der verdeckten Gewinnausschüttung	
		Vermögensminderung	Verhinderte Vermögensmehrung
Beispiele		• überhöhtes Gehalt an Gesellschafter • überhöhte Miete/Pacht an Gesellschafter • überhöhter Kaufpreis an Gesellschafter • unübliche Vergütungen • Umsatztantieme bei beherrschenden Gesellschafterner • ggf. Pensionszusagen	• Gesellschafter zahlt zu niedrige oder gar keine Darlehenszinsen • Gesellschafter zahlt zu niedrigen oder gar keinen Kaufpreis • Gesellschafter zahlt zu niedriges oder gar kein Entgelt für erhaltene Dienstleistung
Konsequenzen (Auszug)			
	Gesellschaft	• Hinzurechnung außerhalb der Steuerbilanz, § 8 Abs. 3 Satz 2 KStG • Ggf. Nachforderungszinsen, §§ 233 AO • Erfassung der vGA als Leistung i.S.d. § 27 KStG, steuerliches Einlagekonto	dito + umsatzsteuerliche Auswirkungen
	Gesellschafter		
	Natürliche Person	• Einnahmen aus Kapitalvermögen, § 20 Abs. 1 Nr. 1 S. 2 EStG, • Abgeltungsteuer, § 32d EStG ggf. auf Antrag Wechsel zum TEV (im Privatvermögen) • Einkunftsumqualifizierung	dito + • gleichzeitig Betriebsausgaben (Fiktionstheorie)
		• TEV, Einkünfte aus Gewerbebetrieb, § 15 EStG (im Betriebsvermögen)	
	Kapitalgesellschaft / Tochtergesellschaft	• 95 % steuerfreie Beteiligungserträge, § 8b KStG	

Tabelle 3: Systematisierung der verdeckten Gewinnausschüttung (R 36 KStR)

Da die vGA das Einkommen der Körperschaft nicht mindern darf, ist sie außerbilanziell dem Gewinn hinzuzurechnen, § 8 Abs. 3 Satz 1 KStG, und stellt somit ein potentielles Nachversteuerungsrisiko da, welches sich wertmindernd auf den Unternehmenswert auswirkt. Zu differenzieren ist zwischen einer *Vermögensminderung* oder *verhinderten*

Vermögensmehrung. Im ersteren Fall werden in der Handelsbilanz der Gesellschaft (erhöhte) Aufwendungen erfolgswirksam erfasst, die aus der Beziehung Gesellschaft und Gesellschafter resultieren. Ursächlich für eine verhinderte Vermögensmehrung ist, wenn die Gesellschaft ihren Gesellschaftern verbilligt oder unentgeltlich Leistungen erbringt. Eine Veranlassung durch das Gesellschaftsverhältnis liegt vor, „wenn ein ordentlicher und gewissenhafter Geschäftsleiter sie unter sonst gleichen Bedingungen nicht in Kauf genommen hätte (Verletzung des Fremdvergleichs)."[22]

Zudem müssen die vGA den Gewinn bzw. den Verlust beeinflusst haben und keine offenen Gewinnausschüttungen darstellen, die auf der Grundlage des Gesellschafterbeschlusses gewährt werden. Das Risiko einer vGA und damit Nachversteuerung erhöht sich bei einem beherrschenden Gesellschafter, da neben der Überprüfung der Fremdüblichkeit spezielle Formerfordernisse einzuhalten sind. Aus einer vGA resultieren sowohl Konsequenzen für die Gesellschaft als auch für den Gesellschafter. Tabelle 3 gibt einen Überblick über mögliche Fälle einer vGA und ihre Auswirkungen. Diese Fälle bedürfen daher in Abhängigkeit zur Höhe einer besonderen Aufmerksamkeit i.r. der Überwachungstätigkeit durch den Aufsichtsrat.

In Konzernen kommt den vGA eine besondere Bedeutung i.R. innerkonzernlicher Transaktionen zuteil.[23] Die Abrechnung zwischen den Konzerngesellschaften erfolgt hier auf Grundlage des Verrechnungspreises. Hinsichtlich der Höhe müssen Verrechnungspreise zur ihren steuerlichen Wirksamkeit einem sog. Fremdvergleich standhalten, d.h. sie müssten den unter fremden Dritten üblichen Preisen entsprechen. Die Bestimmung des Verrechnungspreises[24] stellt sich in der Praxis häufig als schwierig heraus, wenn aufgrund der Individualität der erbrachten Leistung keine vergleichbaren Marktpreise vorliegen.

Beispiel 4: Verrechnungspreise als Ursache für eine vGA bzw. Korrektur nach dem AStG

Der Stahl Konzern besteht aus einer inländischen Muttergesellschaft (Produktionsgesellschaft) und zwei inländischen Tochtergesellschaften

---

22 R 36 KStR, III. Veranlassung durch das Gesellschaftsverhältnis.
23 Relevanz i.R. einer internationalen Steuerpolitik zur Ausnutzung des internationalen Steuergefälles und damit nachhaltigen Absenkung der Konzernsteuerquote.
24 Zum Beispiel i.R. von Lizenzvereinbarungen zwischen verbundenen Unternehmen oder der Zahlung von Management Fees.

(TG), die für den Ein- (TG A) und Verkauf (TG B) zuständig sind. Alle drei Gesellschaften werden in der Rechtsform einer Kapitalgesellschaft geführt. Die Muttergesellschaft hält eine jeweils 100-prozentige Beteiligung an den Gesellschaften TG A und B. Die Muttergesellschaft (Gesellschafter) liefert die Fertigprodukte für 300.000 Euro (vereinbarter Preis = Verrechnungspreis) an die Vertriebsgesellschaft (Gesellschaft). Der Verkehrswert dieser Produkte beträgt 200.000 Euro. Die Gewinn- und Verlustrechnung des Konzernabschlusses weist ein Jahresergebnis vor Steuern i.H.v. 1.000.000 Euro aus. Die Steuerbilanzgewinne der Gesellschaften (vor Beurteilung des Sachverhalts) betragen: MG 300.000 Euro, TG A 200.000 Euro, TG B 500.000 Euro. Es wird ein Steuersatz von 30 Prozent zugrunde gelegt.

Lösung:

	MG	TG A	TG B
Steuerbilanzgewinn	300.000	200.000	500.000
Korrekturen, R 29 KStR			
• § 8 Abs. 1 S. 2 KStG, vGA • § 8 Abs. 1 KStG • § 8 Abs. 5 KStG	− 100.000 + 5.000		+ 100.000
= z.v.E. x 30 %	205.000 61.500	200.000 60.000	600.000 180.000
Konzernsteueraufwand (ermittelt auf Basis des z.v.E.)	301.500		

Tabelle 4: Wirkung der verdeckten Gewinnausschüttung

Sowohl die verdeckte Einlage als auch die verdeckte Gewinnausschüttung fungieren als Einkommenskorrekturvorschriften.[25] Zu differenzieren ist zwischen einer handelsrechtlichen und steuerrechtlichen Abbildung. Im handelsrechtlichen Konzernabschluss bzw. in der Konzern-Gewinn- und -Verlustrechnung wird das konsolidierte, d.h. das nach Eliminierung konzerninterner Transaktionen ausgewiesene Ergebnis gezeigt. Konsolidierungen sind notwendig, um Doppel- bzw. Mehrfacherfassungen zu vermeiden. Gezeigt werden soll der Konzern als ein einziges Unternehmen (Einheitstheorie), d.h. ausschließlich die Beziehungen zwischen Konzern und fremden Dritten. Eine derartige Steuerkonsolidierung, mit Ausnahme des Instruments der ertragsteuerlichen und umsatzsteuerlichen Organschaft, wird grundsätzlich

---

25 Zur Gewährleistung der Fremdüblichkeit i.R. der steuerrechtlichen Gewinnermittlung.

nicht vorgenommen (s. Abschnitt 2.3). Eine grenzüberschreitende Steuerkonsolidierung existiert darüber hinaus grundsätzlich nicht. Steuersubjekte sind die jeweiligen in den Konzernabschluss zu integrierenden Gesellschaften (MG, TG A, TG B). In der handelsrechtlichen Konzern-GuV wird der unkonsolidierte Steueraufwand der Gesellschaften gezeigt (= 301.500 Euro, MG, TG A, TG B). In einem reinen Inlandsfall hat die o.g. Einkommenskorrektur aus Konzernsicht einen Steuereffekt von 1.500 Euro (= 5.000 * 0,3). Bei einem größeren, wechselseitigen Transaktionsvolumen können aus derartigen steuerlich notwendigen Verrechnungspreisanpassungen signifikante *Mehrsteuerbelastungen* resultieren.

b) verdeckte Einlage

Die verdeckte Einlage ist von der offenen, auf Grundlage eines Gesellschafterbeschlusses, zu erbringenden Einlage abzugrenzen. Das zu versteuernde Einkommen ist um die verdeckte Einlage zu kürzen, § 8 Abs. 3 KStG. Sie liegt unter den in R 40 KStR genannten Voraussetzungen vor, wenn...

- „... ein Gesellschafter oder eine ihm nahe stehende Person außerhalb der gesellschaftsrechtlichen Einlagen [der Gesellschaft] einen einlagefähigen Vermögensvorteil zuwendet und
- die Zuwendung ihre Ursache im Gesellschaftsverhältnis hat."

Ein einlagefähiger Vermögensvorteil setzt voraus, dass dieser dem Grunde nach bilanzierungsfähig ist, d.h. dass hierdurch ein Aktivposten entsteht oder ein Passivposten entfällt. Voraussetzung für die Minderung des Einkommens um den Betrag der verdeckten Einlage, § 8 Abs. 3 KStG, ist die vorherige ergebniserhöhende Gewinnbeeinflussung. Beim Gesellschafter führt die verdeckte Einlage zu einer Erhöhung der Anschaffungskosten der Beteiligung und in Abhängigkeit zum eingelegten WG und der Sphäre[26], indem die Beteiligung an der Gesellschaft gehalten wird, zu einem ggf. fingierten Veräußerungserlös (§ 17 Abs. 1 Satz 2 EStG, § 20 Abs. 2 Satz 2 EStG, § 23 Abs. 1 Satz 5 Nr. 2 EStG). In den Fällen eines Verzichtes auf eine Gesellschafterforderung (z.B. Darlehensforderung) liegt in Höhe des werthaltigen Teils der Forderung eine Ergebnisverwendung mit den entsprechenden ertragsteuerlichen Folgen beim Gesellschafter vor.

---

26 Privatvermögen oder Betriebsvermögen.

c) Korrekturen nach dem AStG

Der Beispielsachverhalt 4 kann um ausländische Tochtergesellschaften erweitert werden. Dadurch müssen in den Beurteilungsprozess zudem die Steuerhoheiten und die dort jeweils geltenden Steuernormen einbezogen werden. Die Verrechnungspreisbestimmung und -überwachung birgt in internationalen Konzernen ein hohes Nachversteuerungsrisiko, da der Konzern sich in einem permanenten Abstimmungsprozess mit allen beteiligten Steuerhoheiten befindet. Darüber hinaus wird die Situation verschärft, wenn keine Doppelbesteuerungsabkommen bzw. auf EU-Ebene keine Schiedskonventionen existieren, die die grenzüberschreitenden Verrechnungspreiskorrekturen regulieren. Hinzu kommen noch die von einigen Ländern zusätzlich auf den Nachversteuerungsbetrag erhobenen Strafzuschläge sowie die ggf. anfallenden Nachforderungszinsen.

In derartigen Fällen sollten vom Aufsichtsrat die Expertise von Steuerberatern und ggf. zusätzliche Gutachten über die Bestimmung des Verrechnungspreises herangezogen werden. Die Korrektur des zu versteuernden Einkommens der inländischen Kapitalgesellschaft erfolgt über § 1 Abs. 1 Satz 1 AStG bzw. R 29 KStR.

2.2.2 Ermittlung und Einflussfaktoren der Gewerbesteuer

„Der Gewerbesteuer unterliegt jeder stehende Gewerbebetrieb, soweit er im Inland betrieben wird. Unter Gewerbebetrieb ist ein gewerbliches Unternehmen im Sinne des Einkommensteuergesetzes zu verstehen", § 2 Abs. 1 GewStG. Die Klassifizierung eines Gewerbebetriebs richtet sich nach speziellen Kriterien, die in § 15 Abs. 2 Satz 1 EStG aufgeführt werden („... eine selbständige nachhaltige Betätigung, die mit der Absicht, Gewinn zu erzielen, unternommen wird und sich als Beteiligung am allgemeinen wirtschaftlichen Verkehr darstellt, ist Gewerbebetrieb, wenn die Betätigung weder als Ausübung von Land- und Forstwirtschaft noch als Ausübung eines freien Berufs noch als eine andere selbständige Arbeit anzusehen ist."). Bei den hier zu betrachtenden Kapitalgesellschaften gilt die Tätigkeit in vollem Umfang als Gewerbebetrieb, § 2 Abs. 2 GewStG i.V.m. § 8 Abs. 2 KStG.

Anders als bei der Körperschaftsteuer beginnt die Gewerbesteuerpflicht erst mit der Eintragung ins Handelsregister und nicht bereits mit dem Abschluss des Gesellschaftervertrages. Vorbereitende Maßnahmen sind für die Gewerbesteuer gegenstandlos. Auch die Gewerbesteuer knüpft wie die Körperschaftsteuer an das nach einkommensteuerlichen Vorschriften zu ermittelnde Einkommen, §7 Satz 1 GewStG. Anschließend sind die Korrekturen nach §7 Satz 2 GewStG sowie die in §§ 8, 9 GewStG genannten Hinzurechnungen und Kürzungen vorzunehmen. Die GewSt-Pflicht von Kapitalgesellschaften endet mit der Abwicklung der letzten Geschäfte. „Während mit den Hinzurechnungen weitgehend eine Gleichstellung des eigen- und fremdfinanzierten Betriebs erreicht werden soll, verhindern Kürzungen eine Doppelbelastung des Gewerbebetriebes mit Objekt- oder Realsteuern".[27] Das Ergebnis ist der Gewerbeertrag, §10 Abs. 1 GewStG. Nach Abzug ggf. zu gewährender Freibeträge und der Multiplikation des verbleibenden Gewerbeertrags mit der Steuermesszahl (3,5 Prozent, §11 Abs. 2 GewStG) setzt das jeweils zuständige Finanzamt den Gewerbesteuermessbetrag fest und übergibt ihn der Gemeinde für die Ermittlung der Gewerbesteuer unter Berücksichtigung des jeweiligen Gewerbesteuerhebesatzes (200 Prozent bis max. 490 Prozent).Unter Berücksichtigung eines Gewerbesteuerhebesatzes von 400 Prozent beträgt die gesamte Ertragsteuerbelastung einer Kapitalgesellschaft derzeit ca. 30 Prozent.[28]

2.3 Wirkungen, Anforderungen und Risiken nationaler Gruppenbesteuerungskonzepte

Im Ertragsteuerrecht gilt das Trennungsprinzip, d.h. jede zivilrechtlich selbständige Gesellschaft bildet ein eigenständiges Steuersubjekt, für das jeweils eine für die Körperschaft- und Gewerbesteuer maßgebliche Bemessungsgrundlage zu ermitteln ist. Das nationale Steuerrecht eröffnet Unternehmenszusammenschlüssen unter bestimmten Voraussetzungen, für die Umsatz-, der Körperschaft- und Gewerbesteuer eine „Gemeinschaft" zu bilden, bei der die Besteuerung nur auf der Ebene einer Gesellschaft erfolgt. Hierdurch trägt der Gesetzgeber dem Umstand Rechnung, dass trotz der zivilrechtlichen Selbständigkeit der Unternehmen wirtschaftliche Abhängigkeiten i.R. der Besteuerung Berücksichtigung finden, indem die abhängigen Gesellschaften (Organgesellschaften) selbst nicht zur Besteuerung herangezogen werden, sondern die Besteuerung erst auf der Ebene der übergeordneten

---

27 Preißler (2011), S. 611.
28 Rechnerisch = 0,15 (1+0,55) + 0,035 · 4, 15% Körperschaftsteuer, §23 Abs. 1 KStG, Solidaritätszuschlag, §4 S. 1 SolZG, Steuermesszahl (GewSt) 3,5%, §11 Abs. 2 GewStG, Gewerbesteuerhebesatz 400%, §16 GewStG.

Einheit (Organträger) erfolgt. Aus steuerlicher Perspektive ergeben sich dadurch nachfolgende steuerartenspezifische Vorteile:

- Im Rahmen der umsatzsteuerlichen Organschaft unterliegen *konzerninterne* Vorgänge nicht der Umsatzsteuer (sog. „nichtsteuerbare Innenumsätze").
- Aufgrund der differierenden Gewerbesteuerhebesätze der zuständigen Gemeinden (200 Prozent bis 490 Prozent[29]) ergibt sich daraus ggf. eine Reduzierung der Gewerbesteuerbelastung,
- Verluste der Muttergesellschaft (Organträger) können mit erhaltenen Gewinnausschüttungen von Konzerngesellschaften (Organgesellschaften) nur bei einem bestehendem Organschaftsverhältnis ausgeglichen werden, da diese sonst zu 95 Prozent steuerfrei wären, § 8b Abs. 1 i.V.m. § 8b Abs. 5 KStG.[30]

Die umsatzsteuerlichen Anforderungen an ein Organschaftsverhältnis sind nicht deckungsgleich mit den ertragsteuerlichen. Erstere leiten sich aus § 2 Abs. 2 Nr. 2 UStG ab („wenn eine *juristische Person* nach dem Gesamtbild der tatsächlichen Verhältnisse *finanziell, wirtschaftlich* und *organisatorisch* in das Unternehmen des Organträgers eingegliedert ist" (Organschaft). Die ertragsteuerlichen Voraussetzungen sind in §§ 14, 17 KStG kodifiziert. Neben der finanziellen Eingliederung wird ertragsteuerlich ein steuerwirksamer Ergebnisabführungsvertrag gefordert, § 14 Abs. 1 KStG. Bei Nichteinhaltung der Formerfordernisse gelten „die Wirkungen der [...] Organschaft von Anfang an [als] nicht eingetreten."[31] Es handelt sich um eine sogenannte „verunglückte Organschaft." Die Folgen einer verunglückten Organschaft können u.U. erheblich sein:

- Die von der/den Organgesellschaften getätigten Gewinnausschüttungen gelten fortan als Einkommensverwendung und sind dem Einkommen nach § 8 Abs. 3 Satz 1 KStG hinzuzurechnen und unterliegen damit vollständig der Körperschaftsteuer und Gewerbesteuer.
- Die von der/den Organgesellschaften erhaltenen Gewinnausschüttungen sind bei der Muttergesellschaft (Organträger) lediglich zu 95 Prozent steuerfrei, § 8b Abs. 1 Satz 1 i.V.m. § 8b Abs. 5 KStG; es entsteht damit eine (zusätzliche) effektive Körperschaftsteuerbelastung von 5 Prozent.

---

29 § 16 (4) S. 2 GewStG.
30 Zu den Vorteilen ähnlich auch Maurer (2011), S. 662.
31 Maurer (2011), S. 676.

- Die von der Muttergesellschaft übernommenen Verluste, die während der Organschaft durch die Organgesellschaft/-en erlitten wurde/n, können bei ihr nicht steuerwirksam geltend gemacht werden. Sie gelten fortan als verdeckte Einlage bei der Organgesellschaft und erhöhen damit bei der Muttergesellschaft die Anschaffungskosten der Beteiligung. Auf der Ebene der Organgesellschaft können sie ggf. nach § 10d EStG geltend gemacht werden (Verlustrück- bzw. Verlustvortrag).
- Im Rahmen von Unternehmenskäufen (siehe Abschnitt) ergeben sich hieraus zudem haftungsrechtliche Konsequenzen, § 73 AO, sofern ein Unternehmen aus einem Organkreis erworben wird, die der potentielle Erwerber ggf. bei der Kaufpreisbestimmung zu berücksichtigen hat.

Der Aufsichtsrat sollte bei einem existierenden (steuerlichen) Organschaftsverhältnis somit sicherstellen lassen, dass der Ergebnisabführungsvertrag die geforderten steuerlichen Anforderungen erfüllt, um die Folgen einer „verunglückten Organschaft" zu vermeiden. In der handelsrechtlichen Gewinnermittlung der Organgesellschaften beträgt der ausgewiesene Gewinn damit 0 Euro.

2.4 Die Bilanzierung von Steuern

Im Rahmen der Bilanzierung[32] ist zwischen dem Ansatz und der Bewertung eines VG/WG bzw. eines Passivpostens zu unterscheiden:

- Ansatz (Bilanzierung dem Grunde nach): Ist ein VG/WG bzw. Passivposten in der Bilanz anzusetzen, d.h. erfüllt er die dafür notwendigen Ansatzkriterien?
- Bewertung (Bilanzierung der Höhe nach): Mit welchem Wert ist der angesetzte VG/WG bzw. der Passivposten in der Bilanz anzusetzen?

Steuerwirkungen sind sowohl in der Bilanz, in der Gewinn- und Verlustrechnung sowie im Anhang zu berücksichtigen. Hinsichtlich der Wechselwirkungen zwischen Bilanz und Gewinn- und Verlustrechnung ist zwischen nichtergebniswirksamen und ergebniswirksamen Steuerbelastungen zu differenzieren. Erstere spiegeln sich lediglich in der Bilanz wider. Die Umsatzsteuer gilt grundsätzlich als durchlaufender Posten und hat keine Ergebniswirkung — eine entsprechende

---

32 Vgl. den Beitrag „Rechnungslegung" in diesem Buch.

Erfassung in der Gewinn- und Verlustrechnung unterbleibt damit grundsätzlich.

- Verbleibt am Bilanzstichtag ein Vorsteuererstattungsanspruch (Forderung ggü. dem Finanzamt), ist dieser ggf. in Anlehnung an das Gliederungsschema für Kapitalgesellschaften (§ 266 Abs. 2 B. II 4 HGB) unter der Position „Sonstige Vermögensgegenstände" auszuweisen.
- Verbleibt am Bilanzstichtag hingegen eine Umsatzsteuerzahllast (Verbindlichkeit ggü. dem Finanzamt), ist hingegen die Verpflichtung unter der Position „Sonstige Verbindlichkeiten" anzusetzen (§ 266 Abs. 3 Posten C.8 HGB).

Bei den ergebniswirksamen Steuerbelastungen ist zwischen aktivierungspflichtigen und nichtaktivierungspflichtigen betrieblichen Steuern zu differenzieren.

- Die Grunderwerbsteuer erhöht anteilig die jeweiligen Anschaffungskosten von Grund und Bodens sowie des Gebäudes. Ein separater Ausweis in der Bilanz erfolgt nicht. Über die Position „Abschreibungen auf Sachanlagevermögen", § 275 Abs. 2 Nr. 7 BStb. b) HGB, wird der anteilige Ergebniseffekt nach Maßgabe der betrieblichen Nutzungsdauer des Gebäudes erfasst.
- Nichtaktivierungspflichtige Steuern, wie etwa die KfZ-Steuer bzw. Grundsteuer sowie die Ertragsteuern werden ggf. als „Sonstige Forderung (s.o.)" bzw. „Sonstige Verbindlichkeit (s.o.)" bzw. „Rückstellung für Steuerverbindlichkeiten" in der Bilanz erfasst. Der Ausweis als Rückstellung oder Verbindlichkeit steht in Abhängigkeit zum Erlass des Steuerbescheides. Steueransprüche werden durch Steuerbescheide konkretisiert.
- Ist ein Steuerbescheid noch nicht ergangen, ist der Steueraufwand als Schätzwert durch eine Rückstellung für Steuerverbindlichkeiten (Rückstellung für ungewisse Verbindlichkeiten) in der Bilanz zu erfassen (§ 249 Abs. 1 HGB, § 5 Abs. 1 Satz 1 HS. 1 EStG), da sowohl die Höhe des Steueraufwands als auch der Zeitpunkt der Zahlung ungewiss sind. Der Aufwand ist i.R. der steuerlichen Gewinnermittlung außerbilanziell wieder hinzuzurechnen, § 10 Nr. 2 KStG.
- Wurde die Steuerverbindlichkeit hingegen durch den Steuerbescheid konkretisiert, ist eine „Sonstige Verbindlichkeit" zu bilanzieren. Der Zeitpunkt der Zahlung ist hierbei durch das im Steuerbescheid enthaltende „Leistungsgebot" bestimmt.

Die Ergebniswirkung wird in der Gewinn- und Verlustrechnung, mit Ausnahme der Ertragsteuern, unter der Position „Sonstige Steuern" ausgewiesen, § 275 Abs. 2 Nr. 19 HGB. Bilanztechnisch ist bei den Ertragsteuern (Körperschaftsteuer, Gewerbesteuer, Solidaritätszuschlag) ferner zwischen den tatsächlichen und latenten Steueraufwendungen zu differenzieren. Die Ergebniswirkung ist bei beiden Steueraufwendungen in der Gewinn- und Verlustrechnung unter der Position „Steuern vom Einkommen und Ertrag" zu erfassen. Ziel der *latenten Steuern* ist es, den auf Grundlage des z.v.E. ermittelten Steueraufwand in einem sachlogischen Zusammenhang zum handelsrechtlichen Jahresergebnis vor Steuern zu versetzen. Wird also der Steueraufwand unter Berücksichtigung der latenten Steuern in Relation zum handelsrechtlichen Jahresergebnis vor Steuern gesetzt, sollte eine Steuerquote von ca. 30 Prozent ermittelt werden, sofern keine permanenten Abweichungen zwischen den beiden Systemen vorliegen. Abweichungen zwischen dem handelsrechtlichen Jahresergebnis vor Steuern und dem für Besteuerungszwecke zu ermittelnden z.v.E. resultieren aus:

- sachverhaltsdarstellenden Maßnahmen, durch die temporäre Gewinnverschiebungen und damit Steuereinsparungen ermöglich werden, und
- sachverhaltsgestaltenden Maßnahmen, durch die nachhaltige, endgültige Steuereinsparungen resultiert werden können.

Erstere resultieren aus der Nutzung steuerlicher Wahlrechte, § 5 Abs. 1 Satz 1. Halbsatz 2 i.V.m. § 5 Abs. 1 Satz 2 EStG, mithilfe derer Aufwendungen und Erträge in *unterschiedliche Perioden* verschoben werden können (wie z.B. unterschiedliche Nutzungsdauer von WG, Behandlung von Zuschüssen, Sofortversteuerung vs. sukzessive Versteuerung über geminderte AfA-Bemessungsgrundlage, eingeschränkte Maßgeblichkeit). Effekte dieser Art werden durch den Ansatz latenter Steuern kompensiert (sog. Kompensationseffekt), so dass bei Vorliegen ausschließlich sachverhaltsdarstellender Maßnahmen, unter Berücksichtigung der latenten Steuern, eine Steuerquote von ca. 30 Prozent realisiert wird.

Liegen hingegen sachverhaltsgestaltende Maßnahmen zugrunde, die permanente Abweichungen zwischen handelsrechtlicher und steuerrechtlicher Gewinnermittlung repräsentieren (z.B. die Behandlung von Gewinnausschüttungen von Kapitalgesellschaften, § 8b KStG oder in internationalen Konzernen die Nutzung des internationalen Steuergefälles), erfolgt keine kompensatorische Wirkung durch die latenten Steuern. Die Steuerquote (s. nachfolgende Ausführungen) kann dadurch unterhalb bzw. oberhalb des statutarischen Steuersatz (derzeit ca. 30 Prozent) liegen, und es werden dadurch nachhaltige Steuereinsparungen realisiert. Die Bilanzierung latenter Steuern spiegelt sich zum einen in der Bilanz (Aktive latente Steuern, § 266 Abs. 2 D HGB, Passive latente Steuern, § 266 Abs. 3 E HGB) und zum anderen in der Gewinn- und Verlustrechnung (Steuern vom Einkommen und Ertrag, § 275 Abs. 3 Nr. 17, aktive latente Steuern = Steuerertrag (–), passive latente Steuern = Steueraufwand (+)) wider. Während national für passive latente Steuern eine Passivierungspflicht besteht, existiert für aktive latente Steuern lediglich ein Aktivierungswahlrecht, § 274 Abs. 1 HGB. IAS 12 sieht hingegen für aktive und passive latente Steuern — bei Vorliegen der Voraussetzungen — ein Ansatzgebot vor.

Beispiel 5:[33] **Wirkung von latenten Steuern**

Ein Vermögensgegenstand des Anlagevermögens (Anschaffungskosten 12.000 Euro) wird in der Handelsbilanz über eine längere Nutzungsdauer abgeschrieben (6 Jahre) als in der Steuerbilanz (4 Jahre). Durch die Bildung passiver latenter Steuern wird diesem Umstand Rechnung getragen. Der handelsbilanzielle Steueraufwand des laufenden Jahres wird dadurch erhöht. Gleichzeitig impliziert der Posten „passive latente Steuern", dass zukünftig mehr Steuern zu zahlen sein werden aufgrund des fehlenden steuerlichen Abschreibungspotentials ($t_5 + t_6$). Handelsrechtliches Ergebnis vor Steuern: 30.000 Euro.

Lösung:[34]

Das Beispiel zeigt, dass temporäre, bedingt durch sachverhaltsdarstellende Maßnahmen hervorgerufene Steuerentlastungseffekte (t_1 bis t_4) keinen Einfluss auf die Steuerquote haben (Steuerquote konstant 30 Prozent). Die Steuerquote ist definiert als Relation zwischen Ertragsteueraufwand, bestehend aus tatsächlichen und latenten Steuern und dem handelsrechtlichen Vorsteuerergebnis. Durch die Bildung der passiven latenten Steuern in den Perioden (t_1 bis t_4) wird der Steueraufwand erhöht, um eine relative, dem gesetzlichen Steuersatz entsprechende Gesamtsteuerbelastung zu erhalten. In den Perioden (t_5 bis t_6) sind entsprechend aktive latente Steuern zu bilanzieren.

---

33 Beispiel entnommen von Frank/Utz (2014).
34 In Anlehnung an Mammen (2008), S. 105–110.

Anschaffungskosten des VG/WG (€)		12.000	Abschreibung / AFA			
Steuerliche ND		4			3.000	
Handelsrechtliche ND		6			2.000	
Jahresüberschuss vor Steuern (€)		30.000	= 12.000/4			
Steuersatz (gesetzlicher)		30 %	bzw. 6			

		t_1	t_2	t_3	t_4	t_5	t_6
1	Jahresüberschuss vor Steuern	30.000	30.000	30.000	30.000	30.000	30.000
	Anpassung EStG*	–1.000	–1.000	–1.000	–1.000	2.000	2.000
2	= z.v.E.	29.000	29.000	29.000	29.000	32.000	32.000
	x 30 %	8.700	8.700	8.700	8.700	9.600	9.600
3	Tats. Steueraufwand	8.700	8.700	8.700	8.700	9.600	9.600
4	Latenter Steueraufwand	300	300	300	300	–	–
5	Latenter Steuerertrag					–600	–600
6	Steueraufwand insg. (3 bis 5)	9.000	9.000	9.000	9.000	9.000	9.000
	Steuerquote (6/1)	30 %	30 %	30 %	30 %	30 %	30 %

* siehe Überleitungsschema (Handelsrechtliches Ergebnis zum z.v.E.) Schritt 2.

Tabelle 5: Kompensatorische Wirkung der latenten Steuern

Einen weiteren für die Praxis interessanten Fall bilden die aktiven latenten Steuern auf Verlust- und Zinsvorträge. Sie reflektieren zukünftiges Steuerentlastungpotential, das in der zukünftigen Reduzierung des z.v.E. und damit Ertragsteuerbelastung besteht. Voraussetzung für die Bilanzierung aktiver latenter Steuern auf Verlust- und Zinsvorträge sind zukünftige verrechenbare positive Gewinne bzw. EBITDA (steuerpflichtiger Gewinn vor Zinsertrag, Zinsaufwand, Ertragsteuern und Abschreibungen). Neben der Bilanz und der Gewinn- und Verlustrechnung haben Kapitalgesellschaften einen Anhang aufzustellen. Dieser enthält u.a. weitere Informationen zur Bewertung und Zusammensetzung einzelner Bilanzpositionen sowie Erläuterungen zur Gewinn- und Verlustrechnung. Die steuerlichen Anhangangaben wurden durch das Bilanzrechtsmodernisierungsgesetz an die internationalen Rechnungslegungsstandards angenähert.

Der Aufsichtsrat kann mithilfe folgender Anhangangaben weitere Steuerinformationen erhalten, nämlich:

- „in welchem Umfang die Steuern vom Einkommen und vom Ertrag das Ergebnis der gewöhnlichen Geschäftstätigkeit und das außerordentliche Ergebnis belasten" (§ 285 Nr. 6 HGB)., d.h. ob die Steuereffekte bei einem unterstellten konstanten operativen Ergebnis einmaliger oder dauerhafter Natur sind;
- „auf welchen Differenzen oder steuerlichen Verlustvorträgen die latenten Steuern beruhen und mit welchen Steuersätzen die Bewertung erfolgt ist." (§ 285 Nr. 29 HGB). An den Ansatz aktiver latenter Steuern auf Verlust- und Zinsvorträgen werden erhöhte Anforderungen in der Gestalt von Planungsrechnungen gestellt. Sie implizieren per se ein erhöhtes Bewertungsrisiko und können die für Finanzanalysten und dem Kapitalmarkt zur Unternehmensbewertung herangezogene Steuerquote/Konzernsteuerquote beeinflussen.

Der Ausweis von Ertragsteuern ist in IAS 12 geregelt, indem sich korrespondierende Regelungen befinden. Die Erläuterungen sind im Vergleich zur handelsrechtlichen Rechnungslegung jedoch umfangreicher. Internationale Rechnungslegungsstandards fordern zudem als Teil der Anhangangaben (hier Notes) die Erstellung einer steuerlichen Überleitungsrechnung (IAS 12.81), in der u.a. die vom Unternehmen praktizierte Steuerpolitik offengelegt wird. Der nationale Gesetzgeber ist dieser Forderung über einen expliziten Gesetzesverweis nicht gefolgt. Fraglich ist jedoch, ob vor dem Hintergrund des übergeordneten „True and Fair View"-Prinzips, nachdem der Jahresabschluss „unter Beachtung der Grundsätze ordnungsmäßiger Buchführung ein den tatsächlichen Verhältnissen entsprechendes Bild der Vermögens-, Finanz- und Ertragslage der Kapitalgesellschaft zu vermitteln [hat]", eine Erstellung im Auslegungswege nicht auch nach nationalen Regelungen gegeben ist (§ 264 Abs. 2 HGB).

3. Zusammenfassung

Die bisherigen Ausführungen haben gezeigt, dass in den hier dargestellten Themenkomplexen lediglich ein Grundlagewissen vermittelt werden kann. Zur Konkretisierung der inhaltlichen Anforderungen, die im Hinblick auf die Beurteilung steuerlich relevanter Sachverhalte an den Aufsichtsrat zu stellen sind, wurde entsprechend der organisatorischen Zusammensetzung des Aufsichtsrates eine differenzierte Wissensvermittlung vorgenommen. Es ist zu unterscheiden zwischen verpflichtenden Standards, über die alle Aufsichtsratsmitglieder zu unterrichten sind und speziellen Standards für den oder die

Aufsichtsratsvorsitzende(n). Die Ausführungen beschränkten sich, bis auf einige Ausnahmen, auf die erst genannte Kategorie.

Die hier vermittelten Kenntnisse sind keineswegs abschließend und können/sollen die fachliche Expertise eines Steuerberaters nicht ersetzen. Das Ziel der Ausführungen besteht darin, den Aufsichtsrat für steuerliche Sachverhalte und den davon ausgehenden Risiken zu sensibilisieren. Der Aufsichtsrat sollte bei komplexen und strittigen Einzelsachverhalten — wie etwa der Verrechnungspreisbestimmung, dem Unternehmenskauf oder Vorgängen nach dem Umwandlungsgesetz/ Umwandlungssteuergesetz (Restrukturierungen/Reorganisationen) — zwingend die Expertise eines Steuerberaters einholen, um die steuerlichen Wirkungen adäquat einschätzen zu können.

Literatur

Brown, E.C. (1948): Business-Income Taxation and Investment Incentives, Income, Employment, and Public Policy, in: Essays in Honour of A. H. Hansen, New York 1948, pp. 300–316.

Frank, I./Utz, D. (2014): Latente Steuern (HGB), in: NWB (Hrsg.). NWB Datenbank (NWB DokID: QAAAE-60615).

Hambloch-Gesinn, S. (2013): Aufsichtsratshaftung. Quo Vadis?, in: Freidank, C.-Chr./Velte, P.(Hrsg.): Aktuelle Entwicklungen in Rechnungslegung, Abschlussprüfung, Corporate Governance und Compliance, Berlin 2012, S. 293–314.

Johanssen, S.E. (1969): Income taxes and investment decisions, in: Swedish J. Econ. 71 (2), Sweden 1969, pp. 104–110.

Mammen, A. (2008): Der Einfluss der Steuerlanz auf die Konzernsteuerquote, in: PiR 3 (2008), S. 105–110.

Mammen, A./Hinze, A. (2015): Integrated Reporting und Due Diligence, in: Freidank, C.-Chr./Müller, S./Velte, P. (Hrsg.). Integrated Reporting als neue Herausforderung für die unternehmerische Steuerung, Überwachung und Berichterstattung, Berlin 2015, S. 561–589.

Mammen, A. (2015): Evaluating the success of Mergers and Acquisitions — A mathematical approach based on the Johanssen model for integrating tax aspects with the Net Present Value Method (working paper, unpublished).

Maurer (2011): Körperschaftsteuerrecht, in: Preißler, M. (Hrsg.), Unternehmenssteuerrecht und Steuerbilanzecht, Band 2, Stuttgart 2011, S. 545–689.

Maurer, T. (2011): Die Bedeutung der Organschaft, in: Preißler, M. (Hrsg.), Unternehmenssteuerrecht und Steuerbilanzecht, Band 2, Stuttgart 2011, S. 662–679.

Oetker, H. (2014): § 101 Bestellung der Aufsichtsratsmitglieder, in: Müller-Glöge, R. (Hrsg.), Erfurter Kommentar zum Arbeitsrecht, 14. Auflage, Rn. 1-5.

Preißler, M. (2011): Gewerbesteuer, in: Preißler, M. (Hrsg.), Unternehmenssteuerrecht und Steuerbilanzecht, Band 1, Stuttgart 2011, S. 591-643.

Steiner, J. (1980): Gewinnsteuern in Partialmodellen für Investitionsentscheidungen, Berlin 1980.

Controlling
Inge Wulf

> **Abstract**
>
> Die Professionalität der Aufgabenerfüllung des Aufsichtsrats wird maßgeblich von Umfang und Qualität der Informationsversorgung bestimmt. Das Controlling spielt in Bezug auf Informationsversorgung eine bedeutende Rolle, da es zum einen die Führungsinstrumente bzw. Management-Tools zur Verfügung stellt und zum anderen bei der Gestaltung des Berichtswesens sowohl dem Vorstand als auch dem Aufsichtsrat unterstützend zur Verfügung steht. Im Mittelpunkt des Beitrags steht das Controlling als zentraler Informationslieferant im Unternehmen.
>
> Das Controlling liefert zur Erfüllung der Überwachungs- und Beratungsfunktion des Aufsichtsrats eine umfassende Entscheidungsbasis im Rahmen seiner gewissenhaften Mandatsausübung. In diesem Kontext macht der Beitrag zunächst die Bedeutung des Controllings für die Aufgabenerfüllung des Aufsichtsrats deutlich, zeigt die Grundlagen und Teilgebiete des Controllings auf und fokussiert die zentralen Instrumente des Controllings.

> **10 Fragen**
>
> 1. Warum sind Kenntnisse über Controlling für Aufsichtsräte notwendig?
> 2. Welche Aufgaben übernimmt das Controlling?
> 3. Welche Bedeutung kommt dem Controlling innerhalb der Corporate Governance zu?
> 4. Inwieweit trägt das Controlling zur Erfüllung der Überwachungsfunktion des Aufsichtsrats bei?
> 5. Welche Aufgaben kann das Controlling im Zusammenhang mit der Beratungsfunktion des Aufsichtsrats leisten?
> 6. Welche Informationen bieten Instrumente des operativen und strategischen Controllings?
> 7. Welche Aussagekraft haben Erfolgs- und Liquiditätskennzahlen?
> 8. Wie können Erfolgs- und Liquiditätskennzahlen durch Earnings Management beeinflusst werden?
> 9. Welche Bedeutung kommt wertorientierten und nichtfinanziellen Kennzahlen im Rahmen des Controllings zu?
> 10. Wie sollte ein controllingbasiertes Informationssystem für Aufsichtsräte ausgestaltet sein?

1. Einleitung

Dem Controlling kommt im Rahmen der Unternehmensüberwachung sowie für die Informationsversorgung nicht nur für den Vorstand, sondern auch für den Aufsichtsrat eine hohe Bedeutung zu. Der Aufsichtsrat sollte seine eigenen Prioritäten bei seiner Informationsversorgung setzen, da dieser auf verlässliche Informationen über die Unternehmenslage und deren Entwicklung angewiesen ist und vom operativen Geschäft weiter entfernt ist als der Vorstand.

Der Aufsichtsrat ist ebenso wie der Vorstand bzw. die Geschäftsführung für die notwendige Informationsversorgung durch das Controlling verantwortlich. Die Überwachung des Controllings durch den Aufsichtsrat erstreckt sich einerseits auf die Ordnungsmäßigkeit der Institution und andererseits auf die Zweckmäßigkeit des Instrumentariums.

Vor diesem Hintergrund zeigt dieser Beitrag Grundlagen und Instrumente des Controllings auf. Das Controlling liefert notwendige Informationen zur Erfüllung der Überwachungs- und Beratungsfunktion des Aufsichtsrats und bietet somit eine umfassende Entscheidungsbasis im Rahmen der gewissenhaften Mandatsausübung. Bevor das Spektrum der Informationsversorgung durch das Controlling aufgezeigt wird, werden zunächst die Anforderungen an die Überwachungs- und Beratungsfunktion des Aufsichtsrats sowie die Bedeutung des Controllings für die Aufgabenerfüllung des Aufsichtsrats beleuchtet.

2. Bedeutung des Controllings für die Aufgabenerfüllung des Aufsichtsrats

2.1 Informationsbereitstellung durch das Controlling (Pull-Approach)

Die Bedeutung des Controllings im Rahmen der Überwachung von Unternehmen ist unbestritten. Das Controlling übernimmt teilweise die Funktion der prozessimmanenten Prüfungen und stellt den Führungskräften die notwendigen Daten zur Erfüllung der Monitoringfunktion zur Verfügung. Daher ist das Controlling für die Ausübung der Überwachungs- und Beratungsfunktion des Aufsichtsrats grundsätzlich eine bedeutende Instanz, da die in der externen Rechnungslegung gebotenen Informationen, die der Aufsichtsrat auch prüfen muss (siehe Abschnitt 2.3), nicht für seine Aufgabenerfüllung ausreichen.

Das Controlling dient in erster Linie als Ansprechpartner bei internen Prüfungen und als Prozesstreiber bzw. -berater auch für den Aufsichtsrat. Der Aufsichtsrat muss dennoch wissen, welche Informationen das Controlling zur Erfüllung der Überwachungs- und Beratungsaufgabe bereitstellen kann. Daher wird in diesem Kontext von einem Pull-Approach gesprochen.

Traditionell sind die Controllingberichte mit detaillierten und selektiven Informationen an das Management gerichtet und unterstützen dort die Entscheidungsfindung. Zusätzlich nimmt das Controlling zunehmend die Aufgabe der (mittelbaren) Berichterstattung an das Kontrollgremium wahr. Allerdings ist dem Aufsichtsrat ein direkter Kontakt mit der Institution Controlling nur in Abstimmung mit dem Vorstand bzw. der Geschäftsführung möglich. Daher müssen entsprechende Reporting-Zuständigkeiten über Geschäftsordnungen bzw. spezielle Informationsordnungen definiert werden. In diesem Zusammenhang soll nach DCGK, Rz. 3.4 der Aufsichtsrat die Informations- und Berichtspflichten des Vorstands näher festlegen.

2.2 Qualitätsüberwachung des Controllings (Push-Approach)

Der Vorstand hat die Pflicht, das Controlling mit entsprechenden Steuerungs-, Kontroll- und Informationssystemen auszustatten, um seine Geschäftsführungsaufgaben sorgfältig erfüllen zu können. Der Aufsichtsrat hingegen hat im Rahmen seiner allgemeinen Überwachungs- und Beratungsfunktion die Pflicht, das interne Reporting und somit das Controlling auf seine Ordnungs-, Recht- und Zweckmäßigkeit sowie Wirtschaftlichkeit zu prüfen. Dieser muss sich somit von der Funktionsfähigkeit im Hinblick auf die Informationsversorgung des Managements und der Qualität der Informationen überzeugen und ist zudem verpflichtet einzuwirken, wenn der Vorstand seiner Aufgabe zur Einrichtung eines Controllings nur unzureichend nachkommt.

Letztlich muss der Aufsichtsrat im Rahmen seiner Überwachungs- und Beratungsfunktion dafür Sorge tragen, dass der Vorstand die für die Unternehmenssteuerung und -kontrolle erforderlichen Instrumente implementiert hat. Dies setzt voraus, dass der Aufsichtsrat die Inhalte des Controllings wie auch die Organisation, die Abläufe und Handlungsmöglichkeiten des Controllings kennt. Der Aufsichtsrat darf bei Bedarf in Abstimmung mit dem Vorstand die interne Revision heranziehen, die in aller Regel als Stabstelle dem Vorstand gegenüber weisungsgebunden ist und ausschließlich an den Vorstand berichtet. Außerdem kann der Aufsichtsrat gem. § 109 Abs. 1 Satz 2 AktG ggf. auf Sachverständige oder Auskunftspersonen zurückgreifen und somit bspw. Personen des Controllings als Berater zu Aufsichtsratssitzungen einladen und direkt befragen, wenn die erforderlichen Informationen nicht geliefert werden. Allerdings darf der Aufsichtsrat bei Erkennen von Missständen lediglich Gestaltungsvorschläge aussprechen und dem Vorstand konkrete Ratschläge geben, da nur der Vorstand die Geschäftsführung innehat. Zudem könnte der Aufsichtsrat bei dringlichen Beratungsfragen die Sitzungsfrequenz erhöhen. Diese Möglichkeiten des Aufsichtsrats, die einen gewissen Druck auf den Vorstand ausüben, werden als Push-Approach umschrieben.

Bei normalem Geschäftsverlauf, einer gut funktionierenden Unternehmensführung und einer offenen und vertrauensvollen Kommunikation zwischen Vorstand und Aufsichtsrat tritt der Push-Approach in den Hintergrund. Der Aufsichtsrat ist aber insbesondere bei einem gestörten Vertrauensverhältnis zwischen Vorstand und Aufsichtsrat wie auch bei besonderen Ereignissen, z.B. Unternehmensübernahmen, Großinvestitionen, oder auch bei sich abzeichnenden Fehlentwicklungen, z.B. Verschlechterung der erfolgs- und finanzwirtschaftliche Lage, oder drohenden Unternehmenskrisen, z.B. Insolvenzgefährdung, gefordert, seinen zusätzlichen Informationsbedarf zu decken, sei es durch Befragung des zuständigen Abschlussprüfers, Beauftragung der Wirtschaftsprüfungsgesellschaft mit zusätzlichen, weiterführenden Prüfungsleistungen, durch die Anforderung von Sonderberichten oder ggf. Sanierungskonzepten, durch den Rückgriff auf Sachverständige oder durch Drängen auf den Erlass einer Informationsordnung.

2.3 Relevanz der Informationsversorgung durch das Controlling für die Prüfung von Jahresabschluss und Lagebericht

Informationen des Controllings werden für den Aufsichtsrat auch im Rahmen seiner Pflicht zur Prüfung von Jahresabschluss und Lagebericht gem. § 171 Abs. 1 Satz 1 AktG immer bedeutsamer. Dieser Zusammenhang von Controlling und externer Rechnungslegung resultiert zum einen aus der Tatsache, dass das Controlling häufig die notwendigen Informationen für die Abbildung von speziellen Sachverhalten in der Rechnungslegung liefern muss, z.B. Prognosewerte, finanzielle und nichtfinanzielle Leistungsindikatoren. Damit wirken faktisch Rechtsnormen auf das Controlling, womit die zunehmende Konvergenz der von Rechtsnormen getragenen externen Rechnungslegung und des ohne Rechtsrahmen arbeitenden internen Rechnungswesens die Bedeutung des Controllings gestärkt wird. Bspw. werden zur Erstellung eines Abschlusses nach den International Financial Reporting Standards (IFRS) und wegen der aus dem Bilanzrechtsmodernisierungsgesetz (BilMoG) resultierenden Änderungen und einhergehender Annäherung des Handelsgesetzbuches (HGB) an die IFRS auch zur Erstellung eines HGB-Abschlusses vermehrt Informationen aus dem Controlling benötigt. Dabei spielen neben vergangenheitsbezogenen Daten zunehmend zukunftsbezogene Plandaten eine immer wichtigere Rolle, wie z.B. Aufzeigen der Chancen und Risiken sowie Prognosen im Lagebericht, Angaben zu ungewissen Verpflichtungen, Aktivierung selbst erstellter immaterieller Vermögenswerte, Bilanzierung von langfristigen Fertigungsaufträgen, Aktivierung latenter Steuern aus Verlustverträgen sowie Planungsrechnungen für Feststellung und ggf. Ermittlung von erforderlichen außerplanmäßigen Abschreibungen (Impairment) wie auch wertorientierte und integrierte Berichterstattung.

Die aus der Prüfung von Jahresabschluss und Lagebricht sowie Risikomanagementsystem resultierenden unmittelbaren Anknüpfungspunkte an das Controlling setzen voraus, dass die Prozesse zur Bereitstellung der relevanten Daten durch das Controlling eine hohe Transparenz aufweisen müssen. Die im Controlling generierten Daten zum Risikomanagement sowie zu bestimmten Sachverhalten des Lageberichts und Jahresabschlusses, z.B. Höhe der gebildeten Rückstellungen, Ermittlung außerplanmäßiger Abschreibungen (Impairment), Prognosen, müssen einer objektiven Beurteilung durch einen Wirtschaftsprüfer Stand halten und somit nachvollziehbar dokumentiert werden. Damit wird gleichzeitig eine gewisse Informationsgüte für den Aufsichtsrat sichergestellt.

Diese Entwicklung wird durch den sog. Management Approach als mittelbarer Anknüpfungspunkt an das Controlling noch weiter gestärkt. Nach dem Management Approach ist eine stärkere Ausrichtung der Berichterstattung an interne Sachverhalte gefordert. Konkret erhalten externe Adressaten dieselben Informationen, die für die interne Unternehmensführung eingesetzt werden, z.B. eine Segmentberichterstattung oder finanzielle und nichtfinanzielle Leistungsindikatoren im Rahmen des Wirtschafts- und Prognoseberichts.

Sowohl die unmittelbaren als auch die mittelbaren Anknüpfungspunkte an das Controlling verdeutlichen dessen hohe Relevanz für den Aufsichtsrat, mit den notwendigen Informationen vom Vorstand versorgt zu werden bzw. sich die notwendigen Informationen zu besorgen. Dies schließt eine Prüfung der Konsistenz der intern und extern berichtenden Größen ein. Insgesamt betrachtet trägt das Controlling erheblich dazu bei, dass der Aufsichtsrat seine gesetzliche Überwachungs- und Beratungsfunktion effizient wahrnehmen kann.

3. Informationsversorgung durch das Controlling

3.1 Wesen, Ziele und Aufgaben des Controllings

Das *Wesen* des Controllings stellt allgemein die Unterstützung und Entlastung der Unternehmensleitung dar, um die Unternehmensziele besser zu erreichen. Controlling ist als Funktion ein Bestandteil des Managementprozesses. Bei Betrachtung von Controlling als Institution ist zu beachten, dass das Controlling den Vorstand bzw. die Geschäftsführung unterstützt, aber keine unmittelbaren Führungsaufgaben übernimmt. Das Controlling stellt somit eine Unternehmensführungs-Servicefunktion dar, die dem Vorstand bzw. der Geschäftsführung in konzeptioneller, instrumenteller und informatorischer Hinsicht bei der Entscheidungsbildung und -durchführung zur Seite steht. Der Vorstand bzw. die Geschäftsführung wiederum ist gegenüber dem Aufsichtsrat berichtspflichtig und muss diesem u.a. die erforderlichen Controllingberichte zur Verfügung stellen.

Controlling geht auf keine allgemein akzeptierte Theorie zurück, vielmehr haben sich aus der Praxis pragmatisch-normativ geprägte Konzepte des Controllings gebildet, die sich u.a. im Hinblick auf Ziele und Funktionen unterscheiden. Als Zielkategorien kommen bspw. Strategieziele, leistungswirtschaftliche, finanzwirtschaftliche bzw. wertbezogene und andere nicht monetäre Ziele in Betracht. Folgende wesentliche Konzeptionen werden unterschieden: informationsorientierter Ansatz, koordinationsorientierter Ansatz und rationalitätsorientierter Ansatz.

Die mit dem Controlling verbundenen *Ziele* werden kontrovers diskutiert. Die Unterstützung des Managements gilt aber unstrittig als ein Ziel des Controllings. Unter anderem als Folge der Veränderung der gesamtwirtschaftlichen Rahmenbedingungen und der Globalisierung der Wirtschaft hat vor allem die Koordinationsfunktion an Bedeutung gewonnen, da eine unternehmensweite Abstimmung der Planungs-

und Steuerungsprozesse unabdingbar ist. Im deutschsprachigen Raum ist die Koordinationsorientierung zentraler Aspekt für ein Controllingkonzept. Darüber hinaus ist angesichts der dynamischen Umweltentwicklung die Sicherung der Adaptionsfähigkeit des Managements ein wichtiges Ziel des Controllings. Zu diesem Zweck sind Informationen über Entwicklungstendenzen im betrieblichen Umfeld mit Simulationen, die sowohl mögliche Chancen als auch Risiken berücksichtigen, essentiell für die Aufrechterhaltung der Zukunftsfähigkeit des Unternehmens.

Aus den wesentlichen Zielen des Controllings der Koordination und der Sicherung der Adaptionsfähigkeit lassen sich folgende *Aufgaben* für das Controlling ableiten:

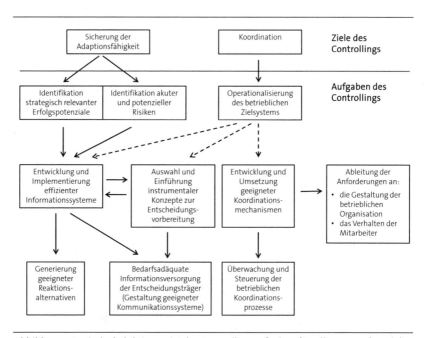

Abbildung 1: Logisch-deduktiv ermittelte Controllingaufgaben (Quelle: Lorson/Quick/Wurl, 2013, S. 20)

Die Sicherung der Adaptionsfähigkeit zielt primär auf Strategien und Risiken ab. Der vorliegende Beitrag konzentriert sich jedoch primär auf die Koordination. In diesem Zusammenhang kommt dem Controlling die Aufgabe zu, das betriebliche Zielsystem zu operationalisieren, d.h. die obersten Unternehmensziele auf die Bereiche und Stellen herunterzubrechen sowie die Ziele und Aktivitäten abzustimmen. Auf dieser Basis können nach Festlegung von Soll-Werten und Ermittlung von Ist-Werten diverse Soll-Ist-Vergleiche und im Anschluss Abweichungsanalysen durchgeführt werden.

3.2 Konzeption des betrieblichen Informationssystems

Die Implementierung von Zielen und Strategien durch die Unternehmensführung setzt eine entscheidungsbezogene Informationsversorgung durch adäquate Planungs- und Kontrollsysteme als Aufgabe des Controllings voraus. Zur Ausübung seiner Überwachung kann der Aufsichtsrat Informationen zum Planungs- und Kontrollsystem des Controllings einfordern. Im Falle eines Konzerns, insb. einer Management-Holding, ist eine mehrstufige Controlling-Konzeption notwendig. Unabhängig von Einzelunternehmen oder Konzern bilden die betrieblichen Funktionen die Grundlage für die funktionsbezogenen und -übergreifenden Entscheidungsbereiche. Zusätzlich müssen alle Systembestandteile mit Hilfe eines Informationssystems miteinander verbunden werden. Das Informationssystem muss konsistente Informationen generieren und bereitstellen.

Ein Führungsinformationssystem umfasst vor allem Daten aus dem betrieblichen Rechnungswesen. Die zur Verfügung gestellten Informationen sind sowohl monetär, basierend auf Daten der Finanzbuchführung (Erträge, Aufwendungen, Einzahlungen, Auszahlungen, Einnahmen und Ausgaben) sowie der Kosten- und Leistungsrechnung (Kosten und Leitungen), als auch nicht-monetär. Nicht-monetäre Größen können sowohl quantitativ, wie z.B. Mengen- oder Zeitangaben (Anzahl an Reklamationen, Durchlaufzeiten der Produkte), als auch qualitativ sein. Qualitative Informationen werden insbesondere zur Einbeziehung von nicht bilanzierungsfähigen immateriellen Werten zunehmend erforderlich, wie z.B. Kundenzufriedenheit, Mitarbeitermotivation, Führungskompetenz, Produktqualität. Darüber hinaus sind in zeitlicher Hinsicht sowohl vergangenheitsorientierte als auch zukunftsorientierte Informationen zur Unterstützung von Managemententscheidungen erforderlich.

Eine solche breite Informationsbasis macht ein differenziertes EDV-gestütztes Führungsinformationssystem erforderlich, in dem unterschiedliche Teilbereiche in sachlichem Zusammenhang stehen und sowohl Ausführungs- als auch Führungsinformationen ineinander überführt werden können. Das Controlling übernimmt die Aufgabe der Koordination von Informationsbedarf, -zusammenstellung und -bereitstellung. Dieser Informationsversorgung kann sich der Aufsichtsrat auch bei Nachfrage über den Vorstand oder Einladung von Sachverständigen des Controllings zu Aufsichtsratssitzungen bedienen. Die vielfältigen Informationen aus dem Controlling sind für den Aufsichtsrat insofern von Bedeutung, als dieser damit bspw. eine Konsistenzprüfung von im Lagebericht publizierten Informationen zu Zielen und Strategien sowie Prognosen mit den entsprechenden Führungsinformationen vornehmen kann.

3.3 Teilgebiete des Controllings

3.3.1 Überblick

Die Überwachungsfunktion des Aufsichtsrats erfordert spezifische Informationen zu Entscheidungen des Vorstands bzw. der Geschäftsführung. Dazu zählen Informationen, die sich zum einen nach den drei Führungsgrößen Erfolg, Liquidität und Erfolgspotentiale sowie zum anderen nach operativen und strategischen Aufgaben unterscheiden lassen. Darüber hinaus sind Führungsentscheidungen zu treffen, die vielfältige Informationen differenziert nach Funktionalbereichen, wie z.B. zu Produktionsprogramm, F&E-Strategie, Entscheidungen zu Unternehmenstransaktionen, wie auch nach Faktoren (Personal, Material), erforderlich machen. Demnach sind die Teilgebiete des Controllings je nach Anwendungs- und Gegenstandsbereich der Systeme wie folgt zu unterteilen:
- Erfolgs-, Finanz- und Erfolgspotential-Controlling unter Berücksichtigung von Risiken,
- operatives und strategisches Controlling,
- Funktionalbereiche-Controlling (insb. F+E-, Absatz-, Produktions-, Beschaffungs-, Logistik- Beteiligungs- und Verwaltungscontrolling) sowie
- Faktorcontrolling (insb. Anlagen, Material- und Personalcontrolling).

Erfolgscontrolling soll die nachhaltige Erfolgskraft des Unternehmens steuern und prüfen, während das *Finanzcontrolling* die Sicherstellung der jederzeitigen Zahlungsbereitschaft unterstützen soll und primär die kurz- und langfristige Liquiditätssicherung sowie auch auf die Bonitätssteuerung vor dem Hintergrund von Basel III fokussiert. Dagegen ist das *Erfolgspotential-Controlling* zukunftsorientiert und zielt auf die Steuerung des langfristigen nachhaltigen Erfolgs ab. Die drei Teilbereiche Erfolgs- und Finanzlage sowie Erfolgspotential dürfen nicht isoliert betrachtet werden, vielmehr stehen diese jeweils in enger Wechselwirkung zueinander.

Im Folgenden wird zunächst ein Einblick in das operative und strategische Controlling geboten. Innerhalb der Instrumente des Controllings wird auf das Erfolgs-, Finanz- und Erfolgspotential-Controlling eingegangen.

3.3.2 Operatives und strategisches Controlling unter Berücksichtigung von Risiken

Der Aufsichtsrat hat sich von der Ordnungsmäßigkeit sowohl des operativen als auch des strategischen Controllings zu überzeugen. Die Unterscheidung in operatives und strategisches Controlling hängt im Wesentlichen mit der Fristigkeit zusammen. Während das operative Controlling auf die Zielbildung, Planung, Steuerung, Koordination und Kontrolle in kurz- bis mittelfristiger Hinsicht ausgerichtet ist und Erfolg und Liquidität als Zielgrößen fokussiert, zielt das strategische Controlling auf das Kreieren, Prüfen, Durchsetzen und Kontrollieren von Zielen und Strategien in langfristiger Hinsicht und somit auf die Erfolgspotentiale des Unternehmens als Zielgrößen ab.

Tabelle 1 stellt die Merkmale des operativen und strategischen Controllings gegenüber.

Trotz der unterschiedlichen Ausrichtung des operativen und strategischen Controllings dürfen diese beiden Ausrichtungen nicht isoliert voneinander betrachtet werden. Vielmehr muss die strategische Ausrichtung an der operativen Ausrichtung anknüpfen, und die operative Ausrichtung muss strategische Aspekte umsetzen. Daher ist ein integriertes Controlling notwendig, um eine Verbindung von operativer und strategischer Ausrichtung zu erreichen.

Der folgende Abschnitt gibt einen kurzen Überblick über die Instrumente des Controllings und konzentriert sich auf Kennzahlen und speziell auf das RL-Kennzahlensystem unter Berücksichtigung von Erweiterungen hin zur wertorientierten Steuerung.

	Operatives Controlling	Strategisches Controlling
Zeithorizont	primär kurzfristig	primär langfristig
Zentrale Führungsgrößen und Zielsetzung	• Erfolg und Liquidität: Erfolgserzielung, Liquiditätssicherung	• Existenzsicherung: Schaffung und Erhalt von Erfolgspotentialen sowie Risikobegrenzung
Rahmenbedingungen	• Stabiles Umfeld, eher auf das Unternehmen bezogen	• Komplexität, Dynamik und Diskontinuität des Umfelds
Informationsquellen/ Art der Information	• primär (internes) Rechnungswesen, • meist sichere Informationen, • meist quantitative Daten	• primär Umwelt, • unsichere Informationen, • meist qualitative Daten
Hauptinformationen	• Kosten/Leistungen, • Aufwand/Ertrag, • Aus-/Einzahlungen, • Vermögen/Kapital	• Stärken und Schwächen, • Chancen und Risiken
Beispiele für Instrumente	• GuV, Kostenrechnung, • kurz- und mittelfristige Erfolgs- /Finanz-/ Bilanzplanung, • Budgetierung, Kapitalflussrechnung	• Portfolio-Analyse, • Lebenszyklusanalyse, • Szenarioanalyse, • Balanced Scorecard • Werttreiberanalysen

Tabelle 1: Abgrenzung von operativem und strategischem Controlling

3.4 Instrumente des Controllings

3.4.1 Überblick

Bei den *Controlling-Instrumenten* sind zunächst die Instrumente zur Planung und Kontrolle von Bedeutung. Planungsinstrumente werden in Analyse-, Prognose- und Bewertungsinstrumente unterschieden. Analyse- und Prognoseinstrumente kommen vor allem im Rahmen von Früherkennungssystem und Risikomanagementsystem wie auch im Rahmen der Erfolgsfaktorenanalyse, Stärken-/Schwächen-Analyse (SWOT), Portfolioanalysen, Benchmarking und Balanced Scorecard zum Einsatz. Bei den Bewertungsinstrumenten spielt die wertorientierte Unternehmenssteuerung eine wichtige Rolle. Kontrollinstrumente umfassen Soll-Ist-Vergleiche, Abweichungsanalysen sowie Planadaptionen. Darüber hinaus verfügt das Controlling entsprechend der drei Führungsgrößen Erfolg, Liquidität und Erfolgspotentiale über spezifische Instrumente zum Erfolgs- und Finanzcontrolling sowie zum Controlling von Erfolgspotentialen.

Als Instrumente des *Erfolgscontrollings* stehen Absatz-, Umsatz- und Kostenprognoseverfahren und daraus abgeleitete Umsatz-, Kosten- und Ergebnisplanung als Planungsrechnungen sowie dispositive Kosten- und Leistungsrechnungsverfahren und die kurzfristige Erfolgsrechnung zur Verfügung. Im Rahmen des Erfolgscontrollings steht das Betriebsergebnis im Mittelpunkt. Zusätzlich ist – insbesondere bei einer Management-Holding – auch das Finanzergebnis von Bedeutung.

Als Instrumente des *Finanzcontrollings* kommen Bilanzstrukturplanungen unter Berücksichtigung von Finanzkennzahlennormen sowie die mittel- und kurzfristige Finanzplanung zur laufenden Liquiditätssicherung zum Einsatz, die in ihrer Gesamtheit Auskunft über die Finanzkraft des Unternehmens sowie dessen Zahlungsfähigkeitspotential geben. Der Posten „liquide Mittel" ist eine zentrale Größe, die jederzeit einen Einzahlungsüberschuss haben sollte.

Im Rahmen des Erfolgs- und Finanzcontrollings liefern Kennzahlen und Kennzahlensysteme sowie ergänzend Kennzahlen zum Risikomanagement und zur wertorientierten Steuerung wie auch zunehmend Instrumente zur Beurteilung der zukünftigen Erfolgsfähigkeit des Unternehmens *(Erfolgspotentiale)* wertvolle Informationen, mit denen der Aufsichtsrat sich ein Bild über die nachhaltige Existenzsicherung von Unternehmen machen kann.

3.4.2 Kennzahlen und Kennzahlensysteme

Die Effizienz von Controllingsystemen wird maßgeblich von der Prägnanz und der Aussagekraft der Führungsinstrumente bestimmt. Hierbei kommt den Kennzahlen eine besondere Bedeutung zu, die die Eigenschaft haben, in konzentrierter Form führungsrelevante quantifizierbare Sachverhalte zum Ausdruck zu bringen. Bei Kennzahlen wird allgemein in absolute Kennzahlen (z.B. Jahresergebnis, Umsatz, Eigenkapital, liquide Mittel) und Verhältniszahlen (z.B. Eigenkapitalanteil, Eigenkapitalrentabilität, Return on Investment) unterschieden. Ihre Berechnung basiert zumeist auf Daten des betrieblichen Rechnungswesens.

Klassische *Erfolgskennzahlen* sind die Eigenkapitalrentabilität, Gesamtkapitalrentabilität und Umsatzrentabilität. In diesem Zusammenhang kommt dem Jahresergebnis eine große Bedeutung zu, das jedoch – anders als der Cashflow aus betrieblicher Tätigkeit – durch bilanzpolitische Maßnahmen (z.b. vorsichtige Schätzung der Rückstellungszuführung für Produktgarantien, vorsichtige Schätzung der außerplanmäßigen Abschreibung) beeinflusst werden kann. Die Nutzung bilanzpolitischer Maßnahmen kann sich insbesondere in Krisenzeiten zur Gegensteuerung eines Ergebnisrückgangs eignen. So wirken in Krisenzeiten Umsatzrückgänge negativ auf das Jahresergebnis, gleichzeitig können eventuelle krisenbedingte Abschreibungen auf Forderungen das Jahresergebnis belasten. Daher kann ein Vergleich von Cashflow und Jahresergebnis im Zeitablauf Hinweise auf die Nutzung bilanzpolitischer Maßnahmen geben. Zu berücksichtigen ist jedoch, dass der Cashflow aus betrieblicher Tätigkeit keine wirkliche Erfolgskennzahl ist, da wichtige betriebswirtschaftliche ergebniswirksame Sachverhalte, wie z.B. planmäßige Abschreibungen, Bestandsänderungen (GuV/Gesamtkostenverfahren), unberücksichtigt bleiben.

Bei den *Finanzkennzahlen* ist zwischen bestände- und bewegungsbezogenen Kennzahlen zu unterscheiden. Beispiele für beständebezogene Finanz- und Vermögenkennzahlen sind die Eigenkapitalquote (= Eigenkapital: Gesamtkapital), Verschuldungsgrad (= Fremdkapital: Eigenkapital), die Anlagedeckung (= langfristiges Kapital: Anlagevermögen) sowie statische Liquiditätskennzahlen (= Umlaufvermögen: kurzfristiges Fremdkapital). Im Gegensatz zu beständebezogenen Kennzahlen gelten bewegungsbezogene Finanzkennzahlen als dynamische Finanzkennzahlen. Der Cashflow ist eine zentrale Finanzkennzahl zur Beurteilung der dynamischen Liquidität, die den finanziellen Überschuss einer Periode darstellt, den ein Unternehmen aus eigener Kraft im Rahmen der betrieblichen Tätigkeit erwirtschaftet hat. Er bringt die Innenfinanzierungskraft des Unternehmens zum Ausdruck. Beispiele für Cashflow-Kennzahlen sind der dynamische Verschuldungsgrad (= Effektivverschuldung: Cashflow), der Innenfinanzierungsspielraum (= Cashflow: Netto-Anlageinvestitionen), die Cashflow-Marge (= Cashflow: Umsatz) sowie der Entschuldungsgrad (= Cashflow: Effektivverschuldung).

Die Aussagekraft von einzelnen Kennzahlen wird kritisch betrachtet, da lediglich ein Teilaspekt fokussiert wird. Aus diesem Grunde dominieren *Kennzahlensysteme* als Führungsinformationsinstrument, die komplexe betriebswirtschaftliche Sachverhalte in konzentrierter, aber ausgewogener Form sachgemäß zum Ausdruck bringen können und den quantitativen Informationsgehalt erheblich verbessern. Kennzahlensysteme umfassen verschiedene betriebswirtschaftlich sinnvoll zusammengestellte Kennzahlen und können als Rechen- oder Ordnungssystem sowohl ein- als auch mehrdimensional ausgestaltet sein. Das DuPont-Kennzahlensystems, Return on Investment (ROI), ist eines der bekanntesten Systeme. Als weitere Beispiele sind das ZVEI-Kennzahlensystem (ZVEI = Zentralverband der Elektrotechnik- und Elektronikindustrie) wie auch das RL-Kennzahlensystem zu nennen. Das RL-Kennzahlensystem ist eine bedeutsame Entwicklung im deutschsprachigen Raum, das über ein reines Rentabilitätssystem (z.B. ROI-Kennzahlensystem) hinaus den Aspekt der Liquidität als zweite wichtige Führungsgröße berücksichtigt.

Durch die zunehmende Ausrichtung zum Shareholder Value entstanden seit 1980 Konzepte zur *wertorientierten Unternehmenssteuerung*, wozu u.a. Economic Value Added (EVA^{TM}) oder Return on Capital Employed (ROCE) zählen. In der Folge ist die alleinige Konzentration auf finanzielle Kennzahlen erweitert worden, so dass zunehmend nichtfinanzielle Kennzahlen Berücksichtigung finden, um insbesondere immaterielle Werte und auch ökologische und soziale Aspekte in Führungskennzahlen einzubeziehen. In diesem Zusammenhang wurde mit der Qualitätsmanagementbewegung bspw. das EFQM (European Foundation for Quality Management)-System etabliert. Eine weitere Entwicklung stellten seit den 1990er Jahren die Systeme dar, die neben finanziellen Kennzahlen ergänzend immaterielle Werte und speziell die Perspektiven Kunden, Geschäftsprozesse und Humankapital einbinden. Dazu zählen die Balanced Scorecard, der Skandia-Navigator und andere Intellectual Capital Statements bzw. Wissensbilanz — Made in Germany sowie die Nachhaltigkeitsberichterstattung und neuerdings die integrierte Berichterstattung. Die Auswahl und Strukturierung der verschiedenen Kennzahlenwerke sind jeweils zweckorientiert ausgerichtet. Vor diesem Hintergrund wird zunächst der RL-Kennzahlensystem vorgestellt und anschließend werden mögliche Erweiterungen des RL-Kennzahlensystems fokussiert.

3.4.3 RL-Kennzahlensystem

Mit dem RL-Kennzahlensystem werden neben führungsrelevanten Größen zur nachhaltigen Sicherung des Erfolgs auch Größen zur nachhaltigen Sicherung der Liquidität abgebildet. Konzeptionell umfasst das RL-Kennzahlensystem einen allgemeinen Teil und zwei Sonderteile.

Der allgemeine Teil erstreckt sich über gesamtunternehmensbezogene Rentabilitäts- und Liquiditätskennzahlen, die Sonderteile dienen der unternehmensspezifischen Ergänzung und konkretisierten Umsetzung der Rentabilitäts- und Liquiditätsdaten. Es handelt sich hierbei um die teilbetrieblichen Lenkungsfelder, die zum einen produkt(gruppen)-bezogen sind und vertiefende Kennzahlen zu Produkten, Produktgruppen oder strategischen Geschäftseinheiten umfassen; zum anderen bezieht der zweite Sonderteil sich auf die Planung, Steuerung und Kontrolle der organisatorischen Einheiten und berücksichtigt vertiefende Kennzahlen zur Lenkung von z.b. Niederlassungen, Funktionalbereichen oder Kostenstellen. Zusätzlich kann eine branchen- oder firmentypspezifische Vertiefung durch Kennzahlen fallweise vorgenommen werden.

Abbildung 2 zeigt die Grundstruktur des RL-Kennzahlensystems auf. Der Cashflow Return on Investment (CFROI) signalisiert den Bezug zur wertorientierten Steuerung.

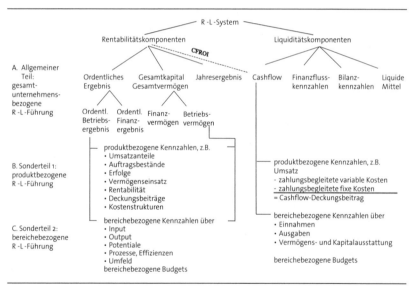

Abbildung 2: Grundstruktur RL-Kennzahlensystem (Quelle: Lachnit/Müller, 2012, S. 297)

Zum Rentabilitätsteil des RL-Systems gehören das ordentliche Ergebnis und die daraus ableitbaren Rentabilitäten, insb. Gesamtkapital-, Betriebsvermögens- und Finanzvermögensrentabilität. Grundsätzlich ist es sinnvoll, eine Ergebnisgröße vor Steuern und ggf. auch vor

(Fremdkapital-)zinsen zu verwenden (z.B. EBIT = Earnings before Interests and Taxes) oder EBT = Earnings before Taxes), um das Ergebnis unabhängig von Steuerzahlungen und ggf. Fremdkapitalfinanzierung beurteilen zu können. Das ordentliche Ergebnis spiegelt den nachhaltigen, regelmäßigen Erfolg einer Periode wider. Wird das ordentliche Ergebnis in Relation zum eingesetzten Vermögen bzw. Kapital gesetzt, ergibt sich der ROI (= Jahresergebnis: Gesamtkapital oder = EBIT: Gesamtkapital), der die Investitionsrendite des Unternehmens zum Ausdruck bringt. Dieser ROI lässt sich zum einen mit Umsatz: Umsatz und zum anderen mit Eigenkapital: Eigenkapital erweitern, ohne den ROI-Kennzahlenwert höhenmäßig zu verändern. Aus der Umsatzerweiterung resultieren die Kennzahlen Umsatzrentabilität (= EBIT: Umsatz x 100) und Umschlagshäufigkeit des Gesamtkapital (= Umsatz: Gesamtkapital), aus der Eigenkapitalerweiterung resultieren die Kennzahlen Eigenkapitalquote (= Eigenkapital: Gesamtkapital x 100) und Eigenkapitalrentabilität (= EBIT: Eigenkapital x 100).

Neben diesen Erweiterungsmöglichkeiten ist der ROI nach Betriebs- und Finanzergebnis zu trennen, da das Ausmaß finanzieller Engagements bei Unternehmen eine immer größere Bedeutung erlangt. Daraus ergibt sich zum einen die ökonomische Effizienz des Betriebsvermögens (ordentliches Betriebsergebnis: betriebsnotwendiges Vermögen) und des Finanzvermögens (ordentliches Finanzergebnis: Finanzvermögen). Im Rentabilitätsteil sind daher die Umsatzrentabilität aus Betriebsergebnis und die Umschlagshäufigkeit des betriebsnotwendigen Vermögens zentrale Größen. Zudem sind spezielle Umschlagskennzahlen berücksichtigt, die Aufschluss über eine mögliche Fehlentwicklung der Umschlagsverhältnisse geben, wie z.B. Erzeugnisumschlag (Effizienz der Absatzlogistik), Materialumschlag (Effizienz der Materialwirtschaft) und Forderungsumschlag (Effizienz des Forderungsmanagements).

Eine rentabilitätsorientierte Unternehmensführung darf aber darüber hinaus, z.B. wegen der Zusammenhänge mit Jahresabschluss und Kapitalmarkt oder wegen der langfristig durchaus relevanten Auswirkungen unregelmäßiger bzw. außerordentlicher Sachverhalte auf die Rentabilität des Unternehmens, nicht nur die Rentabilität aus ordentlichem Ergebnis beachten, sondern muss neben der Eigenkapitalrentabilität die Gesamtkapitalrentabilität auf Basis des gesamten Jahresergebnisses in die Überlegungen einbeziehen

Die Kennzahlen des *Liquiditätsteils* liefern Informationen über die Fähigkeit des Unternehmens, jederzeit seinen Zahlungsverpflichtungen nachzukommen. Als Spitzenkennzahl steht für die Steuerung der Liquidität der Bestand an liquiden Mitteln differenziert in einen laufenden Einnahmenüberschuss (= laufende Einnahmen – laufende Ausgaben), d.h. Zahlungen, die wegen vertraglicher Bindungen oder betrieblicher Erfordernisse nicht zur Disposition stehen, und einen disponiblen Einnahmenüberschuss (= disponible Einnahmen – disponible Ausgaben), d.h. Zahlungen, die von der Geschäftsleitung vorgezogen oder aufgeschoben werden können. In der weiteren Unterscheidung nach beständebezogenen und bewegungsbezogenen Determinanten sind das Working Capital (= Umlaufvermögen – kurzfristige Verbindlichkeiten) und der Cashflow aus operativer Tätigkeit (= zahlungsbasierte Erträge – zahlungsbasierte Aufwendungen) als zentrale Kennzahlen enthalten. Im Zusammenhang mit dem Working Capital werden als weitere Kennzahlen der Liquiditätskoeffizient (= liquide Mittel: kurzfristige Verbindlichkeiten oder = Umlaufvermögen: kurzfristige Verbindlichkeiten) sowie die Anlagendeckung (= Langfristkapital: Anlagevermögen) und die Eigenkapitalquote (= Eigenkapital: Gesamtkapital) verwendet. Die Eigenkapitalquote spielt insofern eine wichtige Rolle, als eine geringe Eigenkapitalquote bei einem unter (über) der Gesamtkapitalrentabilität liegenden Fremdkapitalzinssatz ein Renditesteigerungspotential (eine Renditeminderungsgefahr) für die Eigenkapitalrentabilität darstellt (sog. Leverage-Effekt).

Im Rahmen des Liquiditätsteils werden neben dem Cashflow die Kennzahlen Cashflow-Return bzw. Cashflow-Marge (= Cashflow: Umsatz), dynamischer Verschuldungsgrad (= kurzfristige Verbindlichkeiten: Cashflow oder = Fremdkapital: Cashflow) sowie Cashflow-Deckungsbeiträge herangezogen. Die Cashflow-Deckungsbeiträge zeigen, welcher Teil der selbst erwirtschafteten liquiden Mittel für Ersatzinvestitionen (= Cashflow – Ersatzinvestitionen), für Ersatz- und Erweiterungsinvestitionen (= Cashflow – Investitionen) und für Investitionen und zudem für Schuldentilgungen (= Cashflow – Investitionen – Schuldentilgungen) und ggf. noch zusätzlich zum Liquiditätsaufbau zur Verfügung steht. Eine umfassende Liquiditätsbetrachtung liefert schließlich die vollständige Finanzflussrechnung (Kapitalflussrechnung), aus der jeweils der Liquiditätseffekt der Erfolgszahlungen (Cashflow aus der betrieblichen Tätigkeit), der Investitionszahlungen (Cashflow aus Investitionstätigkeit) und der Finanzzahlungen (Cashflow aus Finanztätigkeit) abgeleitet werden kann. Ein Zeitvergleich dieser drei Cashpools gibt Aufschluss über die Liquiditätslage des Unternehmens.

Des Weiteren ist im *produktbezogenen Sonderteil* eine Tiefenstruktur der Erfolgskomponenten sowie der Cashflow-Deckungsbeiträge und Budgets enthalten, um die Ursachen von Ergebnis- und Cashflow-Änderungen besser deutlich zu machen. Dies schließt sowohl die Ertrags- und Aufwandsposten der GuV als auch spezifische Kennzahlen im produktbezogenen Sonderteil ein, wie z.b. ABC-Analyse von Produkten nach Umsatzbedeutung, Produktergebnis (= Produktpreis − Produkt-Selbstkosten) sowie Deckungsbeiträge und Cashflow-Deckungsbeiträge nach Produkten und Produktgruppen. Darüber hinaus sind auch Informationen zu Kostenstrukturen insb. betreffend fixer und variabler Kostenanteile von Bedeutung, um insbesondere im Rahmen des *Fixkostenmanagements* eine Transparenz der Fixkosten zu erreichen und die Abbaufähigkeit dieser Kosten prüfen zu können. Darüber hinaus spielen sowohl auf Unternehmensgesamtebene als auch auf bereichsbezogener Ebene das Earnings Management und das Cash Management eine wichtige Rolle bei der gezielten Steuerung von Ergebnis und Cashflow.

Im Zusammenhang mit Rentabilitäten wie auch statischen Finanzkennzahlen kommen sowohl Asset Management als auch Working Capital Management eine zunehmend größere Bedeutung zu, da eine Reduzierung des Anlagevermögens und des Working Capital eine Beeinflussung von wichtigen Finanz- und Erfolgskennzahlen bewirkt. Beim *Asset Management* geht es u.a. um Investitionsentscheidungen (z.B. optimaler Ersatzzeitpunkt) und Entscheidungen zwischen Leasing und Kauf von Vermögensgegenständen. Das *Working Capital Management* zielt durch eine Minimierung der Bestände des Umlaufvermögens (insb. Erzeugnisse, Material und Forderungen) und des kurzfristigen Fremdkapitals (insb. Verbindlichkeiten) auf eine Erhöhung der entsprechenden Umschlagskennzahlen sowie letztlich auf eine Erhöhung des ROI ab. Als Steuerungsgrößen finden bspw. Kundenziel (= Forderungen aus L&L x 365: Umsatz), Kreditorenlaufzeit (= Verbindlichkeiten aus L&L x 365: Materialaufwand) und Vorratsbindungsdauer (= Vorratsbestand x 365: Umsatz) Anwendung. Im Rahmen der Überwachungsfunktion des Aufsichtsrats sollten nicht nur die Kennzahlen, sondern auch die dahinter liegenden Sachverhalte, die insbesondere über Cash Management, Earnings Management, Asset Management und Working Capital Management beeinflusst werden können, kritisch betrachtet werden.

Insgesamt bietet das RL-Kennzahlensystem für die Unternehmensführung fundierte Aussagen im Hinblick auf die Kalküle Erfolg und Finanzen. Kennzahlen sind aber grundsätzlich in undifferenzierter Form für Zwecke der Unternehmensführung nicht tauglich. Wie ansatzweise aufgezeigt worden ist, sind zur wirkungsvollen Nutzung von Kennzahlen und Kennzahlensystemen für Planungs-, Steuerungs- und Kontrollzwecke Umgestaltungen bezüglich Inhalt der Kennzahlen und Baustruktur des Systems nötig. Bspw. bedarf es einer Aufteilung des Jahresergebnisses in ein Betriebs- und Finanzergebnis sowie in ein unregelmäßiges Ergebnis wie auch einer korrespondierenden Aufspaltung in Betriebs- und Finanzvermögen. Zudem dürfen die Führungskennzahlen nicht bilanzpolitisch verzerrt sein, und es kann ggf. eine Anpassung der zugrunde liegenden Daten auf Marktzeitwerte vorgenommen werden. Die klassischen Erfolgs- und Finanzkennzahlen eignen sich grundsätzlich eher für operative Führungszwecke. Um eine ganzheitliche Unternehmensführung zu erreichen, sind zur Verknüpfung der operativen Kennzahlen mit strategischen Kennzahlen wie auch die Anbindung an strategische Controllinginstrumente spezielle Erweiterungen vor allem für Risiken und Erfolgspotentiale erforderlich.

3.4.4 Erweiterungen des RL-Kennzahlensystems

Bereits seit Mitte der 1990er Jahre mehren sich Stimmen, dass eine Steuerung allein auf Basis von Gewinn und Liquidität nicht ausreichend ist. Bedingt durch den strukturellen Wandel von der Industrie- hin zur Dienstleistungs- und Hochtechnologiegesellschaft haben immaterielle Ressourcen einen zunehmenden Bedeutungszuwachs erfahren. Sofern die wertschaffenden immateriellen Ressourcen in Führungskennzahlen ausgeblendet werden, kann eine Unternehmensführung nicht zufriedenstellend gelingen, und es kommt zwangsläufig zu Fehlentscheidungen. Als zentrale Defizite der traditionellen Führungskennzahlen werden bspw. die Konzentration auf hochaggregierte Finanzkennzahlen und die Vergangenheitsorientierung genannt. Damit werden die vorgelagerten strategischen Erfolgsfaktoren, z.B. Service, Mitarbeitermotivation oder Produktqualität, die bspw. über die Kundenzufriedenheit einen höheren Umsatz und wiederum über Degressionseffekte eine Kostenreduzierung und somit ein höheres Jahresergebnis bewirken können, vernachlässigt.

Eine wichtige Aufgabe des Controllings besteht daher auch darin, nichtfinanzielle Größen in entsprechende Wertgrößen zu transformieren oder zumindest an die Erfolgs- und Finanzgrößen zu koppeln, um den Einfluss auf Erfolg und Liquidität erkennbar zu machen und eine ganzheitliche *ergebnisziel-, finanzziel- und potentialorientierte Beurteilung* zu erreichen. Konkret sind die Ursache-Wirkungs-Zusammenhänge von Investitionen in immaterielle Werte mit Hilfe von immateriellen Erfolgsfaktoren auf entsprechende Erfolgs- und Finanzgrößen, z.b. Jahresergebnis, Net Operating Profit After Taxes (NOPAT) oder Cashflow, transparent zu machen und zu kommunizieren, damit effektive Steuerungsmaßnahmen zur nachhaltigen Erfolgsgenerierung angesetzt werden können.

Vor diesem Hintergrund kommen zunehmend sog. Performance-Measurement-Ansätze zur Anwendung, die zudem die Umsetzung und Implementierung von Unternehmensstrategien verbessern. Die Zielerreichung wird durch die Verknüpfung von Strategien, strategischen Initiativen sowie der Planung, Steuerung und Kontrolle der relevanten Steuerungsgrößen unterstützt. Verschiedene Konzepte von Performance-Measurement-Systemen zeigen eine intensive Beschäftigung mit immateriellen Werten, wie z.B. Qualitätsmanagement, EFQM, Balanced Scorecard, Wissensbilanzen, wertorientierte Kennzahlen oder Werttreiberanalysen. Die Balanced Scorecard verbindet ebenso wie die Wissensbilanz finanzielle und nichtfinanzielle Kennzahlen.

Die *Balanced Scorecard* versucht, die strategischen Ziele eines Unternehmens in wenige, wichtige operative Zielgrößen der kritischen Erfolgsfaktoren zu übersetzen, um eine operative Umsetzung zu erreichen. Hierbei werden zur besseren Orientierung vier Perspektiven betrachtet: finanzielle Perspektive, Kundenperspektive, Perspektive der internen Geschäftsprozesse sowie Perspektive des Lernens und des Wachstums. In diesem Modell werden für jede Perspektive strategische Ziele, Messgrößen, operative Ziele und Maßnahmen (Initiativen) definiert sowie Indikatoren hinterlegt. Bei *Wissensbilanzen* handelt es sich um eine Form des Berichtswesens, die Informationen über immaterielle Werte in den Kategorien Humankapital, Strukturkapital und Beziehungskapital in einem separaten Bericht erfasst. Kennzeichnend für die „Wissensbilanz — Made in Germany" ist die differenzierte Bewertung der Erfolgsfaktoren in den drei Dimensionen Qualität, Quantität und Systematik, die Berücksichtigung von Wechselwirkungen zwischen den verschiedenen Erfolgsfaktoren mittels einer Sensitivitätsanalyse und die Hinterlegung der Erfolgsfaktoren mit Indikatoren.

Ein umfassendes Kennzahlensystem sollte demnach die klassischen finanziellen Führungskennzahlen um nichtfinanzielle Kennzahlen der Balanced Scorecard oder der Wissensbilanz ergänzen. Dies gelingt durch die Anbindung von Werttreiberhierarchien, indem als wertorientierte Komponente der Market Value Added (MVA) als Ausdruck

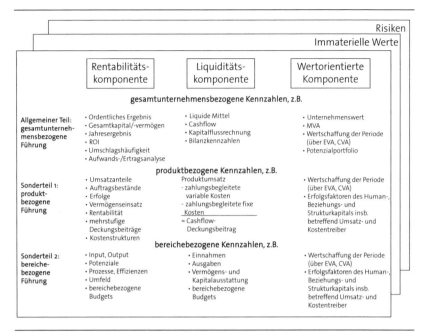

Abbildung 3: Konzeption eines RLW-Kennzahlensystems (Quelle: Wulf, 2008, S. 62)

der gesamten immateriellen Werte in das RL-Kennzahlensystem aufgenommen wird. Der MVA ergibt sich aus der Differenz zwischen Unternehmenswert und das zum Marktzeitwert bewertete investierte Vermögen. Er kann alternativ erfolgs- und cashflow-basiert aus der Diskontierung von EVA^{TM} oder FCF abgeleitet werden. Der MVA wird mit den immateriellen Erfolgsfaktoren und zugehörigen Indikatoren bzw. Steuerungskennzahlen in Form einer Werttreiberbaums verknüpft wird, um Ursache-Wirkungs-Zusammenhänge erkennbar machen zu können. Zudem werden neben Risiken weitere Informationen über im Unternehmen vorhandene immaterielle Werte einbezogen. Die Erweiterung des RL-Kennzahlensystems zeigt Abbildung 3.

Im allgemeinen Teil zielt die wertorientierte Komponente auf die Wertschaffung des Unternehmens als Ganzes ab. Hierzu wird der Unternehmenswert als Spitzenkennzahl ergänzend zum MVA eingesetzt. Neben diesen mehrperiodigen Größen finden korrespondierend als einperiodige Größen der EVA^{TM} und der Cash Value Added (CVA) Berücksichtigung. Für die Unternehmensführung wie auch für die Überwachungsfunktion des Aufsichtsrats sind insbesondere die

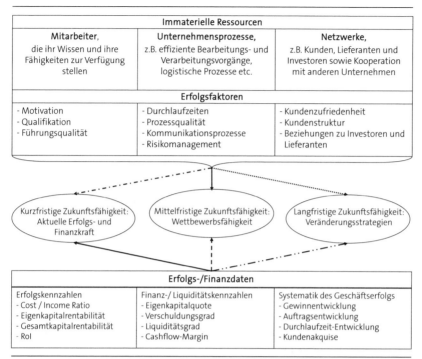

Abbildung 4: Wirkung von Erfolgs-/Finanzdaten und immateriellen Ressourcen bzw. deren Erfolgsfaktoren auf die Zukunftsfähigkeit von Unternehmen (Quelle: Wulf/ Pfeifer/Kivikas: 2009, S.151)

einperiodigen Größen von Bedeutung, die die Veränderungen der Periode widerspiegeln. Erklärungen zu den Ursachen der Veränderungen können über die Analyse der von immateriellen Erfolgsfaktoren und zugehörigen Indikatoren abgeleitet werden. Die dazu erforderlichen Informationen können bei systematischer Anbindung über die Balanced Scorecard oder Wissensbilanz erhoben werden. Zu diesem Zweck werden bspw. für die drei Kategorien immaterieller Potentiale Human-, Struktur- und Beziehungskapital nichtfinanzielle Kennzahlen hinterlegt.

Es kann festgehalten werden, dass Erfolgs- und Finanzkennzahlen lediglich Auskunft über die aktuelle Erfolgs- und Finanzkraft geben können (kurzfristige Zukunftsfähigkeit), gleichzeitig aber die Grundlage für die wirtschaftlichen Aktivitäten der zukünftigen Geschäftsjahre bilden. Immaterielle Ressourcen spiegeln sich dagegen nur indirekt im Unternehmenserfolg wider und wirken sich eher mittel- bis langfristig auf die Erfolgs- und Finanzkraft von Unternehmen aus (mittel- und langfristiger Zukunftsfähigkeit). Auf deren Basis können die Unternehmen Wettbewerbsvorteile generieren und Veränderungsstrategien entwickeln, beispielsweise durch Erschließung und Sicherung von immateriellen Potentialen als Voraussetzungen für den zukünftigen Unternehmenserfolg. So kann z.B. das Innovationspotential eines Unternehmens als Positionierungsvorteil zu konkurrierenden Unternehmen angesehen werden. Unter mittel- und langfristiger Zukunftsfähigkeit kann somit die Gesamtheit aller produkt- und marktspezifischen erfolgsrelevanten Voraussetzungen verstanden werden, die aufgrund von Wettbewerbsfähigkeit und Veränderungsstrategien eine zukünftige Erfolgs- und Liquiditätssicherung ermöglichen. Abbildung 4 macht den beschriebenen Zusammenhang deutlich.

Mit einer Erweiterung des RL-Kennzahlensystems um nichtfinanzielle Größen wird eine Integration von strategischem und operativem Management erreicht. Die Faktoren zu Wettbewerbsfähigkeit und Veränderungsstrategien als Teildimension – primär ausgedrückt über nichtfinanzielle Leistungsindikatoren – berücksichtigen die Stärken und Schwächen im Strategieprozess von Unternehmen. Dagegen unterstützen die i.d.R. finanziellen Kennzahlen zur aktuellen Erfolgs- und Finanzkraft das operative Management. Mit der Einbeziehung von finanziellen und nichtfinanziellen Kennzahlen ist somit eine ganzheitliche Beurteilung auch der mittel- und langfristigen Erfolgs- und Finanzkraft sichergestellt. Diese Informationen liefern eine Basis für die Nachhaltigkeitsberichterstattung sowie für die integrierte Berichterstattung.

4. Zusammenfassung

Das Controlling unterstützt den Vorstand bzw. die Geschäftsführung in konzeptioneller, instrumenteller und informatorischer Hinsicht bei der Zielbildung und -erreichung. Der Vorstand ist gegenüber dem Aufsichtsrat berichtspflichtig, allerdings hat der Aufsichtsrat auch die Pflicht, seinen zusätzlichen Informationsbedarf einzufordern, um seine mit der Mandatsausübung verbundene Überwachungs- und Beratungsfunktion effizient wahrnehmen zu können. Daher muss der Aufsichtsrat den Informationsbedarf wie auch das mögliche Informationsangebot des Controllings kennen.

Der Beitrag hat gezeigt, dass das Controlling nicht nur zur Erfüllung der Überwachungs- und Beratungsfunktion, sondern auch im Rahmen der aufsichtsrechtlichen Prüfung von Jahresabschluss und Lagebericht die erforderlichen Informationen liefern kann, um bspw. Konsistenzprüfungen vornehmen zu können. Zu diesem Zweck sollte der Beitrag ein gewisses Basiswissen zum Controlling vermitteln. Neben Zielen und Aufgaben des Controllings wurde ein Überblick über die Teilgebiete des Controllings gegeben und die Besonderheiten des operativen und strategischen Controllings aufgezeigt. Der Beitrag hat im Rahmen der Instrumente des Controllings vor allem die klassischen Erfolgs- und Finanzkennzahlen vorgestellt und dabei spezifische Sachverhalte beleuchtet, die der Aufsichtsrat im Rahmen seiner Mandatsausübung betrachten sollte. Ergänzend zu den primär finanziellen klassischen Kennzahlen wurden die Entwicklungen von Führungskennzahlen umrissen und Erweiterungsmöglichkeiten im Hinblick auf die Einbindung von nichtfinanziellen Indikatoren sowie die Verknüpfung von operativem und strategischem Controlling aufgezeigt.

Literatur

Diedrichs, M./Kißler, M.: Aufsichtsratreporting; Corporate Governance, Compliance und Controlling, München 2008.
Freidank, C.-Chr.: Controlling und Corporate Governance, in: Horvarth, P. (Hrsg.): Controlling und Finance Excellence, Stuttgart 2006, S. 173–199.
Kißler, M.: Informationsmanagement für den Aufsichtsrat im Konzern, Frankfurt am Main 2011.
Lachnit, L./Müller, S.: Unternehmenscontrolling, 2. Aufl., Wiesbaden 2012.
Lorson, P/Quick, R./Wurl, H.-J.: Grundlagen des Controlling, Weinheim 2013.
Paetzmann, K.: Corporate Governance: Strategische Marktrisiken, Controlling, Überwachung, 2. Aufl., Heidelberg 2012.
Reichmann, T.: Controlling mit Kennzahlen, 8. Aufl., München 2011.
Scheffler, E.: Rolle des Aufsichtsrats bei der Vermeidung und Überwindung von Unternehmenskrisen, in: BB 47/2014, S. 2859–2863.
Wulf, I.: RL-Kennzahlensystem und immaterielle Potenziale, in: Freidank, C.-Chr./Müller, S./Wulf, I. (Hrsg.): Controlling und Rechnungslegung – Festschrift zum 65. Geburtstag von Univ.-Prof. Dr. Laurenz Lachnit, 2008, S. 53–68.
Wulf, I./Pfeifer, G./Kivikas, M.: Der Zukunftsfähigkeitsindex (ZFI) – Eine integrierte, systematische Darstellung der harten und weichen Erfolgsfaktoren von Unternehmen, in: Möller, K./Piwinger, M./Zerfaß, A. (Hrsg.): Immaterielle Vermögenswerte. Bewertung, Berichterstattung und Kommunikation, Stuttgart 2009, S. 145–159.
Wulf, I./Schäfer, B.: Auswirkungen der Corporate Governance auf das Controlling. Eine Analyse auf der Basis von Corporate Governance-Mechanismen und relevanten Rechtsnormen, in: ZCG 6/2010, S. 261–267.

Deutscher Corporate Governance Kodex

(in der Fassung vom 24. Juni 2014 mit Beschlüssen aus der Plenarsitzung vom 24. Juni 2014)

1 Präambel

Der Deutsche Corporate Governance Kodex (der „Kodex") stellt wesentliche gesetzliche Vorschriften zur Leitung und Überwachung deutscher börsennotierter Gesellschaften (Unternehmensführung) dar und enthält international und national anerkannte Standards guter und verantwortungsvoller Unternehmensführung. Der Kodex hat zum Ziel, das deutsche Corporate Governance System transparent und nachvollziehbar zu machen. Er will das Vertrauen der internationalen und nationalen Anleger, der Kunden, der Mitarbeiter und der Öffentlichkeit in die Leitung und Überwachung deutscher börsennotierter Gesellschaften fördern.

Der Kodex verdeutlicht die Verpflichtung von Vorstand und Aufsichtsrat, im Einklang mit den Prinzipien der sozialen Marktwirtschaft für den Bestand des Unternehmens und seine nachhaltige Wertschöpfung zu sorgen (Unternehmensinteresse).

Deutschen Aktiengesellschaften ist ein duales Führungssystem gesetzlich vorgegeben.

Der Vorstand leitet das Unternehmen in eigener Verantwortung. Die Mitglieder des Vorstands tragen gemeinsam die Verantwortung für die Unternehmensleitung. Der Vorstandsvorsitzende koordiniert die Arbeit der Vorstandsmitglieder.

Der Aufsichtsrat bestellt, überwacht und berät den Vorstand und ist in Entscheidungen, die von grundlegender Bedeutung für das Unternehmen sind, unmittelbar eingebunden. Der Aufsichtsratsvorsitzende koordiniert die Arbeit im Aufsichtsrat.

Die Mitglieder des Aufsichtsrats werden von den Aktionären in der Hauptversammlung gewählt. Bei Unternehmen mit mehr als 500 bzw. 2.000 Arbeitnehmern im Inland sind auch die Arbeitnehmer im Aufsichtsrat vertreten, der sich dann zu einem Drittel bzw. zur Hälfte aus von den Arbeitnehmern gewählten Vertretern zusammensetzt. Bei Unternehmen mit mehr als 2.000 Arbeitnehmern hat der Aufsichtsratsvorsitzende, der praktisch immer ein Vertreter der Anteilseigner ist, ein die Beschlussfassung entscheidendes Zweitstimmrecht. Die von den Aktionären gewählten Anteilseignervertreter und die Arbeitnehmervertreter sind gleichermaßen dem Unternehmensinteresse verpflichtet.

Alternativ eröffnet die Europäische Gesellschaft (SE) die Möglichkeit, sich auch in Deutschland für das international verbreitete System der Führung durch ein einheitliches Leitungsorgan (Verwaltungsrat) zu entscheiden.

Die Ausgestaltung der unternehmerischen Mitbestimmung in der SE wird grundsätzlich durch eine Vereinbarung zwischen der Unternehmensleitung und der Arbeitnehmerseite festgelegt. Die Arbeitnehmer in den EU-Mitgliedstaaten sind einbezogen.

Die Rechnungslegung deutscher Unternehmen ist am True-and-fair-view-Prinzip orientiert und hat ein den tatsächlichen Verhältnissen entsprechendes Bild der Vermögens-, Finanz- und Ertragslage des Unternehmens zu vermitteln.

Empfehlungen des Kodex sind im Text durch die Verwendung des Wortes „**soll**" gekennzeichnet. Die Gesellschaften können hiervon abweichen, sind dann aber verpflichtet, dies jährlich offenzulegen und die Abweichungen zu begründen („comply or explain"). Dies ermöglicht den Gesellschaften die Berücksichtigung branchen- oder unternehmensspezifischer Bedürfnisse. Eine gut begründete Abweichung von einer Kodexempfehlung kann im Interesse einer guten Unternehmensführung liegen. So trägt der Kodex zur Flexibilisierung und Selbstregulierung der deutschen Unternehmensverfassung bei. Ferner enthält der Kodex **Anregungen,** von denen ohne Offenlegung abgewichen werden kann; hierfür verwendet der Kodex den Begriff „**sollte**". Die übrigen sprachlich nicht so gekennzeichneten Teile des Kodex betreffen Beschreibungen gesetzlicher Vorschriften und Erläuterungen.

In Regelungen des Kodex, die nicht nur die Gesellschaft selbst, sondern auch ihre Konzernunternehmen betreffen, wird der Begriff „Unternehmen" statt „Gesellschaft" verwendet.

Der Kodex richtet sich in erster Linie an börsennotierte Gesellschaften und Gesellschaften mit Kapitalmarktzugang im Sinne des § 161 Absatz 1 Satz 2 des Aktiengesetzes. Auch nicht kapitalmarktorientierten Gesellschaften wird die Beachtung des Kodex empfohlen.

Der Kodex wird in der Regel einmal jährlich vor dem Hintergrund nationaler und internationaler Entwicklungen überprüft und bei Bedarf angepasst.

2 Aktionäre und Hauptversammlung

2.1 Aktionäre

2.1.1 Die Aktionäre nehmen im Rahmen der satzungsmäßig vorgesehenen Möglichkeiten ihre Rechte vor oder während der Hauptversammlung wahr und üben dabei ihr Stimmrecht aus.

2.1.2 Jede Aktie gewährt grundsätzlich eine Stimme. Aktien mit Mehrstimmrechten oder Vorzugsstimmrechten („golden shares") sowie Höchststimmrechte bestehen nicht.

2.2 Hauptversammlung

2.2.1 Der Vorstand legt der Hauptversammlung den Jahresabschluss, den Lagebericht, den Konzernabschluss und den Konzernlagebericht vor. Sie entscheidet über die Gewinnverwendung sowie die Entlastung von Vorstand und Aufsichtsrat und wählt in der Regel die Anteilseignervertreter im Aufsichtsrat und den Abschlussprüfer.

Darüber hinaus entscheidet die Hauptversammlung über die Satzung und den Gegenstand der Gesellschaft, über Satzungsänderungen und über wesentliche unternehmerische Maßnahmen wie insbesondere Unternehmensverträge und Umwandlungen, über die Ausgabe von neuen Aktien und von Wandel- und Optionsschuldverschreibungen sowie über die Ermächtigung zum Erwerb eigener Aktien. Sie kann über die Billigung des Systems der Vergütung der Vorstandsmitglieder beschließen.

2.2.2 Bei der Ausgabe neuer Aktien haben die Aktionäre grundsätzlich ein ihrem Anteil am Grundkapital entsprechendes Bezugsrecht.

2.2.3 Jeder Aktionär ist berechtigt, an der Hauptversammlung teilzunehmen, das Wort zu Gegenständen der Tagesordnung zu ergreifen und sachbezogene Fragen und Anträge zu stellen.

2.2.4 Der Versammlungsleiter sorgt für eine zügige Abwicklung der Hauptversammlung. Dabei sollte er sich davon leiten lassen, dass eine ordentliche Hauptversammlung spätestens nach 4 bis 6 Stunden beendet ist.

2.3 Einladung zur Hauptversammlung, Briefwahl, Stimmrechtsvertreter

2.3.1 Die Hauptversammlung der Aktionäre ist vom Vorstand mindestens einmal jährlich unter Angabe der Tagesordnung einzuberufen. Aktionärsminderheiten sind berechtigt, die Einberufung einer Hauptversammlung und die Erweiterung der Tagesordnung zu verlangen. Die Einberufung sowie die vom Gesetz für die Hauptversammlung verlangten Berichte und Unterlagen einschließlich des Geschäftsberichts sind für die Aktionäre leicht erreichbar auf der Internetseite der Gesellschaft zusammen mit der Tagesordnung zugänglich zu machen, sofern sie den Aktionären nicht direkt übermittelt werden. Das Gleiche gilt, wenn eine Briefwahl angeboten wird, für die Formulare, die dafür zu verwenden sind.

2.3.2 Die Gesellschaft soll den Aktionären die persönliche Wahrnehmung ihrer Rechte und die Stimmrechtsvertretung erleichtern. Der Vorstand soll für die Bestellung eines Vertreters für die weisungsgebundene Ausübung des Stimmrechts der Aktionäre sorgen; dieser sollte auch während der Hauptversammlung erreichbar sein.

2.3.3 Die Gesellschaft sollte den Aktionären die Verfolgung der Hauptversammlung über moderne Kommunikationsmedien (z.B. Internet) ermöglichen.

3 Zusammenwirken von Vorstand und Aufsichtsrat

3.1 Vorstand und Aufsichtsrat arbeiten zum Wohle des Unternehmens eng zusammen.

3.2 Der Vorstand stimmt die strategische Ausrichtung des Unternehmens mit dem Aufsichtsrat ab und erörtert mit ihm in regelmäßigen Abständen den Stand der Strategieumsetzung.

3.3 Für Geschäfte von grundlegender Bedeutung legen die Satzung oder der Aufsichtsrat Zustimmungsvorbehalte zugunsten des Aufsichtsrats fest. Hierzu gehören Entscheidungen oder Maßnahmen, die die Vermögens-, Finanz- oder Ertragslage des Unternehmens grundlegend verändern.

3.4 Die ausreichende Informationsversorgung des Aufsichtsrats ist gemeinsame Aufgabe von Vorstand und Aufsichtsrat.

Der Vorstand informiert den Aufsichtsrat regelmäßig, zeitnah und umfassend über alle für das Unternehmen relevanten Fragen der Strategie, der Planung, der Geschäftsentwicklung, der Risikolage, des Risikomanagements und der Compliance. Er geht auf Abweichungen des Geschäftsverlaufs von den aufgestellten Plänen und Zielen unter Angabe von Gründen ein.

Der Aufsichtsrat soll die Informations- und Berichtspflichten des Vorstands näher festlegen. Berichte des Vorstands an den Aufsichtsrat sind in der Regel in Textform zu erstatten. Entscheidungsnotwendige Unterlagen werden den Mitgliedern des Aufsichtsrats möglichst rechtzeitig vor der Sitzung zugeleitet.

3.5 Gute Unternehmensführung setzt eine offene Diskussion zwischen Vorstand und Aufsichtsrat sowie in Vorstand und Aufsichtsrat voraus. Die umfassende Wahrung der Vertraulichkeit ist dafür von entscheidender Bedeutung.

Alle Organmitglieder stellen sicher, dass die von ihnen zur Unterstützung einbezogenen Mitarbeiter die Verschwiegenheitspflicht in gleicher Weise einhalten.

3.6 In mitbestimmten Aufsichtsräten können die Vertreter der Aktionäre und der Arbeitnehmer die Sitzungen des Aufsichtsrats jeweils gesondert, gegebenenfalls mit Mitgliedern des Vorstands, vorbereiten.

Der Aufsichtsrat soll bei Bedarf ohne den Vorstand tagen.

3.7 Bei einem Übernahmeangebot müssen Vorstand und Aufsichtsrat der Zielgesellschaft eine begründete Stellungnahme zu dem Angebot abgeben, damit die Aktionäre in Kenntnis der Sachlage über das Angebot entscheiden können.

Der Vorstand darf nach Bekanntgabe eines Übernahmeangebots bis zur Veröffentlichung des Ergebnisses keine Handlungen vornehmen, durch die der Erfolg des Angebots verhindert werden könnte, soweit solche Handlungen nicht nach den gesetzlichen Regelungen erlaubt sind. Bei ihren Entscheidungen sind Vorstand und Aufsichtsrat an das beste Interesse der Aktionäre und des Unternehmens gebunden.

Der Vorstand sollte im Falle eines Übernahmeangebots eine außerordentliche Hauptversammlung einberufen, in der die Aktionäre über das Übernahmeangebot beraten und gegebenenfalls über gesellschaftsrechtliche Maßnahmen beschließen.

3.8 Vorstand und Aufsichtsrat beachten die Regeln ordnungsgemäßer Unternehmensführung. Verletzen sie die Sorgfalt eines ordentlichen und gewissenhaften Geschäftsleiters bzw. Aufsichtsratsmitglieds schuldhaft, so haften sie der Gesellschaft gegenüber auf Schadensersatz. Bei unternehmerischen Entscheidungen liegt keine Pflichtverletzung vor, wenn das Mitglied von Vorstand oder

Aufsichtsrat vernünftigerweise annehmen durfte, auf der Grundlage angemessener Information zum Wohle der Gesellschaft zu handeln (Business Judgement Rule).

Schließt die Gesellschaft für den Vorstand eine D&O-Versicherung ab, ist ein Selbstbehalt von mindestens 10 % des Schadens bis mindestens zur Höhe des Eineinhalbfachen der festen jährlichen Vergütung des Vorstandsmitglieds zu vereinbaren.

In einer D&O-Versicherung für den Aufsichtsrat soll ein entsprechender Selbstbehalt vereinbart werden.

3.9 Die Gewährung von Krediten des Unternehmens an Mitglieder des Vorstands und des Aufsichtsrats sowie ihre Angehörigen bedarf der Zustimmung des Aufsichtsrats.

3.10 Über die Corporate Governance sollen Vorstand und Aufsichtsrat jährlich berichten (Corporate Governance Bericht) und diesen Bericht im Zusammenhang mit der Erklärung zur Unternehmensführung veröffentlichen. Dabei sollte auch zu den Kodexanregungen Stellung genommen werden. Die Gesellschaft soll nicht mehr aktuelle Entsprechenserklärungen zum Kodex fünf Jahre lang auf ihrer Internetseite zugänglich halten.

4 Vorstand

4.1 Aufgaben und Zuständigkeiten

4.1.1 Der Vorstand leitet das Unternehmen in eigener Verantwortung im Unternehmensinteresse, also unter Berücksichtigung der Belange der Aktionäre, seiner Arbeitnehmer und der sonstigen dem Unternehmen verbundenen Gruppen (Stakeholder) mit dem Ziel nachhaltiger Wertschöpfung.

4.1.2 Der Vorstand entwickelt die strategische Ausrichtung des Unternehmens, stimmt sie mit dem Aufsichtsrat ab und sorgt für ihre Umsetzung.

4.1.3 Der Vorstand hat für die Einhaltung der gesetzlichen Bestimmungen und der unternehmensinternen Richtlinien zu sorgen und wirkt auf deren Beachtung durch die Konzernunternehmen hin (Compliance).

4.1.4 Der Vorstand sorgt für ein angemessenes Risikomanagement und Risikocontrolling im Unternehmen.

4.1.5 Der Vorstand soll bei der Besetzung von Führungsfunktionen im Unternehmen auf Vielfalt (Diversity) achten und dabei insbesondere eine angemessene Berücksichtigung von Frauen anstreben.

4.2 Zusammensetzung und Vergütung

4.2.1 Der Vorstand soll aus mehreren Personen bestehen und einen Vorsitzenden oder Sprecher haben. Eine Geschäftsordnung soll die Arbeit des Vorstands, insbesondere die Ressortzuständigkeiten einzelner Vorstandsmitglieder, die dem Gesamtvorstand vorbehaltenen Angelegenheiten sowie die erforderliche

Beschlussmehrheit bei Vorstandsbeschlüssen (Einstimmigkeit oder Mehrheitsbeschluss) regeln.

4.2.2 Das Aufsichtsratsplenum setzt die jeweilige Gesamtvergütung der einzelnen Vorstandsmitglieder fest. Besteht ein Ausschuss, der die Vorstandsverträge behandelt, unterbreitet er dem Aufsichtsratsplenum seine Vorschläge. Das Aufsichtsratsplenum beschließt das Vergütungssystem für den Vorstand und überprüft es regelmäßig.

Die Gesamtvergütung der einzelnen Vorstandsmitglieder wird vom Aufsichtsratsplenum unter Einbeziehung von etwaigen Konzernbezügen auf der Grundlage einer Leistungsbeurteilung festgelegt. Kriterien für die Angemessenheit der Vergütung bilden sowohl die Aufgaben des einzelnen Vorstandsmitglieds, seine persönliche Leistung, die wirtschaftliche Lage, der Erfolg und die Zukunftsaussichten des Unternehmens als auch die Üblichkeit der Vergütung unter Berücksichtigung des Vergleichsumfelds und der Vergütungsstruktur, die ansonsten in der Gesellschaft gilt. Hierbei soll der Aufsichtsrat das Verhältnis der Vorstandsvergütung zur Vergütung des oberen Führungskreises und der Belegschaft insgesamt auch in der zeitlichen Entwicklung berücksichtigen, wobei der Aufsichtsrat für den Vergleich festlegt, wie der obere Führungskreis und die relevante Belegschaft abzugrenzen sind.

Soweit vom Aufsichtsrat zur Beurteilung der Angemessenheit der Vergütung ein externer Vergütungsexperte hinzugezogen wird, soll auf dessen Unabhängigkeit vom Vorstand bzw. vom Unternehmen geachtet werden.

4.2.3 Die Gesamtvergütung der Vorstandsmitglieder umfasst die monetären Vergütungsteile, die Versorgungszusagen, die sonstigen Zusagen, insbesondere für den Fall der Beendigung der Tätigkeit, Nebenleistungen jeder Art und Leistungen von Dritten, die im Hinblick auf die Vorstandstätigkeit zugesagt oder im Geschäftsjahr gewährt wurden.

Die Vergütungsstruktur ist auf eine nachhaltige Unternehmensentwicklung auszurichten. Die monetären Vergütungsteile sollen fixe und variable Bestandteile umfassen. Der Aufsichtsrat hat dafür zu sorgen, dass variable Vergütungsteile grundsätzlich eine mehrjährige Bemessungsgrundlage haben. Sowohl positiven als auch negativen Entwicklungen soll bei der Ausgestaltung der variablen Vergütungsteile Rechnung getragen werden. Sämtliche Vergütungsteile müssen für sich und insgesamt angemessen sein und dürfen insbesondere nicht zum Eingehen unangemessener Risiken verleiten. Die Vergütung soll insgesamt und hinsichtlich ihrer variablen Vergütungsteile betragsmäßige Höchstgrenzen aufweisen. Die variablen Vergütungsteile sollen auf anspruchsvolle, relevante Vergleichsparameter bezogen sein. Eine nachträgliche Änderung der Erfolgsziele oder der Vergleichsparameter soll ausgeschlossen sein.

Bei Versorgungszusagen soll der Aufsichtsrat das jeweils angestrebte Versorgungsniveau – auch nach der Dauer der Vorstandszugehörigkeit – festlegen und den daraus abgeleiteten jährlichen sowie den langfristigen Aufwand für das Unternehmen berücksichtigen.

Bei Abschluss von Vorstandsverträgen soll darauf geachtet werden, dass Zahlungen an ein Vorstandsmitglied bei vorzeitiger Beendigung der Vorstandstätigkeit einschließlich Nebenleistungen den Wert von zwei Jahresvergütungen nicht überschreiten (Abfindungs-Cap) und nicht mehr als die Restlaufzeit des Anstellungsvertrages vergüten. Wird der Anstellungsvertrag aus einem von dem Vorstandsmitglied zu vertretenden wichtigen Grund beendet, erfolgen keine Zahlungen an das Vorstandsmitglied. Für die Berechnung des Abfindungs-Caps soll auf die Gesamtvergütung des abgelaufenen Geschäftsjahres und gegebenenfalls auch auf die voraussichtliche Gesamtvergütung für das laufende Geschäftsjahr abgestellt werden.

Eine Zusage für Leistungen aus Anlass der vorzeitigen Beendigung der Vorstandstätigkeit infolge eines Kontrollwechsels (Change of Control) soll 150 % des Abfindungs-Caps nicht übersteigen.

Der Vorsitzende des Aufsichtsrats soll die Hauptversammlung einmalig über die Grundzüge des Vergütungssystems und sodann über deren Veränderung informieren.

4.2.4 Die Gesamtvergütung eines jeden Vorstandsmitglieds wird, aufgeteilt nach fixen und variablen Vergütungsteilen, unter Namensnennung offengelegt. Gleiches gilt für Zusagen auf Leistungen, die einem Vorstandsmitglied für den Fall der vorzeitigen oder regulären Beendigung der Tätigkeit als Vorstandsmitglied gewährt oder die während des Geschäftsjahres geändert worden sind. Die Offenlegung unterbleibt, wenn die Hauptversammlung dies mit Dreiviertelmehrheit anderweitig beschlossen hat.

4.2.5 Die Offenlegung erfolgt im Anhang oder im Lagebericht. In einem Vergütungsbericht als Teil des Lageberichtes werden die Grundzüge des Vergütungssystems für die Vorstandsmitglieder dargestellt. Die Darstellung soll in allgemein verständlicher Form erfolgen.

Der Vergütungsbericht soll auch Angaben zur Art der von der Gesellschaft erbrachten Nebenleistungen enthalten.

Ferner sollen im Vergütungsbericht für die Geschäftsjahre, die nach dem 31. Dezember 2013 beginnen, für jedes Vorstandsmitglied dargestellt werden:

– die für das Berichtsjahr gewährten Zuwendungen einschließlich der Nebenleistungen, bei variablen Vergütungsteilen ergänzt um die erreichbare Maximal- und Minimalvergütung,

– der Zufluss im bzw. für das Berichtsjahr aus Fixvergütung, kurzfristiger variabler Vergütung und langfristiger variabler Vergütung mit Differenzierung nach den jeweiligen Bezugsjahren,

– bei der Altersversorgung und sonstigen Versorgungsleistungen der Versorgungsaufwand im bzw. für das Berichtsjahr.

Für diese Informationen sollen die als Anlage beigefügten Mustertabellen verwandt werden.

4.3 Interessenkonflikte

4.3.1 Vorstandsmitglieder unterliegen während ihrer Tätigkeit für das Unternehmen einem umfassenden Wettbewerbsverbot.

4.3.2 Vorstandsmitglieder und Mitarbeiter dürfen im Zusammenhang mit ihrer Tätigkeit weder für sich noch für andere Personen von Dritten Zuwendungen oder sonstige Vorteile fordern oder annehmen oder Dritten ungerechtfertigte Vorteile gewähren.

4.3.3 Die Vorstandsmitglieder sind dem Unternehmensinteresse verpflichtet. Kein Mitglied des Vorstands darf bei seinen Entscheidungen persönliche Interessen verfolgen und Geschäftschancen, die dem Unternehmen zustehen, für sich nutzen.

4.3.4 Jedes Vorstandsmitglied soll Interessenkonflikte dem Aufsichtsrat gegenüber unverzüglich offenlegen und die anderen Vorstandsmitglieder hierüber informieren. Alle Geschäfte zwischen dem Unternehmen einerseits und den Vorstandsmitgliedern sowie ihnen nahe stehenden Personen oder ihnen persönlich nahe stehenden Unternehmungen andererseits haben branchenüblichen Standards zu entsprechen. Wesentliche Geschäfte sollen der Zustimmung des Aufsichtsrats bedürfen.

4.3.5 Vorstandsmitglieder sollen Nebentätigkeiten, insbesondere Aufsichtsratsmandate außerhalb des Unternehmens, nur mit Zustimmung des Aufsichtsrats übernehmen.

5 Aufsichtsrat

5.1 Aufgaben und Zuständigkeiten

5.1.1 Aufgabe des Aufsichtsrats ist es, den Vorstand bei der Leitung des Unternehmens regelmäßig zu beraten und zu überwachen. Er ist in Entscheidungen von grundlegender Bedeutung für das Unternehmen einzubinden.

5.1.2 Der Aufsichtsrat bestellt und entlässt die Mitglieder des Vorstands. Bei der Zusammensetzung des Vorstands soll der Aufsichtsrat auch auf Vielfalt (Diversity) achten und dabei insbesondere eine angemessene Berücksichtigung von Frauen anstreben. Er soll gemeinsam mit dem Vorstand für eine langfristige Nachfolgeplanung sorgen. Der Aufsichtsrat kann die Vorbereitung der Bestellung von Vorstandsmitgliedern sowie der Behandlung der Bedingungen des Anstellungsvertrages einschließlich der Vergütung Ausschüssen übertragen.

Bei Erstbestellungen sollte die maximal mögliche Bestelldauer von fünf Jahren nicht die Regel sein. Eine Wiederbestellung vor Ablauf eines Jahres vor dem Ende der Bestelldauer bei gleichzeitiger Aufhebung der laufenden Bestellung soll nur bei Vorliegen besonderer Umstände erfolgen. Eine Altersgrenze für Vorstandsmitglieder soll festgelegt werden.

5.1.3 Der Aufsichtsrat soll sich eine Geschäftsordnung geben.

5.2 Aufgaben und Befugnisse des Aufsichtsratsvorsitzenden

Der Aufsichtsratsvorsitzende koordiniert die Arbeit im Aufsichtsrat, leitet dessen Sitzungen und nimmt die Belange des Aufsichtsrats nach außen wahr.

Der Aufsichtsratsvorsitzende soll nicht den Vorsitz im Prüfungsausschuss (Audit Committee) innehaben.

Der Aufsichtsratsvorsitzende soll zwischen den Sitzungen mit dem Vorstand, insbesondere mit dem Vorsitzenden bzw. Sprecher des Vorstands, regelmäßig Kontakt halten und mit ihm Fragen der Strategie, der Planung, der Geschäftsentwicklung, der Risikolage, des Risikomanagements und der Compliance des Unternehmens beraten. Der Aufsichtsratsvorsitzende wird über wichtige Ereignisse, die für die Beurteilung der Lage und Entwicklung sowie für die Leitung des Unternehmens von wesentlicher Bedeutung sind, unverzüglich durch den Vorsitzenden bzw. Sprecher des Vorstands informiert. Der Aufsichtsratsvorsitzende soll sodann den Aufsichtsrat unterrichten und erforderlichenfalls eine außerordentliche Aufsichtsratssitzung einberufen.

5.3 Bildung von Ausschüssen

5.3.1 Der Aufsichtsrat soll abhängig von den spezifischen Gegebenheiten des Unternehmens und der Anzahl seiner Mitglieder fachlich qualifizierte Ausschüsse bilden. Die jeweiligen Ausschussvorsitzenden berichten regelmäßig an den Aufsichtsrat über die Arbeit der Ausschüsse.

5.3.2 Der Aufsichtsrat soll einen Prüfungsausschuss (Audit Committee) einrichten, der sich insbesondere mit der Überwachung des Rechnungslegungsprozesses, der Wirksamkeit des internen Kontrollsystems, des Risikomanagementsystems und des internen Revisionssystems, der Abschlussprüfung, hier insbesondere der Unabhängigkeit des Abschlussprüfers, der vom Abschlussprüfer zusätzlich erbrachten Leistungen, der Erteilung des Prüfungsauftrags an den Abschlussprüfer, der Bestimmung von Prüfungsschwerpunkten und der Honorarvereinbarung sowie – falls kein anderer Ausschuss damit betraut ist – der Compliance, befasst. Der Vorsitzende des Prüfungsausschusses soll über besondere Kenntnisse und Erfahrungen in der Anwendung von Rechnungslegungsgrundsätzen und internen Kontrollverfahren verfügen. Er soll unabhängig und kein ehemaliges Vorstandsmitglied der Gesellschaft sein, dessen Bestellung vor weniger als zwei Jahren endete.

5.3.3 Der Aufsichtsrat soll einen Nominierungsausschuss bilden, der ausschließlich mit Vertretern der Anteilseigner besetzt ist und dem Aufsichtsrat für dessen Wahlvorschläge an die Hauptversammlung geeignete Kandidaten vorschlägt.

5.4 Zusammensetzung und Vergütung

5.4.1 Der Aufsichtsrat ist so zusammenzusetzen, dass seine Mitglieder insgesamt über die zur ordnungsgemäßen Wahrnehmung der Aufgaben erforderlichen Kenntnisse, Fähigkeiten und fachlichen Erfahrungen verfügen.

Der Aufsichtsrat soll für seine Zusammensetzung konkrete Ziele benennen, die unter Beachtung der unternehmensspezifischen Situation die internationale Tätigkeit des Unternehmens, potentielle Interessenkonflikte, die Anzahl der unabhängigen Aufsichtsratsmitglieder im Sinn von Nummer 5.4.2, eine festzulegende Altersgrenze für Aufsichtsratsmitglieder und Vielfalt (Diversity) berücksichtigen. Diese konkreten Ziele sollen insbesondere eine angemessene Beteiligung von Frauen vorsehen.

Vorschläge des Aufsichtsrats an die zuständigen Wahlgremien sollen diese Ziele berücksichtigen. Die Zielsetzung des Aufsichtsrats und der Stand der Umsetzung sollen im Corporate Governance Bericht veröffentlicht werden.

Der Aufsichtsrat soll bei seinen Wahlvorschlägen an die Hauptversammlung die persönlichen und die geschäftlichen Beziehungen eines jeden Kandidaten zum Unternehmen, den Organen der Gesellschaft und einem wesentlich an der Gesellschaft beteiligten Aktionär offen legen.

Die Empfehlung zur Offenlegung beschränkt sich auf solche Umstände, die nach der Einschätzung des Aufsichtsrats ein objektiv urteilender Aktionär für seine Wahlentscheidung als maßgebend ansehen würde.

Wesentlich beteiligt im Sinn dieser Empfehlung sind Aktionäre, die direkt oder indirekt mehr als 10 % der stimmberechtigten Aktien der Gesellschaft halten.

5.4.2 Dem Aufsichtsrat soll eine nach seiner Einschätzung angemessene Anzahl unabhängiger Mitglieder angehören. Ein Aufsichtsratsmitglied ist im Sinn dieser Empfehlung insbesondere dann nicht als unabhängig anzusehen, wenn es in einer persönlichen oder einer geschäftlichen Beziehung zu der Gesellschaft, deren Organen, einem kontrollierenden Aktionär oder einem mit diesem verbundenen Unternehmen steht, die einen wesentlichen und nicht nur vorübergehenden Interessenkonflikt begründen kann. Dem Aufsichtsrat sollen nicht mehr als zwei ehemalige Mitglieder des Vorstands angehören. Aufsichtsratsmitglieder sollen keine Organfunktion oder Beratungsaufgaben bei wesentlichen Wettbewerbern des Unternehmens ausüben.

5.4.3 Wahlen zum Aufsichtsrat sollen als Einzelwahl durchgeführt werden. Ein Antrag auf gerichtliche Bestellung eines Aufsichtsratsmitglieds soll bis zur nächsten Hauptversammlung befristet sein. Kandidatenvorschläge für den Aufsichtsratsvorsitz sollen den Aktionären bekannt gegeben werden.

5.4.4 Vorstandsmitglieder dürfen vor Ablauf von zwei Jahren nach dem Ende ihrer Bestellung nicht Mitglied des Aufsichtsrats der Gesellschaft werden, es sei denn ihre Wahl erfolgt auf Vorschlag von Aktionären, die mehr als 25 % der Stimmrechte an der Gesellschaft halten. In letzterem Fall soll der Wechsel in den Aufsichtsratsvorsitz eine der Hauptversammlung zu begründende Ausnahme sein.

5.4.5 Jedes Aufsichtsratsmitglied achtet darauf, dass ihm für die Wahrnehmung seiner Mandate genügend Zeit zur Verfügung steht. Wer dem Vorstand einer börsennotierten Gesellschaft angehört, soll insgesamt nicht mehr als drei Aufsichtsratsmandate in konzernexternen börsennotierten Gesellschaften oder in Aufsichtsgremien von konzern-externen Gesellschaften wahrnehmen, die vergleichbare Anforderungen stellen.

Die Mitglieder des Aufsichtsrats nehmen die für ihre Aufgaben erforderlichen Aus- und Fortbildungsmaßnahmen eigenverantwortlich wahr. Dabei sollen sie von der Gesellschaft angemessen unterstützt werden.

5.4.6 Die Vergütung der Aufsichtsratsmitglieder wird durch Beschluss der Hauptversammlung oder in der Satzung festgelegt. Dabei sollen der Vorsitz und der stellvertretende Vorsitz im Aufsichtsrat sowie der Vorsitz und die Mitgliedschaft in den Ausschüssen berücksichtigt werden.

Die Mitglieder des Aufsichtsrats erhalten eine Vergütung, die in einem angemessenen Verhältnis zu ihren Aufgaben und der Lage der Gesellschaft steht. Wird den Aufsichtsratsmitgliedern eine erfolgsorientierte Vergütung zugesagt, soll sie auf eine nachhaltige Unternehmensentwicklung ausgerichtet sein.

Die Vergütung der Aufsichtsratsmitglieder soll im Anhang oder im Lagebericht individualisiert, aufgegliedert nach Bestandteilen ausgewiesen werden. Auch die vom Unternehmen an die Mitglieder des Aufsichtsrats gezahlten Vergütungen oder gewährten Vorteile für persönlich erbrachte Leistungen, insbesondere Beratungs- und Vermittlungsleistungen, sollen individualisiert angegeben werden.

5.4.7 Falls ein Mitglied des Aufsichtsrats in einem Geschäftsjahr an weniger als der Hälfte der Sitzungen des Aufsichtsrats teilgenommen hat, soll dies im Bericht des Aufsichtsrats vermerkt werden.

5.5 Interessenkonflikte

5.5.1 Jedes Mitglied des Aufsichtsrats ist dem Unternehmensinteresse verpflichtet. Es darf bei seinen Entscheidungen weder persönliche Interessen verfolgen noch Geschäftschancen, die dem Unternehmen zustehen, für sich nutzen.

5.5.2 Jedes Aufsichtsratsmitglied soll Interessenkonflikte, insbesondere solche, die auf Grund einer Beratung oder Organfunktion bei Kunden, Lieferanten, Kreditgebern oder sonstigen Dritten entstehen können, dem Aufsichtsrat gegenüber offenlegen.

5.5.3 Der Aufsichtsrat soll in seinem Bericht an die Hauptversammlung über aufgetretene Interessenkonflikte und deren Behandlung informieren. Wesentliche und nicht nur vorübergehende Interessenkonflikte in der Person eines Aufsichtsratsmitglieds sollen zur Beendigung des Mandats führen.

5.5.4 Berater- und sonstige Dienstleistungs- und Werkverträge eines Aufsichtsratsmitglieds mit der Gesellschaft bedürfen der Zustimmung des Aufsichtsrats.

5.6 Effizienzprüfung

Der Aufsichtsrat soll regelmäßig die Effizienz seiner Tätigkeit überprüfen.

6 Transparenz

6.1 Die Gesellschaft wird die Aktionäre bei Informationen gleich behandeln. Sie soll ihnen unverzüglich sämtliche neuen Tatsachen, die Finanzanalysten und vergleichbaren Adressaten mitgeteilt worden sind, zur Verfügung stellen.

6.2 Informationen, die die Gesellschaft im Ausland aufgrund der jeweiligen kapitalmarktrechtlichen Vorschriften veröffentlicht, sollen auch im Inland unverzüglich bekannt gegeben werden.

6.3 Über die gesetzliche Pflicht zur unverzüglichen Mitteilung und Veröffentlichung von Geschäften in Aktien der Gesellschaft hinaus soll der Besitz von Aktien der Gesellschaft oder sich darauf beziehender Finanzinstrumente von Vorstands- und Aufsichtsratsmitgliedern angegeben werden, wenn er direkt oder indirekt größer als 1 % der von der Gesellschaft ausgegebenen Aktien ist. Übersteigt der Gesamtbesitz aller Vorstands- und Aufsichtsratsmitglieder 1 % der von der Gesellschaft ausgegebenen Aktien, soll der Gesamtbesitz getrennt nach Vorstand und Aufsichtsrat im Corporate Governance Bericht angegeben werden.

6.4 Im Rahmen der laufenden Öffentlichkeitsarbeit sollen die Termine der wesentlichen wiederkehrenden Veröffentlichungen (u.a. Geschäftsbericht, Zwischenfinanzberichte) und der Termin der Hauptversammlung in einem „Finanzkalender" mit ausreichendem Zeitvorlauf publiziert werden.

7 Rechnungslegung und Abschlussprüfung

7.1 Rechnungslegung

7.1.1 Anteilseigner und Dritte werden vor allem durch den Konzernabschluss und den Konzernlagebericht informiert. Während des Geschäftsjahres werden sie zusätzlich durch den Halbjahresfinanzbericht sowie im ersten und zweiten Halbjahr durch Zwischenmitteilungen oder Quartalsfinanzberichte unterrichtet. Der Konzernabschluss und der verkürzte Konzernabschluss des Halbjahresfinanzberichts und des Quartalsfinanzberichts werden unter Beachtung der einschlägigen internationalen Rechnungslegungsgrundsätze aufgestellt.

7.1.2 Der Konzernabschluss wird vom Vorstand aufgestellt und vom Abschlussprüfer sowie vom Aufsichtsrat geprüft. Halbjahres- und etwaige Quartalsfinanzberichte sollen vom Aufsichtsrat oder seinem Prüfungsausschuss vor der Veröffentlichung mit dem Vorstand erörtert werden. Zusätzlich sind die Prüfstelle für Rechnungslegung bzw. die Bundesanstalt für Finanzdienstleistungsaufsicht befugt, die Übereinstimmung des Konzernabschlusses mit den maßgeblichen Rechnungslegungsvorschriften zu überprüfen (Enforcement). Der Konzernabschluss soll binnen 90 Tagen nach Geschäftsjahresende, die Zwischenberichte sollen binnen 45 Tagen nach Ende des Berichtszeitraums, öffentlich zugänglich sein.

7.1.3 Der Corporate Governance Bericht soll konkrete Angaben über Aktienoptionsprogramme und ähnliche wertpapierorientierte Anreizsysteme der Gesellschaft enthalten, soweit diese Angaben nicht bereits im Jahresabschluss, Konzernabschluss oder Vergütungsbericht gemacht werden.

7.1.4 Die Gesellschaft soll eine Liste von Drittunternehmen veröffentlichen, an denen sie eine Beteiligung von für das Unternehmen nicht untergeordneter Bedeutung hält. Handelsbestände von Kredit- und Finanzdienstleistungsinstituten, aus denen keine Stimmrechte ausgeübt werden, bleiben hierbei unberücksichtigt. Es sollen angegeben werden: Name und Sitz der Gesellschaft, Höhe des Anteils, Höhe des Eigenkapitals und Ergebnis des letzten Geschäftsjahres.

7.1.5 Im Konzernabschluss sollen Beziehungen zu Aktionären erläutert werden, die im Sinn der anwendbaren Rechnungslegungsvorschriften als nahe stehende Personen zu qualifizieren sind.

7.2 Abschlussprüfung

7.2.1 Vor Unterbreitung des Wahlvorschlags soll der Aufsichtsrat bzw. der Prüfungsausschuss eine Erklärung des vorgesehenen Prüfers einholen, ob und gegebenenfalls welche geschäftlichen, finanziellen, persönlichen oder sonstigen Beziehungen zwischen dem Prüfer und seinen Organen und Prüfungsleitern einerseits und dem Unternehmen und seinen Organmitgliedern andererseits bestehen, die Zweifel an seiner Unabhängigkeit begründen können. Die Erklärung soll sich auch darauf erstrecken, in welchem Umfang im vorausgegangenen Geschäftsjahr andere Leistungen für das Unternehmen, insbesondere auf dem Beratungssektor, erbracht wurden bzw. für das folgende Jahr vertraglich vereinbart sind.

Der Aufsichtsrat soll mit dem Abschlussprüfer vereinbaren, dass der Vorsitzende des Aufsichtsrats bzw. des Prüfungsausschusses über während der Prüfung auftretende mögliche Ausschluss- oder Befangenheitsgründe unverzüglich unterrichtet wird, soweit diese nicht unverzüglich beseitigt werden.

7.2.2 Der Aufsichtsrat erteilt dem Abschlussprüfer den Prüfungsauftrag und trifft mit ihm die Honorarvereinbarung.

7.2.3 Der Aufsichtsrat soll vereinbaren, dass der Abschlussprüfer über alle für die Aufgaben des Aufsichtsrats wesentlichen Feststellungen und Vorkommnisse unverzüglich berichtet, die sich bei der Durchführung der Abschlussprüfung ergeben.

Der Aufsichtsrat soll vereinbaren, dass der Abschlussprüfer ihn informiert bzw. im Prüfungsbericht vermerkt, wenn er bei Durchführung der Abschlussprüfung Tatsachen feststellt, die eine Unrichtigkeit der von Vorstand und Aufsichtsrat abgegebenen Erklärung zum Kodex ergeben.

7.2.4 Der Abschlussprüfer nimmt an den Beratungen des Aufsichtsrats über den Jahres- und Konzernabschluss teil und berichtet über die wesentlichen Ergebnisse seiner Prüfung.

ANLAGE

Mustertabelle 1 zu Nummer 4.2.5 Absatz 3 (1. Spiegelstrich)
Wert der gewährten Zuwendungen für das Berichtsjahr

Diese Tabelle bildet den Wert der für das Berichtsjahr gewährten Zuwendungen ab. Sie ist des Weiteren ergänzt um die Werte, die im Minimum bzw. im Maximum erreicht werden können.

Für die einjährige variable Vergütung sowie für aufzuschiebende Anteile aus einjährigen variablen Vergütungen (Deferrals) wird im Gegensatz zur Betrachtung des Auszahlungsbetrags (Tabelle 2) der Zielwert (d.h. der Wert bei einer Zielerreichung von 100 %), der für das Berichtsjahr gewährt wird, angegeben. Sofern systemseitig kein Zielwert vorhanden ist, z.B. im Rahmen einer direkten Gewinnbeteiligung, wird ein vergleichbarer Wert eines „mittleren Wahrscheinlichkeitsszenarios" angegeben.

Außerdem werden die im Berichtsjahr gewährten mehrjährigen variablen Vergütungen nach verschiedenen Plänen und unter Nennung der jeweiligen Laufzeiten aufgeschlüsselt. Für Bezugsrechte und sonstige aktienbasierte Vergütungen wird der beizulegende Zeitwert zum Zeitpunkt der Gewährung wie bisher berechnet und berichtet. Sofern es sich bei den mehrjährigen variablen Bestandteilen um nicht-aktienbasierte Bezüge handelt, ist zum Zeitpunkt der Zusage (sofern vorhanden) der Zielwert bzw. ein vergleichbarer Wert eines „mittleren Wahrscheinlichkeitsszenarios" anzugeben. Bei Plänen, die nicht jährlich, sondern in einem regelmäßigen mehrjährigen Rhythmus gewährt werden, ist ein ratierlicher Wert auf Jahresbasis zu ermitteln und anzugeben.

Für Zusagen für Pensionen und sonstige Versorgungsleistungen wird der Versorgungsaufwand, d.h. Dienstzeitaufwand nach IAS 19 dargestellt. Dieser wird als Bestandteil der Gesamtvergütung mit aufgenommen, auch wenn es sich dabei nicht um eine neu gewährte Zuwendung im engeren Sinne handelt, sondern eine Entscheidung des Aufsichtsrats in der Vergangenheit weiterwirkt.

Ebenfalls sind Leistungen, die dem einzelnen Vorstandsmitglied von einem Dritten im Hinblick auf seine Tätigkeit als Vorstandsmitglied gewährt werden, durch Zurechnung bei den fixen, einjährigen sowie mehrjährigen variablen Komponenten anzugeben.

Die Angaben der Tabelle ersetzen nicht andere verpflichtende Angaben im Vergütungsbericht und Anhang.

a		I	II		III	IV		
			Name			Name		
b			Funktion			Funktion		
c			Datum Ein-/Austritt			Datum Ein-/Austritt		
d	Gewährte Zuwendungen	n−1	n	n (Min)	n (Max)	n−1	n	n (Min)	n (Max)
1	Festvergütung								
2	Nebenleistungen								
3	**Summe**								
4	Einjährige variable Vergütung								
5	Mehrjährige variable Vergütung								
5a	Planbezeichnung (Planlaufzeit)								
...	Planbezeichnung (Planlaufzeit)								
6	**Summe**								
7	Versorgungsaufwand								
8	**Gesamtvergütung**								

Erläuterungen:

a Name des Vorstandsmitglieds
b Funktion des Vorstandsmitglieds, z.B. Vorstandsvorsitzender, Finanzvorstand
c Datum des Ein-/Austritts des Vorstandsmitglieds, sofern im betrachteten Geschäftsjahr n (Berichtsjahr) bzw. n−1
d Betrachtetes Geschäftsjahr n (Berichtsjahr) bzw. n−1
I Gewährte Zuwendungen im Geschäftsjahr n−1
II Gewährte Zuwendungen im Geschäftsjahr n (Berichtsjahr)
III Erreichbarer Minimalwert des jeweiligen im Geschäftsjahr n (Berichtsjahr) gewährten Vergütungsbestandteils, z.B. Null
IV Erreichbarer Maximalwert des jeweiligen im Geschäftsjahr n (Berichtsjahr) gewährten Vergütungsbestandteils
1 Fixe Vergütungsbestandteile, z.B. Fixgehalt, feste jährliche Einmalzahlungen (Beträge entsprechen Beträgen der Tabelle „Zufluss"); Werte in Spalten II, III und IV sind identisch
2 Fixe Vergütungsbestandteile, z.B. Sachbezüge und Nebenleistungen (Beträge entsprechen Beträgen der Tabelle „Zufluss"); Werte in Spalten II, III und IV sind identisch
3 Summe der fixen Vergütungsbestandteile (1 + 2) (Beträge entsprechen Beträgen der Tabelle „Zufluss"); Werte in Spalten II, III und IV sind identisch
4 Einjährige variable Vergütung, z.B. Bonus, Tantieme, Short-Term Incentive (STI), Gewinnbeteiligung, ohne Berücksichtigung aufzuschiebender Anteile (Deferral)
5 Mehrjährige variable Vergütung (Summe der Zeilen 5a − ...), z.B. Mehrjahresbonus, aufzuschiebende Anteile aus einjähriger variabler Vergütung (Deferral), Long-Term Incentive (LTI), Bezugsrechte, sonstige aktienbasierte Vergütungen
5a ... Mehrjährige variable Vergütung, Aufschlüsselung nach Plänen unter Nennung der Laufzeit
6 Summe der fixen und variablen Vergütungsbestandteile (1 + 2 + 4 + 5)
7 Dienstzeitaufwand gemäß IAS 19 aus Zusagen für Pensionen und sonstige Versorgungsleistungen (Beträge entsprechen Beträgen der Tabelle „Zufluss"); Werte in Spalten II, III und IV sind identisch
8 Summe der fixen und variablen Vergütungsbestandteile sowie Versorgungsaufwand (1 + 2 + 4 + 5 + 7)

Mustertabelle 2 zu Nummer 4.2.5 Absatz 3 (2. Spiegelstrich)
Zufluss für das Berichtsjahr

Diese Tabelle enthält für die Festvergütung sowie die Nebenleistungen dieselben Werte wie die Tabelle 1, die den Wert der gewährten Zuwendungen für das Berichtsjahr abbildet. Wie bisher wird für die Festvergütung sowie die einjährige variable Vergütung der Zufluss für das Berichtsjahr (Auszahlungsbetrag) angegeben.

Die Tabelle gibt außerdem den Zufluss (Auszahlungsbetrag) aus mehrjährigen variablen Vergütungen wieder, deren Planlaufzeit im Berichtsjahr endete. Die Beträge werden nach unterschiedlichen Plänen bzw. Laufzeiten getrennt aufgeschlüsselt. Für Bezugsrechte und sonstige aktienbasierte Vergütungen gilt als Zeitpunkt des Zuflusses und ZuflussBetrag der nach deutschem Steuerrecht maßgebliche Zeitpunkt und Wert.

Bonus-/Malus-Regelungen sind sowohl in der einjährigen als auch der mehrjährigen variablen Vergütung im Auszahlungsbetrag zu berücksichtigen.

Vergütungsrückforderungen (Claw backs) werden unter Bezugnahme auf frühere Auszahlungen in der Zeile „Sonstiges" mit einem Negativbetrag berücksichtigt und müssen gesondert im Vergütungsbericht erläutert werden, insbesondere wenn bereits ausgeschiedene Vorstände betroffen sind.

Für Zusagen für Pensionen und sonstige Versorgungsleistungen wird wie in der Tabelle 1 der Versorgungsaufwand, d.h. Dienstzeitaufwand nach IAS 19 dargestellt. Dieser stellt keinen Zufluss im engeren Sinne dar, er wird aber zur Verdeutlichung der Gesamtvergütung mit aufgenommen.

Ebenfalls sind Leistungen, die dem einzelnen Vorstandsmitglied von einem Dritten im Hinblick auf seine Tätigkeit als Vorstandsmitglied zufließen, durch Zurechnung bei den fixen, einjährigen sowie mehrjährigen variablen Komponenten anzugeben.

Die Angaben der Tabelle ersetzen nicht andere verpflichtende Angaben im Vergütungsbericht und Anhang.

		Name		Name		Name		Name	
a		Funktion		Funktion		Funktion		Funktion	
b		Datum Ein-/Austritt		Datum Ein-/Austritt		Datum Ein-/Austritt		Datum Ein-/Austritt	
c		n	n-1	n	n-1	n	n-1	n	n-1
d	Zufluss								
1	Festvergütung								
2	Nebenleistungen								
3	**Summe**								
4	Einjährige variable Vergütung								
5	Mehrjährige variable Vergütung								
5a	Planbezeichnung (Planlaufzeit)								
...	Planbezeichnung (Planlaufzeit)								
6	Sonstiges								
7	**Summe**								
8	Versorgungsaufwand								
9	**Gesamtvergütung**								

Erläuterungen:

a   Name des Vorstandsmitglieds
b   Funktion des Vorstandsmitglieds, z.B. Vorstandsvorsitzender, Finanzvorstand
c   Datum des Ein-/Austritts des Vorstandsmitglieds, sofern im betrachteten Geschäftsjahr n (Berichtsjahr) bzw. n-1
d   Betrachtetes Geschäftsjahr n (Berichtsjahr) bzw. n-1
1   Fixe Vergütungsbestandteile, z.B. Fixgehalt, feste jährliche Einmalzahlungen (Beträge entsprechen Beträgen der Tabelle „Gewährte Zuwendungen")
2   Fixe Vergütungsbestandteile, z.B. Sachbezüge und Nebenleistungen (Beträge entsprechen Beträgen der Tabelle „Gewährte Zuwendungen")
3   Summe der fixen Vergütungsbestandteile (1 + 2)
4   Einjährige variable Vergütung, z.B. Bonus, Tantieme, Short-Term Incentive (STI), Gewinnbeteiligung, ohne Berücksichtigung aufgeschobener Anteile (Deferral)
5   Mehrjährige variable Vergütung (Summe der Zeilen 5a – ...), z.B. Mehrjahresbonus, aufgeschobene Anteile aus einjähriger variabler Vergütung (Deferral), Long-Term Incentive (LTI), Bezugsrechte, sonstige aktienbasierte Vergütungen
5a – ...   Mehrjährige variable Vergütung, Aufschlüsselung nach Plänen unter Nennung der Laufzeit
6   Sonstiges, z.B. Vergütungsrückforderungen (Claw backs), die unter Bezugnahme auf frühere Auszahlungen mit einem Negativbetrag berücksichtigt werden
7   Summe der fixen und variablen Vergütungsbestandteile (1 + 2 + 4 + 5 + 6)
8   Dienstzeitaufwand gemäß IAS 19 aus Zusagen für Pensionen und sonstige Versorgungsleistungen (Beträge entsprechen Beträgen der Tabelle „Gewährte Zuwendungen"), hierbei handelt es sich nicht um einen Zufluss im Geschäftsjahr
9   Summe der fixen, variablen und sonstigen Vergütungsbestandteile sowie Versorgungsaufwand (1 + 2 + 4 + 5 + 6 + 8)

VARD – Berufsgrundsätze
für den Aufsichtsrat in Deutschland (VARD-BG)
– Stand: 28. Februar 2013 –

Die VARD-Berufsgrundsätze werden von den Mitgliedern der „Vereinigung der Aufsichtsräte in Deutschland e.V. (VARD)" als Leitbild für ihre Arbeit als Aufsichtsrat anerkannt. Dabei wird der Begriff Aufsichtsrat neutral als Berufsbezeichnung auch für kontrollierende Beiräte und Verwaltungsräte verwendet.

I. PRÄAMBEL

Der Aufsichtsrat übt seinen Beruf professionell, unabhängig und selbstbestimmt aus, soweit das Gesetz ihn nicht besonders verpflichtet. Der Aufsichtsrat kann seinen Beruf nur dann neben anderen Tätigkeiten ausüben, wenn er das Mandat und die damit übernommenen Aufgaben jederzeit professionell erfüllen kann. Der Aufsichtsrat ist bei der Ausübung seines Mandates ausschließlich dem Wohl des Unternehmens verpflichtet.

II. ZIELSETZUNG

Die VARD-Berufsgrundsätze

… dienen unmittelbar dem Aufsichtsrat und mittelbar dem Aufsichtsgremium als Leitbild für die Gestaltung und Wahrnehmung seiner Tätigkeit.

… geben dem Begriff Professionalität in Bezug auf das Mandat und dessen Mandatsausübung Inhalt.

… sind Grundhaltungen der professionellen Aufsichtsräte in Deutschland auf der Basis geltenden Rechtes.

III. GELTUNGSBEREICH

(1) Die VARD-Berufsgrundsätze sind Leitbild

… unmittelbar für den einzelnen Aufsichtsrat und mittelbar für das Aufsichtsratsgremium – ungeachtet der Größe, Branche, Eigentümerstruktur und etwaigen Börsennotierung des von ihm zu überwachenden Unternehmens.

… für den Aufsichtsrat in der deutschen Aktiengesellschaft, in der Europäischen Aktiengesellschaft mit Sitz in Deutschland, in deutschen Konzerngesellschaften und in gesetzlichen und freiwilligen Aufsichtsgremien von Unternehmen anderer Rechtsformen.

(2) Die VARD-Berufsgrundsätze stehen nicht im Wettbewerb mit dem Deutschen Corporate Governance Kodex (DCGK), sondern haben als Berufsgrundsätze eigenständige Bedeutung.

IV. PROFESSIONALITÄT

Der Aufsichtsrat

... soll – ungeachtet von Branche, Größe und Internationalität des von ihm zu überwachenden Unternehmens – zumindest in den Bereichen Strategie und Finanzierung, Rechnungslegung und Bilanzierung, Compliance und Risikomanagement („überwachungsrelevante Themen") sowie in Personalfragen über die für die Ausübung des Mandates hinreichenden Sach- und Fachkenntnisse aufweisen. Fachliche Grundkenntnisse sind nicht ausreichend.

... zeichnet sich durch Teamkompetenz und Kontrollkompetenz aus.

... bildet sich in eigener Verantwortung systematisch und regelmäßig fort.

V. MANDATSANNAHME UND -NIEDERLEGUNG

Der Aufsichtsrat

... nimmt ein Mandat nur an, nachdem er sich mit dem Unternehmen und seinen Anteilseignern intensiv beschäftigt sowie in Bezug auf seine persönliche und fachliche Eignung kritisch geprüft hat, ob er das, was von ihm erwartet wird, auch tatsächlich zu leisten in der Lage und bereit ist. Dabei ist entscheidend, dass der Aufsichtsrat für sich eine Übereinstimmung seiner Werte mit denen des Unternehmens feststellt.

... nimmt ein Mandat nur an, wenn er – unter Berücksichtigung seiner anderweitigen beruflichen und sonstigen Verpflichtungen – für die anstehenden Aufgaben über die nötigen zeitlichen und fachlichen Ressourcen verfügt. Dies gilt insbesondere bei der Übernahme des Aufsichtsratsvorsitzes, des Vorsitzes eines Ausschusses sowie der einfachen Ausschusstätigkeit.

... nimmt grundsätzlich nicht mehr als sechs Mandate an, davon nicht mehr als zwei Mandate als Vorsitzender des Aufsichtsrates.

... nimmt ein Mandat nicht an, wenn er als Kunde, Lieferant, Fremdkapitalgeber oder Berater, in einen Interessenkonflikt kommen kann, der – nicht mit den Vermögensinteressen des Unternehmens übereinstimmt, dessen Geschäftsführung er überwachen muss.

... nimmt ein Mandat nicht aus Gefälligkeit oder anderen Gründen an, die im Widerspruch zu einer professionellen Mandatsausübung stehen

... wechselt grundsätzlich nicht und ausnahmsweise nur dann unmittelbar von der Geschäftsführung in den Aufsichtsrat, wenn er nach sorgfältiger Prüfung zu dem Schluss gekommen ist, dass die Ausübung des Mandates ihn nicht in den Anschein von Befangenheit und Interessenkonflikten bringen wird.

... nimmt nur ein solches Mandat an, bei dem die Anteilseigner hinsichtlich des von ihnen erwarteten Einsatzes für das Unternehmen und der Komplexität der zu bewältigenden Aufgaben eine angemessene Vergütung gewähren. Eine Vergütung, die sich ganz oder teilweise am kurzfristigen Unternehmenserfolg orientiert, ist nicht angemessen.

... legt ein Mandat nieder, wenn nachträglich Umstände eintreten, die den vorstehenden Grundsätzen entgegenstehen würden.

... legt sein Mandat nieder, wenn für ihn die professionelle Ausübung des Mandates nicht mehr gewährleistet ist. Dies gilt auch, wenn die Anteilseigner die Rahmenbedingungen für eine professionelle Aufsichtsratsarbeit nicht zur Verfügung stellen.

VI. MANDATSAUSÜBUNG

Der Aufsichtsrat

... übt sein Mandat eigenverantwortlich und unabhängig aus und vermeidet jeden Anschein eines Interessenkonfliktes.

... zeichnet sich durch ein hohes Maß an Verantwortungsbewusstsein und Einsatzbereitschaft aus.

... überwacht die Geschäftsführung ohne operative Einflussnahme.

... kennt und beachtet die seine Mandatsausübung betreffenden – deutschen und ausländischen – rechtlichen Vorschriften, insbesondere seine Vermögensbetreuungspflicht.

... verlässt sich bei seiner Arbeit nicht allein auf die Information durch die Geschäftsführung, sondern beschafft sich für seine Meinungsbildung – gegebenenfalls auch außerhalb des Unternehmens – zusätzliche Informationen, die für das Verständnis der Strategie, des Geschäfts, die Chancen und Risiken sowie die Stärken und Schwächen des Unternehmens relevant sind.

... scheut bei Abstimmungen keine Konfrontation und gibt ein positives Votum nur ab, wenn er nach gewissenhafter Prüfung von der Richtigkeit der Entscheidung überzeugt ist.

... stimmt insbesondere auch dann gegen eine Entscheidung des Aufsichtsrats, wenn er sich nicht umfassend informiert fühlt, wenn er den Gegenstand der Beschlussfassung nicht verstanden hat und/oder wenn über die Angelegenheit im Gremium nicht ausreichend diskutiert worden ist.

... wirkt – insbesondere als Vorsitzender des Aufsichtsrates oder des Nominierungsausschusses – bei der Auswahl von geeigneten Kandidaten für das des Aufsichtsratsgremium darauf hin, dass jedes einzelnes Mitglied in allen überwachungsrelevanten Themen über die notwendigen Sach- und Fachkenntnisse verfügt.

Die Autoren

 *Peter Dehnen* ist Rechtsanwalt und geschäftsführender Gesellschafter der GermanBoardRoom GmbH. Im Ehrenamt Mitbegründer und Vorsitzender des Vorstands der Vereinigung der Aufsichtsräte in Deutschland e.V. (VARD), Mitglied des Board der European Confederation of Directors' Associations (ecoDa), dem Dachverband der europäischen Aufsichtsratsvereinigungen in Brüssel, und Vice-Chair International Development des Corporate Governance Committee der American Bar Association (ABA) in Washington, D.C.

 *Uni.-Prof. Dr. habil. Carl-Christian Freidank*, Studium der Betriebswirtschaftslehre an der Universität zu Köln; Promotion an der Universität Passau; Habilitation an der Universität Oldenburg; Ernennung zum Steuerberater; ordentliche Professuren für Rechnungslegung, Prüfungswesen, Controlling und Steuerlehre an den Universitäten Ingolstadt und St. Gallen (Schweiz); seit 1993 Inhaber des Lehrstuhls für Betriebswirtschaftslehre, insb. Revisions- und Treuhandwesen sowie Geschäftsführender Direktor des Instituts für Wirtschaftsprüfung und Steuerwesen an der Universität Hamburg; Mitherausgeber der Zeitschrift Journal of Management Control (JoMac); seit 1994 Mitglied im Prüfungsausschusses für das Wirtschaftsprüferexamen; von 2009 bis 2013 Mitglied im Hauptfachausschuss beim Institut der Wirtschaftsprüfer in Deutschland e.V.; seit 2013 Vorsitzender des Arbeitskreises „Corporate Governance Reporting" bei der Schmalenbach-Gesellschaft für Betriebswirtschaft e.V.

Prof. Dr. Inga Hardeck hat seit Oktober 2014 die Ernst & Young Stiftungs-Juniorprofessur für Accounting and Taxation an der Europa-Universität Viadrina inne. Nach dem Studium der Betriebswirtschaftslehre an der Universität Hamburg und der EM Strasbourg Business School war Inga Hardeck von 2008 bis 2014 wissenschaftliche Mitarbeiterin an der Universität Hamburg und 2014 Assistenzprofessorin an der Universität Liechtenstein. Sie promovierte 2012 zum Dr. rer. pol. mit dem Thema „Reputative Risiken bei aggressiver Steuerplanung – Empirische Evidenz und internationale Bezüge" an der Universität Hamburg. 2014 legte sie ihr Steuerberaterexamen ab. Inga Hardeck hat mehrere wissenschaftliche Auszeichnungen erhalten, darunter als Autorin des Jahres der Zeitschrift ZfB sowie den Förderpreis des Deutschen wissenschaftlichen Instituts der Steuerberater e.V.

Professor Dr. Dipl.-Ing. Hans H. Hinterhuber ist Chairman von Hinterhuber & Partners, Strategy/Pricing/Leadership Consultants, einer international tätigen Unternehmensberatung. Bis 2006 war er Direktor des Instituts für Strategisches Management, Marketing und Tourismus der Universität Innsbruck. Heute ist er „Trusted Adviser" für Unternehmer und oberste Führungskräfte in Fragen von Strategie und Leadership. Sein 7. Aufsichtsratsmandat hat er vor einem Jahr niedergelegt. Er ist der Verfasser von über 400 wissenschaftlichen Arbeiten und 40 Büchern in den Bereichen der Strategischen Unternehmensführung, des Führungsverhaltens und des Innovationsmanagements. Seine Aufsätze sind in der Harvard Business Review, Long Range Planning, International Journal of Production Economics, International Journal of Technology Management, Zeitschrift für Betriebswirtschaft und anderen renommierten Journalen erschienen. Hans H. Hinterhuber ist Träger des Österreichischen Ehrenkreuzes für Wissenschaft und Kunst 1. Klasse.

Dr. Andreas Mammen, Steuerberater, ist wissenschaftlicher Mitarbeiter (post doc) und Habilitand an der Universität Hamburg am Lehrstuhl für Wirtschaftsprüfung und Steuerwesen bei Prof. Dr. C.-Chr. Freidank. Herr Mammen verfügt über mehrjährige praktische Erfahrungen in den Bereichen Wirtschaftsprüfung, Steuerberatung und Due Diligence-Untersuchungen i.R. seiner Tätigkeit bei einer der Big4 Gesellschaften. Seine Forschungsinteressen liegen in den Bereichen M&A-Transaktionen und Fortentwicklung von Due Diligence-Prüfungen, Tax Risk Management und Unternehmensbewertung.

Dr. Karsten Paetzmann ist Partner von BDO Deutschland und Leiter der Corporate Finance Beratung für Banken, Versicherungen und Investmentmanager. Auf seine Schulbildung in Hamburg und Boston folgten Studium (Hamburg), Promotion (Köln) und Habilitation (Hamburg) im Fach Betriebswirtschaftslehre. Karsten Paetzmann lehrt am Institut für Wirtschaftsprüfung und Steuerwesen der Universität Hamburg sowie an der WHL Wissenschaftliche Hochschule Lahr (Honorarprofessur). Er publiziert regelmäßig zu den Themen Rechnungswesen und Corporate Governance mit Schwerpunkt Finanzdienstleistungen.

Dr. Remmer Sassen ist seit 2007 wissenschaftlicher Mitarbeiter und Habilitand an der Universität Hamburg am Lehrstuhl für Revisions- und Treuhandwesen (Prof. Dr. Carl-Christian Freidank) des Instituts für Wirtschaftsprüfung und Steuerwesen. Nach dem Studium der Betriebswirtschaftslehre an der Carl von Ossietzky-Universität Oldenburg (2000 bis 2005) war Remmer Sassen Mitarbeiter der Wirtschaftsprüfungs- und Steuerberatungsgesellschaft Arbitax AG in Oldenburg (2005 bis 2007). Er promovierte 2011 zum Dr. rer. pol. mit dem Thema „Fortentwicklung der Berichterstattung und Prüfung von Genossenschaften". Eine betriebswirtschaftliche und empirische Analyse vor dem Hintergrund des genossenschaftlichen Förderauftrags". Für die Dissertation hat Remmer Sassen mehrere wissenschaftliche Auszeichnungen erhalten. Seine Forschungsinteressen liegen insbesondere in den Bereichen der Auswirkungen der Corporate

Governance auf das Controlling, der Nachhaltigkeitsberichterstattung, der Governance von Genossenschaften sowie der Nonprofit-Governance.

Prof. Dr. Patrick Velte, Leuphana Universität Lüneburg, 2000 bis 2005: Studium der Betriebswirtschaftslehre an der Universität Hamburg, 2005 bis 2008: wissenschaftlicher Mitarbeiter am Institut für Wirtschaftsprüfung und Steuerwesen an der Universität Hamburg (Abschluss: Dr. rer. pol.), 2008 bis 2012: wissenschaftlicher Mitarbeiter (post doc) am Institut für Wirtschaftsprüfung und Steuerwesen an der Universität Hamburg (Abschluss: Privatdozent). Seit 01.10.2014 Professur für Accounting & Auditing an der Leuphana Universität Lüneburg.

Prof. Dr. Inge Wulf ist Inhaberin des Lehrstuhls für Betriebswirtschaftslehre, insbesondere Unternehmensrechnung, an der Technischen Universität Clausthal. Ihre Forschungsschwerpunkte liegen in den Bereichen der Rechnungslegung nach HGB und IFRS, integrierte Berichterstattung, Abschlusspolitik und Unternehmensanalyse sowie der internen und externen Berichterstattung über immaterielle Werte. Zu diesen Forschungsbereichen hat sie zahlreiche Aufsätze wie auch Fachbücher veröffentlicht. Prof. Dr. Inge Wulf war Leiterin des vom BMWi geförderten Projektes „Wissensbilanz als Element der Lageberichterstattung" (2009–2013). Sie ist Mitglied im Facharbeitskreis IFRS des Internationalen Controller Vereins sowie der European Accounting Association und der Schmalenbach-Gesellschaft für Betriebswirtschaft.